U0044083

THE ESSENTIAL LENORMAND

YOUR GUIDE TO PRECISE & PRACTICAL FORTUNETELLING

台灣第一本雷諾曼卡專書

雷諾曼卡占卜聖經

36張牌義全方位實戰練習

芮娜‧喬治 Rana George———著

范章庭———譯

沒有人能啟發你任何事物，

只因那些啟發早已在你的知識晨曦中半夢半醒。

——黎巴嫩詩人紀伯倫（KAHLIL GIBRAN）

Contents 目錄

3 解讀法與牌陣 341

讓雷諾曼卡，為你的人生排憂解惑

　　幾世紀以來，占卜學一直是由神祕學家中的菁英階層主導。由於生活中的疑難雜症需要解決，人類對於解答的渴望，促使他們踏入神祕又迷人的占卜世界。自地球上有人類開始，人們對於占卜的實踐在時間推移之下，加上現代印刷與資訊的便利性，占卜有如雨後春筍般蓬勃發展。如今，這奧祕之學變得唾手可取，所有對占卜感到好奇的普羅大眾和有志之士都能探索占卜的奧妙。占卜的方式包羅萬千，從占星術到生命靈數，再從抽籤占卜法到《易經》。然而，紙牌占卜卻是當代占卜學中的基石。

　　本書會探討我與雷諾曼卡的生命之旅。雷諾曼是一套由三十六張牌組成的占卜工具，在十九世紀晚期的歐洲大陸，都會在街頭上和沙龍聚會中看到有人使用雷諾曼。雷諾曼卡的歷史淵遠流長，也深刻影響了我的生命。我的家族在好幾世代以來一直流傳著解牌、占卜、以通靈為業和多種奧祕之術的家傳之學，這樣的紀錄可以追溯至英國維多利亞時期。當時，神祕學只是一般的學門，也被歸類於宗教神祕主義的範圍。我的祖先在當時深入研究各式神祕學，並且因為能力卓越而名聲響亮、廣受尊敬。打從有記憶以來，我一直都能預測未來事件，看見沒有人能看見的事物。在我們家族裡，超自然是非常自然的事情。

本書是一本「入門指南」，當中分享我三十多年來使用的精準占卜工具和占卜系統。回憶過往，雷諾曼一直是我生命中很重要的占卜工具；回首往昔，我在地方鄉里一直以占卜預言爲業。生長在被內戰摧殘的國家眞的不容易，特別是當人們叫我巫婆和瘋子時，艱辛的感觸又更深了。好笑的是，恰恰是這些辱罵我的人總在想要解決人生難題時找上門，而雷諾曼一直是我協助他們的主要牌卡。

　　我在《雷諾曼卡占卜聖經》中加入了實用的解讀法、技巧和建議，幫助你探索雷諾曼的占卜系統，同時訓練你的功力，使你在雷諾曼的複雜系統裡見樹又見林。我會按部就班帶領你從傳統牌義和解讀法開始學習，並且將我三十年來所獲得的領悟與練就的技巧賦予你。本書中除了每一張牌的牌義之外，你也會學到牌與牌之間如何串連、交流後組合出清楚明瞭的答案。當然，解牌時的準確度要透過重複練習、時間推移、熟能生巧和經驗累積才能提升。

　　我撰寫本書的目的是要藉由眞實案例來講解雷諾曼。書中所有的案例都是我爲個案占卜的眞實事件，案例中也改了姓名以保護他們的隱私。

占卜與符號

　　無論你相信與否，我們天生就是預言家。從天氣預測，乃至比賽結果，甚至電影結局，我們無時無刻都在預測未來。從紙牌第一次被印刷出來後，使用牌卡占卜的歷史就淵遠流長到現在。紙牌占卜源自於紙牌在當時是很新奇的物品，而用來占卜預測的原理則是解讀符號。我們的生活周遭到處都是符號，你可以從任何小圖案上辨識出某項產品、某個行爲、某種感受、某位人物等等。透過符號來預見未來的行爲可追溯至人類最久遠的時期，溯古至今，人們會解讀動物

的內臟或沙土上的足跡，也會解讀茶葉渣、凝視水面來預言，以及透過牌卡來占卜。人類天生就能解讀圖像與符號，看著圖像或符號時，我們很難不去聯想，因爲圖像和符號會觸動潛意識中的想法和感受。符號出現在生活周遭，只要我們張開雙眼去看見這些象徵，就能開發直覺並訓練解讀符號的能力，同時運用符號的連結和共時性（synchronicities），影響並改變我們日常中所做的選擇。

　　雷諾曼的每一個符號無論出自傳統或經由後人延伸，都象徵某些人事物：物品、人物、想法、功能。這些符號簡單易懂，你無需具備高深的奧祕知識。雷諾曼卡是一座橋梁，幫助意識與潛意識溝通，也連結邏輯思維與掌管靈通能力的大腦部位。當我們看著牌面尋找答案，就在喚醒潛意識。每一次擺好牌陣後，牌義會根據問題而有所不同。

　　本書爲讀者解密雷諾曼卡的符號，讓你學會雷諾曼的符號語言。我們的內在知識本自俱足，而《雷諾曼卡占卜聖經》會喚醒你內在的知識。

雷諾曼是什麼？

　　房間裡黑漆漆的，只有幾盞燭光照明。厚重的天鵝絨窗簾遮住了窗戶，客廳的門鎖著。壁爐上的時鐘滴答作響。兩位女士面對面坐著，隔著一張桌子低聲交談。她們之間的桌上擺著一小疊剛洗好的三十六張牌。其中一位女士神情緊張，她才剛把那疊牌放回桌面。她仍感覺得到方才洗牌時，紙牌在手中刷過的觸感。另一位女士將牌拿起，一張一張攤開。八張牌排成一列，總共四列，而最後有四張在牌陣最下方。「你確定這些牌會準嗎？」坐在牌卡面前的女士問道。「當然！」另一位女士回答。

像這樣的畫面已有一百五十多年的歷史，許多國家都有無數個像這樣的占卜沙龍和占卜接待室。這一小疊紙牌就是占卜。儘管這疊紙牌被一般人當成閒暇時的簡單娛樂，但在占卜師手中，紙牌上的圖像卻是深具意義。當時，這疊紙牌的名稱取自一位知名的法國女預言家瑪麗・安・阿德萊德・雷諾曼（Mlle. Marie Anne Adelaide Lenormand）。這疊紙牌迅速流行到整個歐洲大陸，讓雷諾曼卡和塔羅一樣，成為當代占卜的始祖。這疊紙牌流傳到了現在，成為非常迷人又出色的占卜工具。

雷諾曼卡的占卜系統有一小部分來自十九世紀晚期的紙牌占卜方式。這也是為什麼許多歷史悠久的牌卡和某些新的牌卡都納入撲克牌的花色或點數，你也看得到四個花色的皇后（queen）、國王（king）和侍者（jack）。雷諾曼卡使用到的點數只有六、七、八、九、十和王牌（ace）。這些點數來自古老的紙牌遊戲：皮克牌（Piquet）。在歐洲的啟蒙時代，沙龍聚會裡隨處可見有人在玩皮克牌。雷諾曼女士在她的自傳中曾提及皮克牌是她使用的占卜工具之一。

雷諾曼卡的尺寸很小，通常是人們用來玩橋牌的紙牌大小。雷諾曼卡只有三十六張牌，每一張牌都有一個圖案、圖像或符號。解讀雷諾曼時，每一個符號都需搭配旁邊的牌才能加以修飾或得出完整的牌義。將兩張牌和牌上的符號配對組合，可以得出一個句子或一則訊息，如同解讀象形文字一樣。每一個符號的意義有許多層面，只有根據問題脈絡、周圍的符號和占卜師的洞見，才能解讀出合適的牌義。這些符號互相串連，揭曉我們生命中的真相、祕密和事件。

讓我們看看這兩張牌：鞭子和書籍。

鞭子

鞭子的牌面上有著鞭子和掃帚的圖像，這兩項物品的功用都是鞭策或懲罰。想了解更多鞭子的牌義，請參見本書第二章的鞭子牌（參見132頁）。

關鍵詞：

- 衝突
- 口角糾紛、鬥爭、爭執
- 體能活動或運動
- 性
- 虐待與濫用
- 慢性疾病
- 重複的行為
- 懲罰
- 慾望
- 上癮
- 奮鬥

鞭子牌上的撲克牌符號是梅花侍者（Jack of Clubs），賦予這張牌男性、年輕的形象，可依此對應特定人物。這張牌的序號是十一，可以用來解讀時間（十一天）、日期（十一日，例如六月十一日或是十一月），或是數量（十一元、十一張票）。

書籍

　　書籍的牌面上有著書的圖像，常用來象徵知識與教育。同樣的，你也可以在本書第二章細探這張牌的牌義（參見258頁）。

關鍵詞：
- 計畫
- 學科
- 研究
- 知識
- 祕密
- 隱藏或未知的細節
- 教育
- 資訊

- 調查
- 奧祕之學

　　這張牌的序號是二十六，可以指時間（二十六天）、日期（二十六日，例如雲〔六〕＋書籍〔二十六〕等於六月二十六日），或是數量（如二十六元、二十六則邀請）。

　　現在，將這兩張牌配對：

鞭子＋書籍

　　正式解牌時，協助你解出正確牌義的關鍵要素就是「脈絡」。謹記這點，這兩張牌可能有的解讀包含以下意思：

- 健身手冊或物理治療學科
- 祕密爭執
- 私下虐待
- 性教育、重複試驗，或是印度的《慾經》（*Kama Sutra*）
- 白紙黑字記錄下來的辯論或衝突
- 口角糾紛中的未知因素

- 不為人知的成癮
- 慢性疾病研究
- 奮力研究

　　每一張牌就像一組詞彙，而將這些牌與其他牌串連起來，就會組成一句話。再加上其他的牌，這句話便會成為一段故事。配對的組合有無數種。

　　沒有牌嗎？沒關係！把抽屜裡那疊放了很久的撲克牌拿出來作為第一套牌，你就可以立刻開始學習。將點數二到點數五的牌挑掉，在剩下的牌裡找到對應雷諾曼的牌，然後在對應的每一張牌上面寫下雷諾曼的序號和名稱（參考本書中的雷諾曼圖片，撲克牌的花色點數都在每一張的牌面上）。雷諾曼的實用性在於：你無需準備專屬牌布、淨化薰香杖或其他物品。把它放進包包或口袋隨身帶著走，隨時隨地需要占卜時你都可以拿出來使用。例如我的朋友蘿絲當時人在餐廳臨時要占卜，可是手邊沒有牌，於是她就把餐巾紙撕成三十六片，在每一片寫上牌名，直接在餐桌上進行占卜。無論是占卜新手還是專業高手，雷諾曼卡都非常簡單易懂。你只要連結牌面的符號，就會得到解答。

　　雷諾曼卡的架構就是簡單明瞭。許多其他的占卜系統處理的是較為靈性的問題，但雷諾曼卡讓你著眼於日常生活。因此，你會發現解牌時的答案很貼近世俗和物質層面。如果你想要探索靈性道路，雷諾曼不會是首選，因為它會告訴你生活中實際發生的人事物。但這並不是說雷諾曼不適合回答靈性問題；反之，雷諾曼在回答靈性問題時也跟其他工具一樣好用。

　　最傳統的雷諾曼牌陣是大藍圖牌陣（Grand Tableau），使用全部三十六張牌，擺好牌陣後，大藍圖會全盤揭露當事人的狀況。這是最

古老和知名的牌陣，一百五十年來被許多傳統占卜師使用。即便放眼現今，大藍圖依舊是最棒的牌陣之一。我們會在第三章詳細探討大藍圖。

記住：你可以根據自己的喜好，讓解讀很簡潔或很複雜。如果想快速得到解答，把四張牌排成一列，如同一套數學公式，你就可以得到問題的結果。如果想要了解更細節或複雜的狀況，較大的牌陣能提供更詳細的答案。

以下的範例能讓你初步了解雷諾曼的解讀有多簡單。

問題：傑德是房地產仲介，對於他房源中的一間房屋焦心不已，因此找我占卜。「那間在湖邊的房子會有什麼樣的結果？」

船錨＋房屋＋信件＋戒指

答案：傑德會成交這個案子，房子最後會售出。牌陣中出現房屋這張牌就是牌卡的特殊方式，驗證這次的占卜跟房子有關。而船錨的出現暗示著水，就是指湖邊的房子。最後兩張牌是信件和戒指，呈現出肯定的答案：合約或已簽署的文件。在雷諾曼的系統裡，牌卡的位置非常重要。牌陣是線性的時間觀，右邊最後一張牌是最終結局。如

果船錨出現在最後一張，而沒有出現戒指的話，解讀就會變成：房子還要一段時間才會成交售出。

我們來看看另一個範例。

問題：珍已經跟詹恩約會一個月了，她想知道對方是怎麼想的？「詹恩想要跟珍建立長期伴侶關係嗎？」

戒指＋狗＋男人＋十字路口＋女人

解答：不。他已經有伴侶了，他只想要不同的新鮮感。

男人出現在中間，代表問題與詹恩有關。戒指和狗在他的左邊，表示他早已有伴侶。他的右邊出現十字路口和女人，表示他欺騙了珍。（在感情關係的問題裡，十字路口是象徵雙數的牌之一，意味著腳踏兩條船或欺騙。）

只要你跟著《雷諾曼卡占卜聖經》練習，就會學到如何做出以上的占卜解讀。雷諾曼系統的清楚程度不會讓你有疑惑的空間，因為你會立刻得到可驗證的結果。

只要你練習得夠久並累積經驗，任何占卜工具都會精準、好用。我相信雷諾曼是適合用來預測的絕佳工具。花時間學習並且練習，是讓你的占卜解讀清楚、準確的最佳途徑。

對我來說，解讀小牌陣如同解讀一串詞彙，組成開門見山的答案。使用大藍圖時，就如同打開一本故事書，故事裡充滿許多行為、劇情，並且跌宕起伏。雷諾曼是如此直白，有時候一張牌就足以肯定地呈現答案的是與否了！

學會雷諾曼占卜的好處

解讀牌卡的好處多多，以下是我得到的好處：

一、使用牌卡並勤奮練習會鍛鍊直覺，你會注意到生活中的符號與徵兆，並且更加注意你的第一直覺。這會大大提升你的能力並強化你的直覺天線。

二、每次使用牌卡幫助他人解決問題或指引需要的人時，會提升你的自信和自尊。能夠有效幫助他人並且給予建議，會讓你感到喜悅、有成就感，也會提升你的自我價值──這是無價的禮物。

三、雷諾曼幫助你了解未來，讓你可以超前部署應付任何情況。了解情況後，你就能選擇扭轉你在牌面上看見的未來。我在幫個案解讀時，都會給予建議，協助他們扭轉不樂觀的結果。有時，人生路徑可以重新選擇；有時，未來似乎早已注定。經過多年的實戰經驗，我發現占卜給予我們機會去選擇另一條路，或是提供方法去處理注定會發生的事。

四、當你倍感壓力、焦慮不安或需要解答時，牌卡能迅速給你指引和建議。你的高我也會透過牌卡協助你規劃、建議你可行的方法。雷諾曼牌陣協助你從不同視角看待事件，提供建議來解決問題、回首過往、洞悉當下。

占卜解讀能撫慰恐懼、點亮希望，偶爾也能滿足好奇心。雷諾曼卡的精準解讀是因為這套牌卡流傳久遠且使用廣泛。簡言之：雷諾曼很準！

本書架構

第一章：宏觀雷諾曼

《雷諾曼卡占卜聖經》先帶你初步了解雷諾曼牌卡，練好扎實功底幫助你繼續精通這項占卜系統。此章包含：

- 初步指導你選擇一套主要的雷諾曼牌卡，用於書中後續的練習和作業。
- 探討問題問法，了解如何重新架構問題，幫助你的解讀變得更好、更實際且更精準。
- 在新手階段，選擇一套雷諾曼系統並保持一致的優點介紹。
- 指引你撰寫練習紀錄、占卜日記，因為這是牌卡占卜的基礎步驟。
- 了解主題牌（focus card）和指示牌（significator）的基本特性，讓你在牌陣中得到特定答案。
- 分享我在戰爭肆虐的國家與雷諾曼初遇的人生故事。

第二章：微觀三十六張雷諾曼牌義

在此章，我們會細探雷諾曼，並分析每張牌。我會先大概介紹雷諾曼系統和起源，接著從許多層面和背景脈絡探討每張牌的不同意思。你會學到：

- 每張牌的細節與畫面描述。
- 每張牌對應常見主題的牌義，包含：預測、事業、愛情、健康、金錢、時間、建議、尋找的特定物品／地點。
- 每張牌呼應到我的個人故事。
- 每張牌在大藍圖的解讀方式。
- 每張牌的屬性：正面、負面、中性。
- 每張牌的分類：行動牌、情緒牌、時間牌、描述牌（所有的牌在某些情況下都會對應到以上分類，但這些分類會是各張牌最常見的涵義）。

沒有絕對正面或絕對負面的符號。牌義會相對隨著周圍的牌和個人情況而有所變化。負面的牌可以用正面的角度來解讀，反之亦然。

你會發現有些牌沒有對應到時間，因為時間點會改變，而且也不是每張牌都有時間上的定義。再者，每位占卜師都會從實際經驗中建立自己的時間斷定法。我會在本書中說明在各種情況下我覺得好用的系統。

第三章：解讀法與牌陣

你會學到如何利用簡單的解讀法和練習，將牌卡的符號搭配後解讀牌卡的組合意思。我們會從小牌陣開始練習，並進階至有更多複雜細節的牌陣，最後學習大藍圖牌陣。

注意：在本書中，我會交替使用「個案」和「問卜者」這兩個詞彙。

本書附錄一，我們會按照歷史事件排序，檢視雷諾曼女士的一生。在附錄二中，我介紹了啓動每張牌爲指示牌或主題牌的方法。爲了讓讀者快速查閱，我也收錄了牌義關鍵詞（參見附錄三），正面牌、負面牌、中性牌列表（參見附錄四），宮位與特徵表（參見附錄五），宮廷牌介紹（參見附錄六），以及結合雷諾曼與塔羅的方法（參見附錄七）。最後，本書的詞彙表會解釋你們不熟悉的詞彙和概念。

　　我撰寫《雷諾曼卡占卜聖經》的目的是要讓你全面了解雷諾曼的所有面向、特性和細節。本書會幫助你練習占卜日常生活中浮現的各式問題，並訓練出適合你的占卜方法。我的指引會協助你看清楚在美麗又清晰的雷諾曼圖案中隱藏的奧祕。當我得知人們抽牌占卜或用任何占卜工具使自己和他人受益，總是讓我極度喜悅和滿足。信任自己也信任雷諾曼，對於預測和占卜要有自信。我希望你在使用雷諾曼並探索它的各種細節時，會享受其中。

　　人生如牌，你要做的就是面對它。放輕鬆，讓解牌簡單明瞭。最重要的是：好好享受！

1

宏觀雷諾曼

完美無法一蹴可幾，需時間推移才能臻至完美。

——法國哲學家伏爾泰（VOLTAIRE）

練就
扎實功底
非常重要

進入雷諾曼的世界

挑選雷諾曼卡

　　對初學者而言，關鍵的第一步就是選對牌。目前世界各地的出版社都出版了許多雷諾曼卡。開始學習雷諾曼時，我建議你挑一副簡單的版本，牌面上的符號和畫風簡潔明瞭。簡單直白的牌面有助於你學習大藍圖牌陣，因為牌面會讓你在解牌時較為專注。解牌時，牌面的符號應該要清楚明瞭。如果符號太複雜又有其他圖形裝飾的話，你會眼花撩亂。挑選簡單、基本的雷諾曼，能夠讓初學者在占卜時毫不費力地給予簡單、直白的解讀。

　　待累積了足夠的實戰經驗和練習次數後，任何版本的雷諾曼卡都適合你使用，因為你的大腦已經建立了雷諾曼的符號系統，就可以讓直覺和雙眼自由引導你解讀牌面上的任何訊息。市面上有許多簡潔的雷諾曼卡畫風精美又不會過於樸素。你應該要跟你的牌建立良好關係，並且看著牌面時會喜歡你的牌，因為在學習的過程中，喜歡與否是重要關鍵。

踏出重要的第一步

　　為了在占卜時得到精準答案，最重要的是要保持思路清晰並設定具體問題。洗牌的過程對我而言宛如一場儀式，協助我屏除雜念進入狀況，專注於問題本身。接著我會以某種方式設定問題，好讓我針對目前狀況得到具體解答。下一步，我會決定抽牌的方式是要直接抽還

是以扇形展開來抽牌，同時也決定要抽幾張牌和使用哪種牌陣。接著我會聆聽第一直覺，也就是當我看見牌面上的符號時，腦海中浮現的第一個聲音，因為第一直覺十之八九都會幫助我做出精準的解讀。

信任你自己，因為懷疑是你的頭號敵人。別怕出錯，因為出錯不過是你為了專精而承擔的必要風險罷了。牌卡本身無法給你答案，真正進行解讀的是你的直覺和洞見。牌卡只是工具而已。

熟能生巧。你練習雷諾曼越多次，解牌時便會越輕鬆自在，占卜也會更加精準。洗牌和設定問題時，不管怎樣一定要先清除腦中雜念。深呼吸，想像自己在安全、放鬆、穩定的狀態裡。

答案要緊扣問題

解牌時，一定要清楚記得問題為何，並只解答個案所問的問題。切勿答非所問。舉例來說，假設你幫當事人占卜戀情，就不要談到他的財務或他的母親，除非財務或母親與他的戀情有關。你必須以實際和具體的話語，專心解答與問題相關的人、事、時、地、物、原因、方法。這才是讓你給出精準解答的唯一途徑，也才不會讓你解得不著邊際又無法直指核心。保持簡單就好。你無需為求精準而讓答案太過複雜。

一定要在腦海中設定合適的問題，這是占卜時最重要的階段，比占卜本身更加重要。問題越適當，解答便越精準。設定問題時，要有清楚的目的和脈絡，才能獲得有用的洞見。牌卡只能回答你所詢問的特定問題。如果你覺得抽出來的牌面不合理，那麼你的主題或問題可能不夠明確。這樣的話，重新思考問題後再占卜一次。

你設定的問題要能夠產出具體的答案，而且也是你解得出來的答案。

問題範例：

- 艾美對我有好感嗎？她對我的想法是什麼？

- 我的考試結果會如何？

- 我們的狗對於新來的小狗會有什麼樣的反應？

- 處理這個狀況的最佳辦法是什麼？

- 我們近期的財務狀況會如何？

- 艾力克斯對我的意圖是什麼？

- 我需要擔心我的工作嗎？

- 我會得到這份工作嗎？

- 譚雅會簽下這份合約嗎？

- 羅伯特會如何回應這則新聞？

- 我的旅途會發生什麼事情？

- 傑森的關係穩定嗎？

- 我近期有紅鸞星動的機會嗎？

　　設定好最直接、具體的問題，才能協助你得到最清楚、精確的解答，因為雷諾曼是預測型的占卜工具。簡單、明確的問題，就是有效的問題；問題模糊不清，答案也會模糊不清。非常具體的設定問題後，你會發現雷諾曼的解答極為直接了當。

　　另一方面，如果沒有設定問題，只是單純占卜概況時，就從牌面裡找到主題牌，判斷遇到的問題。若是要進行沒有特定問題的每日占卜，主要規則就是讓解讀的內容保持簡單、實際且合理。

　　涉及到時間的問題，像是「何時……」這類的問題會有一點點棘手。我發現最好的方法是用季節作為時間範圍。試著把時間加進問題結構中，像是：「尚恩會在夏天前簽署這份合約嗎？」或是：「這件

事情在多天時會如何發展?」時間的概念難以描述,而我們是透過行動來影響時間範圍。牌卡的時間觀跟世俗的時間不一樣;從某種意義上來說,占卜的時候是接通智慧,但是這個智慧並非依循線性時間觀和人類的時間觀。牌卡讓我們看見事件的先後順序,只要了解問題脈絡,就可以協助我們預測時間。

我必須再度強調這些首要步驟非常重要:呼吸,沉澱心神,洗牌,思考明確的問題,接著抽牌占卜。

牌義系統要一致

初學雷諾曼時,「一致性」是你必須謹記的口號。先從一套牌義系統開始學習,且不要更換,讓這套系統成為你解牌時的基礎。這個方法會提升你的準確度。舉例來說,決定哪一張牌與性行為有關,哪一張牌與工作有關,確保這些牌義符合該張牌的符號象徵。若你無法保持一致還混淆不同系統的牌義,你會擾亂潛意識,導致準確度降低;而你每次都會對於要採用哪一種牌義感到疑惑,進而信心受挫。對我來說,我自己是將「鞭子」當成性行為的代表牌,「狐狸」則象徵工作。最後,你會以傳統的牌義為基底,從你成功的實戰經驗中發展出自己的牌義。你必須要體會每一張牌,才能了解它們對你而言代表什麼意思。

從雷諾曼卡最近興起的潮流中,我發現牌義系統會因為來自不同國家而有些微差異。雷諾曼的學派百家爭鳴,這些學派在文化脈絡和解讀方式上有許多思辨,造成無數人困惑不已。然而,它們之間的差異並不大,只有少數幾張牌的牌義稍微不同而已。我自己傾向採用法國/比利時/荷蘭的牌義系統。每一種系統都有各自的價值和優勢,但你必須讓你的牌義系統維持一致。你之後可以延伸每張牌的牌義,

但是為了練就扎實的解牌功底，就得先選擇一組牌義系統並依照這個系統來解牌。如此一來，你會在腦海中將這些牌義跟每張牌連結起來。你的直覺會在雷諾曼的符號結構中開發出來，占卜準確度也會漸入佳境。每一張牌都要有明確屬性才能準確預測結果，因此，維持牌義的一致性是學習解讀雷諾曼的關鍵因素和非常重要的一步。所以，我必須再度強調：解牌的基本條件就是一致性！

撰寫占卜日記

撰寫占卜日記可以加深你與牌卡的連結，並且留下完美的紀錄讓你可以複習。一開始，最簡單的方法是每日抽兩張牌，並記錄在日記裡。每日晨起時抽兩張牌，寫下你認為這兩張牌代表什麼意思。一天結束時，記錄一下這些符號呼應到當天發生的哪些事件。由於每一張牌都只有一個符號，所以，你需要抽兩張或兩張以上的牌才能解讀出有用的占測結果。簡單的每日占卜能夠幫助你記錄準確度和回饋。

隨著時間累積，你會建構出專屬於你的牌義組合資料庫，而這些牌義都會同步內化到你的腦海與直覺裡。當你覺得兩張牌的練習差不多熟練了，改成每天抽三張牌，以此類推。你也可以把每次的占卜都寫在日記裡，記錄每一次的占測結果，如此你就能知道自己的預測是否準確。即便你只有抽一張牌回答一個問題或解答一個狀況，也要記錄你的問題和抽到的牌。撰寫占卜日記會提升你的準確度，並且拉近你與牌卡之間的親密度。

勤加練習

學習的過程中，最重要的步驟就是練習、練習、再練習。據說要精通任何事情，需要一萬次的反覆練習。你越是頻繁占卜和驗證結

果，你的解牌技術就會越專精。拿自己當練習，預測電視節目上誰是贏家，或是預測懸疑節目中誰是凶手，占卜新聞事件，預測選舉，預測奧斯卡獎得主，甚至是占卜天氣變化。預測、預測、預測。你占卜的次數和練習越多，進步的速度就會更快。就像運動健身一樣，你越常運動，身體就會越柔軟，肌肉就會越發達。你越是頻繁練習，準確度和解牌速度也會與雷諾曼、直覺力、通靈能力一起進步。此外，別忘了要記錄你的預測結果，讓你保持精進並記錄學習歷程。

啓動指示牌或主題牌

指示牌或主題牌會特地先從牌卡中挑出來，用來代表問題中的情況、困擾或是人物。雷諾曼的系統裡，女人牌和男人牌都代表你的個案或是問卜者，除非這兩張牌是特定挑出來代表某位特定對象。當你抽出某張牌代表占卜主題或問題後，藉由與主題相關之事來啓動這張牌。「啓動」指的是設定意圖，透過目前的問題賦予牌面上的符號生命力，將問卜者的狀況對應到牌面上互古不變的象徵。男人／女人作爲個案的指示牌時也是一樣：如果個案是女性，女人牌就對應到她自己；如果個案是男性，你可能要將女人牌對應爲他的妻子、姊妹或是女老闆，視問題而定。

透過啓動特定的牌來對應特定人物、主題或問題，你會賦予這張牌一個角色，彷彿它是舞台上的演員，在這次的占卜解讀中演出。舉例來說，蛇在某一個解讀裡可能是指遺失的手鍊，但是在其他情況中指的是表裡不一的朋友。船這張牌可以代表我接下來的旅程，而書籍則可以代表剛完成的一項專案。洗牌時，想像與目前問題相關的牌疊在你的問題上方，持續洗牌，直到問題的主題跟主題牌合而爲一。舉例來說，假設你要占卜旅途狀況，你可以啓動船這張牌，洗牌後接著

在牌堆裡找到船，並綜合船左邊的那張牌和右邊的那張牌一起解讀；如果你想要占卜你正在進行的計畫，就啟動書籍。你越是帶著覺知去啟動牌卡，解牌時就會有更多具體細節浮現出來。

你也可以用其他的方法占卜。你可以設定完問題後，直接抽牌，不用事先啟動主題牌或指示牌。然而，我建議你採用這兩種方法持續一陣子，並比較兩種方法得出的牌面。

在某些占卜情況中，只要聚焦於問題的主題就夠了，因為牌卡會自己呈現跟主題有關的牌。這個方法特別適合牌數為奇數的牌陣，因為中間那張牌就會是你要注意的重要核心。舉例來說，如果你聚焦的問題與接下來的旅途有關，而牌陣中間剛好出現熊這張牌，那麼，牌面建議你要注意開銷，小心你放錢包的地方，或是要注意飲食，因為熊象徵金錢與飲食。基本上，抽出來的牌會與占卜的主題相關，周圍的牌面則會呈現答案的細節。

我喜歡先不選主題牌或指示牌，並隨機抽牌；我喜歡這樣得到清楚的洞見。無需個案事前告知，抽出來的牌十之八九都會呈現主要問題。占卜出差行程時，在未事先啟動主題牌的情況下，船這張牌自己出現了，這就是牌卡驗證問題的方式。占卜解讀和現實情況會同步發生。

在我的經驗中，我發現這兩種方法都很有效。這兩種方法我都用：讓牌卡自行引導占卜的結果，有時候則會選擇主題牌並搭配周圍的牌來解讀。

我與雷諾曼的故事

在告訴你們我使用雷諾曼卡的方式前，我想要先分享我最初與雷諾曼的相遇。我的人生經驗以及牌卡出現在我生命中的過程，形塑了

我這個人，也教會了我如何發揮牌卡的所有潛能。

　　我出生於黎巴嫩的首都貝魯特，貝魯特在當時享有「中東的巴黎」的名聲。我的家族中，母親這一脈的親戚都有著通靈和敏感體質的血統。多年以後，我發現我母親的兩位祖父都是非常知名的神祕學家和通靈人。母親的外祖父是位徹頭徹尾的靈媒和通靈傳訊者，祖父則是位精通一切神祕學的藥師，同時也擁有治療者、靈媒、通靈傳訊者、預言家、宗教神祕主義者、鍊金術師等身分。當地人對他敬重有加，也會向他尋求協助，同時，這些人也畏懼他。家族中也有其他親戚以神祕學和療癒力聞名。我很快就了解到我踏上了祖先們走過的道路。這是我的天賦。然而，我還小的時候根本不知道要怎麼使用、控制或擁抱這項天賦。

　　在貝魯特成長的過程中，我見證內戰的爆發，忍受內戰長達十二年。戰爭過程中，有人慘遭殺害或被綁架是尋常之事。當家裡受到戰爭影響而發生悲劇後，我們舉家逃離這個國家。那是個艱難的時刻：我的父親想要去法國，而我的母親想要逃到美國。經過多番的深思熟慮，我們家做了決定：移民到美國。

　　我與雷諾曼的相遇始於貝魯特，當時我大約十歲。查爾斯叔叔是我父母的摯友和鄰居。貝魯特是查爾斯的家鄉，但他也有法國國籍，這在當時是尋常事。他總是會來喝杯咖啡、占卜和聊天。他來自黎巴嫩的猶太人家庭，家族在貝魯特歷史悠久。

　　我跟查爾斯叔叔有許多愉快的回憶，而他在我的雷諾曼生涯裡有著至關重要的地位。查爾斯叔叔也是通靈人，並且是「玫瑰十字會」（Ordre de la Rose-Croix）教團中的傑出先知。他曾為了參加通靈會議，去到法國某些山上。在我本該就寢時，我會坐在走廊，偷聽他跟我父母講述有人可以用念力移動物品，而其他人能夠用念力讓植物生

長。他也解釋道如何遠距遙視住在法國的朋友，反之亦然。

查爾斯叔叔並不想離開貝魯特或他的家。他對貝魯特的愛如此強烈，讓他在內戰期間的前四年依舊待在家鄉。直到有一天晚上，夜深時分，我們家有人在叩門，打開門後看見查爾斯叔叔帶著行李箱。他收到了來自民兵的內幕消息，表示他的生命會有嚴重危險。貝魯特當時的情況很慘重，到處都是爆炸與槍聲，政局動盪不安，機場也暫時關閉。查爾斯叔叔必須藏匿在我們家一陣子，而那段時期，家中總是充滿著奧祕知識與占卜解讀。當機場開放的時候，我父母將查爾斯叔叔藏在車裡，趁著夜黑風高開車到機場，他要搭第一班飛機離開貝魯特。離開前，他給了我母親一套牌卡，要她在時機到了的時候轉交給我。那是我的第一套雷諾曼卡，也是好長一段時間裡唯一的一套。那是我最後一次看見查爾斯叔叔。自從他離開黎巴嫩，我們就很難聯繫到他了，最後我們徹底失聯。我希望他知道當初那個有著一小疊三十六張牌的小女孩，長大後成了現在的我。

後續那兩年，我每天看著母親使用那套牌卡。接著，我開始四處為親友進行簡單的占卜。最後，原本少少的人數持續增加，最後連鄰居和鄰居的朋友也來找我了。他們都會帶著巧克力、甜點和手工蛋糕來訪。我還記得有一位鄰居來的時候，帶了一盤手工棗泥餅，這是黎巴嫩的甜點，內餡是胡桃和棗子。她的占卜結果有點不樂觀，但我依舊提醒她。隔天早上六點，我快來不及搭上校車了，恰好又碰上停電，所以我必須沿著五層樓梯往下跑。當我跑到二樓時，她從四樓打開家門，大聲朝我喊道：「芮娜！你還記得昨晚幫我占卜的結果嗎？我跌進浴缸，扭到了腳踝！」我當下唯一想到的回應只有：「抱歉！」那是我第一次「希望自己沒有預測出來這個結果」的時候。

我沒有度過一段典型的青春年華。那幾年的人生很沉重。我的朋

友和家人遭受虐待、槍擊，其他人被綁架，而我雖活著，卻只能一直預測這些危險。決定逃離黎巴嫩之前，讓我們無法再忍受痛苦與折磨的最後一根稻草，是我的祖母和兩位年輕姑姑都命喪黃泉。這並不是一般的死亡。反之，她們的死是最可怕、駭人聽聞的謀殺，沒有人能夠承受。這些事情終結了我們在黎巴嫩的日子。

這些事情發生的過程中，我的母親是我的定心丸、我的防火牆、我的守護者、我的英雄；她堅強挺立於眾人面前，捍衛女兒的心智在內戰中健全發展。逃到美國時，我再三確定我要帶五件最珍惜的物品：雷諾曼卡、北極熊娃娃、唯一的芭比娃娃（穿著米白色的蕾絲婚紗）、日記和化妝盒。

搬到美國不是件易事，試著生存其中並融入當地也同樣困難。那時，我即將滿十八歲。以前只有要人請我占卜，我就會為他們解讀。我不只會用雷諾曼卡來占卜，我也會看手相。有一天，我跟好閨蜜蒂納，和各自的對象一起約會，我在初次約會的對象手上看到了危險的事件。我對他一點都不了解，我也不知道該說什麼。我要告訴他嗎？還是我該放在心裡不說呢？蒂納建議我告訴這位男士，我照做後，他只是戲謔地看著我。隔天，他在小巷子裡被人捅了一刀。我和蒂納去醫院探病，才剛走進他的病房，他就指著我並聲嘶力竭大吼：「把那該死的女巫趕出去！」我嚇到了，感到惶恐不安、窘迫尷尬、難以呼吸。我回家後為此事哭了一個星期。這樁事件結束後，我才了解到如果要融入美國，我必須非常謹慎並且儘量不要做解讀。因此我不再幫人做占卜解讀，只有非常親近的親友除外。

從大學時代到結婚後的無數個春夏秋冬，我唯一的雷諾曼卡一直陪伴著我。歷經數年的使用，牌卡在我手中解體。我失去了最愛的牌卡，而我還不知道要去哪裡買一套新的牌卡，也不知道能不能買到。

二○○九年，我決定上網搜尋「雷諾曼」。想像一下，當我發現還真的可以買到新的牌卡時，我有多訝異。我找到大量的資訊，也發現有一大群人跟我一樣熱愛占卜。剎那間找到熱愛占卜的團體彷彿是奇蹟，是上天引領我遇見這群美好的塔羅團體。透過這個團體，許多優秀的占卜師教會我塔羅和其他占卜工具，而我也分享雷諾曼的知識作為回報。

過去三十年來，這疊小小的雷諾曼卡改變了我生命中的一切，這些牌卡陪伴我度過生命的黑暗，也總是為我提燈照路。雷諾曼卡和我扶持彼此成長。從青春期到成為妻子、人母，雷諾曼卡形塑了我的生命。我也教了我三個兒子雷諾曼占卜，他們也解得很好。他們僅僅用一疊牌卡就解決了在學校遇到的問題。解牌賦予人們力量，這是一項帶來轉變的工具。

下一頁的圖片是我一直使用的雷諾曼卡。這套卡到我手上後，就一直是我二十七年來唯一使用的牌卡。做了點研究後，我發現這個版本源於一九○○年初期。這套雷諾曼卡的畫風簡單明瞭，也是經典之作：唐道夫（Dondorf）設計的紅色調版本。

這套牌卡如同我的一部分，所以我極度珍惜。多年來的頻繁使用讓我手中的牌越來越脆弱，終究還是解體了。我把它們收在特別的盒子裡，避免人為觸碰。想起我年幼的小小雙手拿到這一副簡單、手掌大的牌卡後，它便深刻影響了我一生，實在倍感驚奇。它是我的夥伴、我的慰藉、我的導師，而它也塑造了今日的我。

我自己的雷諾曼卡改變了我的生命，而我希望《雷諾曼卡占卜聖經》也能夠改變你的生命。

芮娜最初使用的雷諾曼卡

2
微觀三十六張雷諾曼牌義

自然猶如神聖殿宇，廊柱浮現困惑之語。

行者穿越符號之森，熟悉目光集中如注。

——法國詩人夏爾·波特萊爾（CHARLES BAUDELAIRE）

覺察意義

在這一章，我們會細細爬梳每一張雷諾曼卡的牌義，淺談、細述並講解主要牌義。接著，我們會探討每張牌在不同的脈絡和主題中如何詮釋。

每一張雷諾曼的牌都只有單一符號，每一張牌就像是雷諾曼語言裡的一個字詞。如同所有語言，單一字詞會有諸多意義與言外之意。有意義的解讀有賴於字詞使用時的背景脈絡。以英文裡的「平衡」（balance）為例，這個字可以表示測量用的秤、維持穩定的行為、讓事物彼此對等的過程，或是金融帳務的餘額。再看看另一個例子，夏威夷有一個字是「阿囉哈」（aloha），是用來打招呼、道別、表達善意和其他愛慕之情的用語。

雷諾曼卡也是同樣道理。為了協助你更加了解，我將每張牌對應到不同脈絡主題。當然，這份牌義清單不是最完整的，我仍定期增加新的牌義和多變的屬性進去。當你了解牌卡的語言之後，你肯定也會這麼做。

每一張牌對應的主題脈絡包含：

★**未來**：預測時的牌義解析。範例：「明天會發生什麼事呢？」花束＋騎士＝喜悅的消息或好的回饋。在這一章中，你也會了解每張牌的分類，包含行動牌、情緒牌、時間牌或是描述牌（參見42頁的「牌卡分類帽」）。所有的牌在某些情況下都會對應到以上分類，但這些分類會是各張牌最常見的涵義。

★ **女人或男人**：描述人物特質、生理特徵、行為舉止、人物個性。範例：「她的外表如何？」鸛鳥＝高、苗條、腿長、優雅。「他是什麼樣的個性？」鸛鳥＝不可靠，因為他總是「吃碗內，看碗外」。

★ **工作**：就業相關主題、職業狀況或是工作相關問題。範例：「他的職業是什麼？」狐狸＋書籍＝偵探。「我的評鑑結果如何？」鸛鳥＝升遷或是有更好的改變。

★ **愛情**：關係問題中的情感或戀愛牌義。範例：「我們關係的未來發展是什麼？」戒指＝相互承諾的關係；有可能求婚。

★ **健康、身體、靈性**：任何健康狀況，如身體、心智、靈性。範例：「我健康上的問題，最好的解方是什麼？」鐮刀＝外科手術或需要開刀的醫療行為。「我新建立的運動習慣會為我帶來什麼樣的效果？」棺材＝會讓我筋疲力盡，可能會癱在床上。（警語：當個案前來詢問健康問題時，務必請他們去諮詢專業醫療人員。）

★ **金錢**：解讀財務問題。範例：「我會被加薪嗎？」熊＝你即將得到一大筆錢。同樣的，談到嚴肅的財務困擾時，記得要請個案去諮詢專業人士。

★ **時間或時機點**：使用雷諾曼卡判斷時間的牌義系統。問題涉及時間時，只解讀牌卡上的數字，而非符號。範例：「指派的任

務什麼時候會下來？」狐狸＋花束＝九月十四日，或是九天之內和兩週之內。要記得，時間的概念難以描述，而我們是透過行動來影響時間範圍。牌卡的時間觀跟世俗的時間不一樣；從某種意義上來說，占卜的時候是接通智慧，但是這個智慧並非依循線性時間觀和人類的時間觀。時間可以改變，而且不是每張牌都有時間上的定義。你最後會從不斷實際練習中建立自己的時間斷定法。

★ **建議或行動**：若個案並非詢問預測或說明狀況的解讀，而是尋求指引，你可以使用的勵志或鼓勵的牌義。範例：「現況中，我可以採取的最佳行動是什麼？」山＝站穩腳跟、不要動搖。

★ **屬性**：此分類會告訴你這張牌通常是正面、負面或是中性牌，以及該張牌對周遭牌面的影響。此外，簡單的問題中，正面牌的答案是「是」，而負面牌的答案就會是「不」。範例：「我的車這個週末會修好嗎？」十字架＝不會；鑰匙＝會。**沒有絕對正面或絕對負面的牌卡**。牌的影響會隨著周圍的符號、背景脈絡、問題而變化。負面的牌可以用正面的角度來解讀，反之亦然。範例：「我的頭痛會消失嗎？」十字架＋棺材＝會，最後就不痛了。十字架＋魚＝不會，頭痛還會持續一陣子，或頭痛的範圍會擴散。

★ **物品與區域**：藉由特定物品和位置的指示牌來占卜，我列出了每張牌能夠代表的物品和位置。範例：「我的鑰匙在哪裡？」棺材＝在盒子裡、在暗處或是在抽屜裡。「男友會送我什麼禮

物來慶祝交往週年紀念日？」蛇＝鏈子類型的禮物或手鐲。

★ **個人故事**：雷諾曼的占卜若要練得爐火純青，就必須與個人經驗連結，因此，我在本書中收錄了我個人的故事，分享我生命中的那些實際經驗，這些經驗交織成了我的占卜系統。這一則則故事在我的腦海裡留下永恆的足跡，其中也包含了我個人占卜日記的小故事。撰寫本書期間，每到寫一張牌的時候，就會發生許多對應到那張牌的共時性事件。開始占卜後，你會根據經驗而建立自己的牌義資料庫，讓你的占卜解讀畫龍點睛。

★ **大藍圖牌義**：在大藍圖的段落中，我會解釋每一張牌，以及我從小學習到的傳統意義，包括經過我多年占卜經驗後牌義的發展。你會發現，有時候傳統牌義有很多層面，有時候牌義很直接了當。雷諾曼牌義系統的發展從未停滯過。

★ **占卜範例**：解說完一張牌之後，我也囊括了一些實際占卜的案例，示範牌與牌之間的互動與牌義組合的多元可能性。

牌卡分類帽

開始概述三十六張牌之前，我想要帶你們一探我發現的雷諾曼小細節：牌卡分類帽。這是我多年來歷經數千次占卜經驗後統整出來的技巧。如果有一些特定的牌出現在人物牌旁邊時，這些牌會定調這次解讀的走向。隨著時間累積，我開始將這些特定的牌統整，並根據每一張牌的牌義核心，分成四大類群。有些牌的特質是描述事件，有的是形容某個情況的氛圍，有些是行動牌，其他則是直接表示時間。這

些分類的差異如同基本原則，彷彿這些牌卡隸屬於不同元素。

如果隸屬某個分類的牌在牌面中占多數，那麼整個占卜就會往該方向去解讀。這些牌分為四大類：

- 行動
- 描述
- 情緒
- 時間

當然，每張牌在某種程度上都能符合這四大類，但我發現有些牌特別傾向某個分類。雷諾曼的世界並不是非黑即白的絕對值，細微之處藏著一切答案，因此，牌卡的分類在解讀時大有用處。舉例來說，騎士牌代表移動和急迫。雖然這張牌可以描述事件，但是多年來的實戰經驗讓我發現，這張牌通常歸類於兩種分類：行動和時間。

這些分類只適用小牌陣，因為牌陣越大、牌數越多，主要的分類就無法凸顯出來，而屬於該分類的牌也會產生其他的牌義。

以下跟讀者分享我的分類，以及我如何歸類這些牌。隨著時間推移，你會發展出自己的分類表，但我希望我的清單能夠協助你看見多元的可能性，並作為解讀牌陣的範本。

行動牌	騎士、船、鐮刀、鞭子、鳥、鸛鳥、十字路口、鑰匙、魚

以上這些牌卡都有移動的意思，它們傳達出改變或是需要行動的意味。倘若我在小牌陣中看見一張以上的行動牌，我會特別告知個

案。舉例來說，在小牌陣中出現了十字路口、騎士、船，代表催促個案必須展開行動和向前邁進了（根據脈絡而定）。

描述牌	蛇、小孩、狐狸、熊、狗、塔、山、戒指、男人、女人、書籍、信件

雖然這些牌在牌陣中傾向於描述事件，但是它們也會為解讀畫龍點睛，增添個性特質，細觀與問題相關的人事物。解讀中出現塔＋書籍的組合時，立即暗示了這是學術中心或是圖書館。假設是書籍＋塔，可能是描述一處受人尊敬的作家聚會場所。這些描述牌創造了一個舞台，讓其他符號可以演繹出問卜者的情況。

情緒牌	幸運草、房屋、雲朵、棺材、花束、星星、花園、老鼠、愛心、太陽、月亮、鑰匙、十字架

這些牌投射出整個解讀的氛圍：憂鬱、焦慮、放鬆、性感、嚴肅等等。這些牌呈現的主要氛圍會隱約改變整個脈絡。當你抽出牌陣後，牌面上出現十字架，那麼呈現的情緒就會跟花束截然不同。這些牌會影響整局牌面的能量。

時間牌	騎士、樹、鐮刀、老鼠、百合、月亮、船錨

這些牌會立即呈現出時間性質，無論快速急迫或是緩慢卡關。如果有兩張牌出現在牌陣中，呈現出同樣的時間範圍，我就會提醒個

案。舉例來說，如果百合和船錨同時出現，我就會知道這是一段長期的時間；反之，假設騎士和月亮一起出現，就代表迅速的時間。

　　同樣的，我之所以將牌卡分類帽的想法寫入本書中，是因為它強化了我的解讀且帶出更多細節。牌卡分類就只是我第一次看到這疊牌時，吸引我眼球的小細節。你無需按照我的分類來解牌，或是把我的分類套用在你的解讀裡。

騎士

　　騎士牌通常描述長相俊美的騎士騎在心愛的馬匹上，馳騁於康莊大道。騎士這個符號象徵移動、抵達或轉移，也象徵敏捷和速度。從歷史來看，騎士意味著勇敢的騎士精神。騎士的馬匹也象徵力量、機敏、自由、旅遊、美麗、優雅。

　　騎士牌意味著「消息正在路上」，無論是還在遠方或是即將抵達。也許會有人打電話給你，或是收到郵件。無論如何，你很快就會得到答案或回應。每當有人來城裡拜訪我，或是有新的人即將進入我的生命中，騎士一定會出現。通常這張牌的牌義與消息和任何訊息有關。騎士牌也可以代表郵差或送貨人員——將物品送到你門口，或是一位真正進入你生命中的人。騎士牌也代表來來去去的移動。

　　此外，這張牌也帶來新穎、新奇的事物。騎士和房屋可能代表新房子，而騎士和愛心則象徵新戀情。

　　騎士牌迅速、敏捷的特質，也代表一位強壯精實的年輕男性。

對應主題的牌義

未來	• 消息來臨 • 新訊息、更新 • 回應 • 得到答案 • 收到包裹或被通知有事情即將來臨 • 新的人即將進入生命中 • 拜訪者 • 前進 • 新事物 ★**牌卡分類帽：** • 行動牌 • 時間牌
女人或男人	• 精實、好看 • 時尚、高貴、有質感的外貌 • 天生的衣架子，穿著時髦又典雅 • 個性外向；自信、驕傲 • 活躍（可能是愛運動的跑者） • 受人喜愛、衣冠楚楚、有品味又受人敬重的人 • 喜歡騎馬 • 送貨員

	★**身體特徵**： • 身材精實 • 腿部健壯
工作	• 行動要迅速，敏捷是要點 • 新的消息即將來臨——辦公室中的變動 • 騎士正在路上，捎來你期盼的答案 • 送貨或貨運事業 • 在郵政部門工作
愛情	• 新的前景 • 新的桃花，吸引你想跟對方調情 • 新的關係 • 即將展開的新友情
健康、身體、靈性	• 騎士這張牌象徵雙腿、腳踝、雙腳和關節 • 跑步、慢跑、健走 • 如果魚這張牌一起出現，有時代表肚子有如萬馬奔騰（腹瀉） ★**靈性**： • 靈光乍現，因為事情都串連起來了 • 靈性徵兆與靈性訊息 • 讓你的靈魂自由奔放 • 分享智慧、天賦、能力是關鍵之鑰 • 探索自身的自由與力量

金錢	• 即將有新消息來臨 • 關於預算、投資、資本的資訊 • 財務消息 • 根據周圍的牌面，可能是帳單或郵寄出去的支票
時間或時機點	• 快速、迅速 • 一天 • 一月 • 當月的一日（右邊的牌會顯示月份，例如： 騎士〔一〕＋鳥〔十二〕＝ 十二月一日。）
建議或行動	• 走 • 持續移動 • 前進
屬性	★**中性**：這張牌本身通常是中性牌，但容易受到周 　　　圍牌面影響
物品與區域	• 馬 • 腳踏車 • 摩托車 • 在路上 • 馬術學校 • 農場區域

這張牌的個人故事：

有一天我進行每日一占，抽到了鸛鳥＋騎士＋狗。那天稍晚，我的朋友很開心的致電給我說她終於懷孕了。鸛鳥＋騎士＝懷孕的消息或生產、移動的消息或升遷，或者是關於某種改變的消息。而狗這張牌意味著朋友或我的親近之人、乃至伴侶。

檢視我的日記時，我發現另一個每日占卜的紀錄：騎士＋花園＋房屋。那天稍晚，丈夫告知我，他的父母要來拜訪我們。騎士（消息或到訪）＋花園（一群人）＋房屋（房子裡、家）。此外，花園＋房屋＝大家庭或家庭聚會。

最近，我的妹妹與妹婿準備回去東岸的那一天，我抽到了騎士＋船。我當天早上抽到這兩張牌，走出房門，就看見妹妹正打包行李。這占卜的結果令人難過卻又準確且直白。

大藍圖牌義：

傳統上，騎士意指好消息正從鄰近或遠方國家來臨，遠近的程度取決於在大藍圖牌面上，騎士牌與男人牌／女人牌的距離。這張牌也代表來自國外或陌生人的消息。如果周遭都是負面的牌，表示這可能是需要注意的壞消息。

騎士牌首要的意義是消息和更新。你必須檢查騎士牌的位置：騎士要去哪裡？他從哪裡來？他是即將來臨，還是正要離開呢？如果騎士牌離個案的人物牌（女人牌或男人牌）很遠，則消息來自遠方；假使很近，消息則來自個案的生活圈中。傳統上，馬匹行進的方向也很重要。假設馬匹朝向未來行進，非常重要的消息會在近期來臨；假使朝向過去，則是與舊有事物相關的消息，或是跟你的過往相關的消息。如果騎士在人物牌上方或下方，象徵某件正在發生的事情。一定

要檢查騎士牌周圍全部的牌。如果周圍是一些負面牌，你可能會得到壞消息；如果不是負面牌的話，那麼可能就是好消息了。此外，騎士周圍的牌也會提示我們是哪種消息。例如，狗＋騎士＝朋友的消息。

　　騎士牌距離個案的人物牌的遠近程度，也會告訴我們此人何時抵達或拜訪。這張牌也代表與新認識的人見面或認識新朋友。

配對組合與範例：

　　如果你要占卜跟馬匹有關的問題，就可以使用騎士當作主題牌。啟動這張牌，連結你要詢問的馬，然後解讀左右邊的牌。

　　艾希莉問說：「我想要了解我的馬，想知道如何讓牠可以更開心？」

　　★雲朵＋騎士＋幸運草＝艾希莉的馬不愉快，牠需要在戶外待久
　　一點。（牌陣有時候就是這麼簡單和直白）

雲朵＋騎士＋幸運草

★雲朵＋騎士（馬不愉快）＋幸運草＝這匹馬想要有更多時間能夠待在戶外的草地上。（如果真的要專業地占卜，我會建議用更大的牌陣來給予更確定的解讀。）

★騎士＋蛇＝壞消息；不可信賴的消息；關於背叛或反對的消息；關於疾病的消息；問題即將來臨

★騎士＋鞭子＝性感的戀人；充滿性慾魅力的約會；健身狂熱者；爭執或口角（如果有其他負面牌的話）

★鞭子＋騎士＝約炮；快速來一炮；遠離口角爭執

★騎士＋星星＝新的臉書好友；尋找共時性

騎士＋星星

★星星＋騎士＝帶來希望

星星＋騎士

★騎士＋幸運草＝新的機會；幸運的收穫

★男人＋鞭子＋騎士＝兩個男人之間的爭執；氣氛僵硬的會議；
體能訓練課程

男人＋鞭子＋騎士

幸運草

撲克牌對應：方塊六

這張牌上面通常畫著四葉綠色幸運草（苜蓿）的符號，有時候也會畫上幸運草的花。幸運草象徵運氣、機會、祝福、好運。

幸運草是正面牌，帶來快樂、好運、成功。它會為占卜結果帶來正向能量。如果它落在負面牌的右邊或線性牌陣最後一張，會特別削弱負面牌的影響。幸運草帶來啟發與希望。

當這張牌出現，可以預期占卜結果會有開心的消息──只要幸運草的右邊沒有這些牌就好：雲朵、蛇、棺材，或是鐮刀和老鼠。如果是以上情況，幸運草後面出現負面牌時，代表欺騙或之前的負面困境會再次出現。反之，在負面牌的右側出現了幸運草，就意味著悲傷之事會結束，或者困難很快就會迎刃而解，並且逢凶化吉。幸運草也是一張代表獎賞的牌，象徵你會獲得好物或搶到便宜。幸運草會鼓勵問卜者放膽一搏。

對應主題的牌義

未來	• 機會來臨 • 意外的好運 • 命運突然轉變，或是事件轉好 • 成功、正向的結果 • 勝利 • 幸福 • 發現讓你開心的事情 • 幸運的驚喜 ★**牌卡分類帽**： • 情緒牌
女人或男人	• 愛錢又好運的人，或總是喜歡找好東西、特價品的人 • 輕盈喜悅又熱情洋溢的人 • 隨遇而安的人 • 勇於冒險、把握機會、愛好賭博 • 樂觀正向的個性 • 愛開玩笑、愛惡作劇 ★**身體特徵**： • 眼睛綠色、淡褐色或藍色

工作	• 大好機會
	• 升遷
	• 喜悅的結果
	• 所有的困難很快就會變成過眼雲煙
	• 成功即將來臨
	• 能獲利的事業、成功的交易
	• 在賭場、賭博產業工作，樂透彩中獎
愛情	• 短暫私情
	• 第二次機會
	• 和解
	• 孤單寂寞的心，終於迎來新的機會
	• 快樂的關係
	• 出乎意料的相遇
健康、身體、靈性	• 一切都好
	• 正在復原
	• 草藥或順勢療法
	• 食用綠色、葉菜類蔬菜
	• 去戶外走走，擁抱大自然
	• 內心寧靜安詳
	★靈性：
	• 一天的早晨，從正向肯定句開始
	• 看見生活中的任何小事都是喜悅與恩典
	• 配戴好運護身符

金錢	• 幸運的勝利
	• 得到紅利獎金（儘管可能不是你想要的，但依然會欣然接受）
	• 收到預料之外的費用或小費
	• 財務狀況即將好轉
	• 獲利滿滿的投資
時間或時機點	• 短時間
	• 兩天
	• 二月
	• 當月的二日（右邊的牌會顯示月份）
建議或行動	• 樂觀以對
	• 保持正向
	• 把握機會
	• 放膽一搏
屬性	★**正面**：這張牌是正面屬性；如果右邊有負面牌的話，才會削弱正面的結果
物品與區域	• 吊飾、飾品
	• 樂透彩券
	• 幸運物、護身符
	• 草地
	• 草坪

❷ 幸運草

這張牌的個人故事：

　　某一年，我的兩個兒子準備參加跆拳道比賽。當天早上出發時，我為他們各自抽了兩張牌：

D：鐮刀＋幸運草

Z：太陽＋幸運草

我當下認定他們一定會在各自段位的比賽中贏得勝利。我有一點擔心鐮刀這張牌，但是因為右邊出現幸運草，所以我知道會有好結果。

　　結果，在D的最後一場比賽中，他被對手一招下壓踢擊中頸部後倒下，比賽也因此暫停，他接著被送到醫護站。我想，我的呼吸在那個瞬間停止了。幸好他離開醫護站後，只需要冰敷就好，而每個人都說他非常幸運。

　　最後，他得到銀牌，他並沒有很滿意這個結果。但是，我反而很開心我的兒子安然無恙。我還是深感驕傲，因為要在黑帶段位的比賽中拿到銀牌並不容易。

　　鐮刀和幸運草在這個故事裡代表躲過一劫。從側面看，鐮刀的動作就如同下壓踢一樣，腳如同斧頭（鐮刀）往下劈砍。我發現這個雙重意義很有趣。

　　我的二兒子Z則是一場接一場，連續打贏三場比賽。他最後贏得金牌，拿到伊利諾州跆拳道錦標賽該段位的冠軍。每個人都說他一定是受到幸運女神照拂。

　　在這個故事裡，太陽和幸運草意味著勝利後獲得獎勵。在我兩個兒子的比賽日，幸運草的出現讓我永遠無法忘懷。

大藍圖牌義：

　　傳統來說，幸運草會帶來幸福愉悅，但要取決於雲朵牌的位置。假設雲朵離幸運草很近，就代表痛苦來臨；不過幸運的是，這個痛苦很快就會結束。

　　如果幸運草在女人牌或男人牌旁邊，問卜者的困擾、擔憂、損失很快就會煙消雲散；如果離得很遠，則代表有其他因素影響事件，並

且這些事件要先發生，好運才會到來。幸運草周圍的牌會指出快樂的原因為何。一定要檢查幸運草是在過去、現在還是未來的位置。幸運草象徵好運、快樂、中獎。這是張非常正面的牌，所以離指示牌越近越好。

幸運草的周圍若是被負面牌包圍，就要小心會有麻煩發生，但很快就會消失。幸運草會削弱所有負面牌的負面影響。

配對組合與範例：

★ 幸運草（好運）＋熊（金錢）＝驚喜的獎金；意外收到數量可觀的金錢；豐厚

★ 熊＋幸運草＝賭博賭贏；投資運很好

★ 幸運草（機會）＋蛇（謊言與欺騙）＝騙子一個；大好機會只是一場騙局

★ 幸運草＋雲朵＝欺騙；好運煙消雲散

幸運草＋雲朵

★幸運草（幸運、靈感）＋月亮（想像力、創意）＝創意帶來成功；一夜成名

密卡爾詢問他的事業發展：「我的事業會如何？」

★幸運草＋鑰匙＝幸運與機會之門為你而開。你即將鴻圖大展，成功之路已鋪好。一定要把握出現的每一個幸運機會。

幸運草＋鑰匙

船

　　這張牌通常畫有一艘揚帆啓航的華麗大船，或是一葉扁舟行駛於汪洋中。船象徵旅遊、展開新的冒險、前往遠方。

　　船也是關於移動、旅途和距離。它意味著離開、改變、過渡期、假期、郵輪、飛機、旅途。船象徵異域、外國人、外國公司、海外事業、其他州或遙遠的某個地方；船也可能意味著分離或轉移；船亦象徵你的交通工具、汽車或其他運載工具。傳統意義上，船也意味著繼承遺產，特別是旁邊有搭配棺材牌的話。

　　從另一層面來說，船意味著其他世界、其他宇宙或其他次元，也意味著靈魂離開肉身。我在許多次通靈諮詢的過程中，很常抽到船這張牌。在這種情況下，棺材有時候也會跟著出現。

對應主題的牌義

未來	• 搬家 • 旅遊、假期、週末出遊 • 出發到遠方 • 遷移、轉移 • 變化 • 啟程、離開 • 距離遙遠 • 過渡 **★牌卡分類帽：** • 行動牌
女人或男人	• 衝動、隨機 • 來自海外、國際或國外 • 外國旅客 • 頻繁出差的人，或是在旅遊業工作的人（空服員、旅行社） • 負面的牌義：害怕給予承諾；強烈想要遠遊的慾望；需要自由 • 追求冒險的人

❸
船

	★身體特徵： • 膚色偏棕色 • 棕褐色 • 體格健壯 • 棕色頭髮 • 異國風情
工作	• 海外／國際企業 • 海運、貨運、進／出口 • 航空業、旅遊業 • 需要大量出差的工作 • 必要之旅 • 貨物運送中 • 外包 • 在（與）他國有業務往來 • 為了改革或振興而做的改變或行動 • 需要休息度假 • 如果從事商業活動，船這張牌會從遠方為你帶來商品
愛情	• 海外戀情 • 浪漫之旅 • 遠距離戀情 • 如果有負面牌在周圍，意味著分離或離去 • 船將啟程，或者船尚未抵達，又或是船即將到來，全都取決於周圍的牌

愛情	• 如果你是單身，你有機會在旅途中遇見新對象，特別是船的周圍出現與感情相關的牌的話（例如，騎士、愛心、花束） • 對伴侶雙方來說，需要做些改變來重燃愛火
健康、身體、靈性	• 肝臟、膽囊、泌尿道 • 酒癮（特別是搭配魚這張牌的話）或是物質濫用 • 暈船（車）、眩暈、腹瀉、拉肚子 • 循環 ★**靈性：** • 時空中的距離、中陰身 • 進行精神之旅，或是進行星光體旅行／練習 • 通靈
金錢	• 清算，償付 • 預留旅費 • 因經商或交易而獲得金錢 • 海外轉匯 • 繼承遺產（尤其旁邊有棺材牌的話）
時間或時機點	• 三天、三週、三個月 • 三月 • 當月的三日（右邊的牌會顯示月份）

❸ 船

建議或行動	• 自由
	• 外出冒險、來趟旅行
	• 開拓眼界
	• 冒險挑戰
屬性	★**中性**：這張牌會大大受到周圍牌面的影響
物品與區域	• 汽車
	• 船
	• 貨車
	• 火車
	• 飛機
	• 小艇船塢、港口、機場、碼頭、火車站、公車站

這張牌的個人故事：

　　回首二○一○年許多事情發生時，船這張牌與其他牌以各種配對組合出現。當時我先生必須搬到德州，而我和兒子們必須待在伊利諾州。

　★**船＋房屋**＝我們開始思考舉家搬遷時，抽到這兩張牌

　★**房屋＋船**＝我們正考慮買一間房子時，抽到這兩張牌；而我看到船在房屋的右邊時，就知道這間物件要從我手中飛走了，事實也是如此，因為其他買家突然把它買走了

★船＋山＝我開始壓力如山一般大，因為每件事都延宕了

★老鼠＋船＝離開當天，我抽到這兩張牌，意味著遷徙的壓力

★女人＋船＝我和兒子跟著先生一起搭上飛機前，抽到這兩張牌

另一則與船有關的難忘故事是：

十五歲的我住在貝魯特，那是段艱難的時期。我的姑姑和她家人在星期天來訪。她請我為她占卜。我當時習慣使用大藍圖牌陣來占卜，而我清楚記得我看見棺材和船。我告訴姑姑我從牌面上所見，她即將繼承遺產。她問我何時，我告訴她跟「二」這個數字有關（兩天、兩週、兩個月或兩年），因為棺材距離女人牌有兩行的距離。

這段過往歷歷在目，恍如昨日之事。兩天後，那天是星期二晚上，分屬兩派信仰的民兵在街頭互相開戰，這是當時的內戰。半夜時分，槍手來到我姑姑家門口敲門，從孩子和姑姑身邊抓走了我姑丈，我的姑丈被子彈血洗而亡。

葬禮時，我們舉哀哭泣，姑姑靠了過來跟我說道：「你還記得星期天幫我占卜的內容嗎？」當下，我真希望有個地洞能讓我鑽進去，我實在感到羞愧。那場事件和那些牌讓我永遠無法忘懷。

跟讀者分享另一則沒那麼沉重的故事。不久前有位個案打給我，請我幫他占卜海外包裹的下落。他憂心忡忡，因為貨運公司和航空公司都遍尋不著。他只想確定他的包裹是否可以找到。我洗牌後，抽了兩張牌，抽到船和花束。我告訴他不用擔心，他的包裹正在轉運中，很快就會找到了。一週之後，我接到他的來電，他在電話中欣喜地感謝我安撫了他的壓力。（我喜歡收到這類回饋。話說回來，有誰不喜

歡呢？）

大藍圖牌義：

　　傳統上，船象徵因為遺產而繼承財富。如果船靠近指示牌，有時意味著旅遊。船是一張代表移動和行動的牌，靠近女人牌或男人牌時，意味著旅遊、旅行或是確定即將發生的某種轉變或改變。船的位置（歸來或離開）會告訴我們狀況的發展。周圍的牌會是關鍵的線索，協助占卜師判定會發生什麼變化。

　　當船被負面牌包圍，根據事件脈絡，要當心有風險、問題，有時意味著分離、拋棄；而正面牌會讓任何的轉變、變化或移動變得更美好、令人喜悅。

　　如果個案想要問有關轉帳、度假、旅遊或只是有關交通工具的問題，我就會在大藍圖牌陣中檢視船的位置。

配對組合與範例：

　　占卜有關旅遊或度假的問題時，將船設定為指示牌，並在腦海中將船與旅途連結。洗牌後，將牌翻到正面，找到船這張牌，並檢視船的左右出現什麼牌。

　　蘇珊計畫的旅遊遇到了訂票的狀況。「我的巴哈馬群島旅遊會有什麼結果？」

★蛇（麻煩）＋船（旅遊）＋船錨（抵達目標）＝雖然蘇珊遇到
了小問題，但她還是能夠順利出遊

蛇＋船＋船錨

★船（旅遊、旅程）＋樹（靈性、祖先）＝薩滿靈性之旅

船＋樹

占卜有關交通工具的問題時，將船視為指示牌，因為只有船這張牌可以代表具有引擎或馬達的交通工具。

安迪想要買一輛二手車。「我應該要買第一輛還是第二輛？」

★ **第一輛：花束＋船＋蛇＝**這輛車很耀眼（花束），但車體內部有些問題（蛇）

★ **第二輛：狗＋船＋百合＝**這輛車值得信賴（狗），而且能陪你很長一段時間（百合）

瑪麗問道：「我的車發生了什麼問題？」

★ **船＋雲朵＝**有些排氣或壓力的問題，你需要找人檢查車子

船＋雲朵

★ **船＋熊＝**豐厚的物質收穫。這兩張牌的配對組合讓我想起這些句子：「金錢滿載」、「那趟旅途耗資不菲」、「我需要換外幣或轉帳」。

★**船＋花園**＝海外旅遊，或是去有許多綠地的地方；需要時間休息放鬆；與各國和多元族群的人聚會；改變聚會或會議地點

船＋花園

★**船＋十字路口**＝改變計畫；脫軌或繞道；行程訂了兩次或是多趟旅途、多次停靠；要去觀光（搭船、公車、飛機或火車）

★**船＋蛇**＝要小心，你可能會在旅途中生病；不可相信這筆轉帳或交易；改變路線，因為路途中會遭遇問題

船＋蛇

房屋

這張牌通常會有一棟華美的房子，周圍是茂盛的草地或花園，是幢非常迷人的房屋，讓人深深感到有安全感。房屋象徵家與家庭，以及地基、中心、總部；它也意味著舒適感和安全感

房屋牌象徵家、家庭、隨行人員、避風港、室友、穩定，以及房地產、所有權和財產。這張牌也可以代表家庭事業、住辦合一的空間、你的神聖空間、家庭基金。房屋也象徵朝代，所以有時這張牌象徵父權體制。

房屋牌象徵你所居之處、就寢之處——日常生活中與人共享悲喜哀苦之處。這張牌意味著滿足感、安全感和保護。一定要檢視周圍的牌，確定事情會有好的發展，還是你需要預防某些壞事發生。當房屋牌被負面牌圍繞，要注意會有動盪和影響安定的事情發生；如果周圍是正面牌，就可以確定會發生讓你感到安定和穩定的事情。

對應主題的牌義

未來	• 感覺如同在家一樣
	• 感到舒適
	• 需要架構
	• 你會在_____中感到安定（視右邊的牌而定）
	• 安定下來
	• 堅固的地基
	• 坐下來、待在家中
	★**牌卡分類帽**：
	• 情緒牌
	• 描述牌
女人或男人	• 自信
	• 保護
	• 自在
	• 平靜
	• 牢靠、穩固
	• 可能代表保守
	• 愛家、顧家
	• 嚴肅（可能是居家或內向的個性）
	• 家父長制
	• 細心的主人

	★身體特徵： • 結實 • 方形 • 寬厚的肩膀 • 強壯有力 • 體格結實強壯
工作	• 安全和穩定的環境 • 舒適自在的狀況 • 打造基礎 • 零風險的安全專案 • 住辦合一的空間，或是遠端在家工作 • 家庭事業 • 和諧的情況 • 建築工程
愛情	• 穩定的戀情 • 在爐火旁的溫暖空間，啜飲熱可可 • 安頓下來，共組家庭 • 受到家庭影響，家庭高於一切
健康、身體、靈性	• 你的身體和骨架 • 病情穩定 • 待在家休息

	★**靈性**： • 扎根接地 • 烹飪、清潔、飲食 • 享受物質世界的生活
金錢	• 安全與穩定的經濟狀況 • 不要冒險，不要嘗試你不熟悉的事情 • 投資房地產
時間或時機點	• 有點緩慢 • 四天、四週、四個月 • 四月 • 當月的四日（右邊的牌會顯示月份）
建議或行動	• 真實的自己 • 安頓下來，待在窩裡 • 站穩腳跟 • 打造基礎 • 保住地位，堅守立場 • 注意周遭
屬性	★**中性**：這張牌本身可以從正面的角度來解讀，但 也會受到周圍牌面的影響

④ 房屋

物品與區域	• 房屋
	• 房地產
	• 公寓
	• 小店
	• 小型建築
	• 網站首頁
	• 基地

這張牌的個人故事：

　　房屋的故事跟我的朋友有關，當時海瑟在練習大藍圖牌陣。她為我占卜解讀，女人牌（我）的旁邊出現了房屋＋鸛鳥＋棺材，而棺材在該排最後一張。她睜大雙眼、面色驚恐地看著我，那一瞬間，時間彷彿凝結。接著，她的神情立即轉變成「事情一切順利」的解讀狀態（順道一提，如果有人可以將棺材牌以正面的方式來解讀，就只有海瑟能做到這件事），這讓我的心定了下來。願神保守她的心。

　　當時我們家的房子正在出售。我一看到牌面就知道大事不妙，所以我想我們可能得承擔某些損失。

　　最後的結果是，我們不僅失去了所有的權益和投資的一切，還得支付鉅額款項給搬家公司，讓他們奪走我們的房子。房屋＋鸛鳥＋棺材，說明了房屋的價格令人心灰意冷。我那時雖痛心萬分卻也心懷感激，因為損失的只是金錢而已。

另一則有關房屋的故事是：

我當時在為一位新個案占卜，她不願告訴我任何事情，連問題是什麼都不願意說。她就坐在那裡盯著我並測試我。當時我們在一場派對裡，而我沒有時間用大藍圖牌陣來解讀。所以我告訴自己：「好吧，我就跟你玩玩。」洗牌後，我抽出了五張牌，讓牌面呈現結果。她的牌面是花束＋房屋＋魚＋狐狸＋鞭子。

魚這張牌出現在中間，暗示著某種在家工作的創業者（房屋＋魚）。我問她的第一個問題是：「你是在家工作的自雇工作者嗎？」

她的表情瞬間放鬆下來，說道：「對，我在自己家開了一間美髮店。」（花束＋房屋＝房子裡的美髮店）她跟其中一位員工的相處有些狀況，在牌面中以狐狸＋鞭子來呈現，意味著與員工爭執或發生口角。牌卡讓我們破冰之後，她就開始不斷問我問題。

❹房屋

大藍圖牌義：

在大藍圖牌陣裡，房屋的傳統意義是成功就在眼前，即使現況不如預期。如果房屋落在男人牌或女人牌之下，意味著問卜者要小心周圍是否有小人，尤其是旁邊有負面牌的話。

通常來說，房屋牌會帶來令人開心的影響。如果房屋牌落在過去的位置，代表你的父母正影響著你，或是代表之前的住處；如果它落在未來的位置，意味著會有新家或是未來將有新住處。

大藍圖中的房屋牌是我使用的主題牌之一，用來檢視個案的住家、家庭、房地產的狀況。周圍的牌面會交織出房屋牌的完整故事。

配對組合與範例：

★**房屋＋十字路口**＝許多住家；有些重要決策需要考慮到家庭因素

★**房屋＋蛇**＝要注意、提防親近之人或鄰居的背叛；不健全的家庭；家中的麻煩；檢查房子的水電管線，可能需要修理了

房屋＋蛇

★**房屋＋鳥**＝兄弟姊妹、室友；搬家或同居；家庭諮商；斡旋；在住家錄製的脫口秀或廣播節目

房屋＋鳥

★**房屋＋小孩**＝受過基礎教育的小孩；日托中心；愛家的小孩；
返家途中的小孩

房屋＋小孩

★**小孩＋房屋**＝家中的小事；新生兒或是房子裡來了新孩子；小
型或新創家庭事業；小房子

有些牌卡的配對組合即便左右互換，意思也相同。小孩＋房屋和
房屋＋小孩就是如此。牌義全都取決於問題的背景脈絡。在以上的範
例中，左右位置互換後，牌義也相通。

樹

撲克牌對應：紅心七

　　這張牌通常畫著一棵美麗的大樹，周遭綠意盎然。樹是強大的符號象徵：連結天地的古老天線，並且象徵肥沃和生長；樹也象徵長壽與長久。

　　這張牌掌管所有健康議題，囊括靈性、心理與身體層面。樹是我們的生命能量，我們的根源，我們的演化進展，以及世代循環的象徵。樹也意味隨著時間而逐漸成熟。

　　從特定的觀點來看，樹連結著薩滿、部落、原住民的靈性精神，以及東方的冥想法和散發著寧靜祥和的氣場。整體來說，樹這張牌意味著整體的靈性健康，包括我們生活中各種與靈性相關的人事物——從通靈與靈媒，到宗教信仰，乃至教條信念，以及所有奧祕學說、哲學、信仰和信念體系。

對應主題的牌義

未來	• 成長 • 穩固、扎根、堅固、深根 • 與特定人群或是與你的根源連結 • 滋養、支持、拓展 • 站起來 • 注意你的身體和（或）靈性健康 • 建立根基或打造穩固基礎 • 靈性的信念 • 緩慢 **★牌卡分類帽：** • 時間牌
女人或男人	• 踏實且開明的人 • 靈性教師或光之工作者 • 宗教人物、神職人員或護理師 • 健康、平衡的人 • 宗教、整體療法或醫療技術 **★身體特徵：** • 年齡約在三十到四十幾歲之間 • 綠色或褐色的雙眼

❺樹

工作	• 拓展事業
	• 因為根基穩固，最終帶來成長或進步
	• 緩慢但穩定的進展
	• 值得信賴
	• 簡易的組織圖
	• 療癒技術、靈性工作、瑜伽
	• 各類醫學產業：藥局、製藥產業、健保、醫院
愛情	• 切勿急躁，保持耐心
	• 彼此的連結深厚
	• 深度交心、認真以待的戀情
	• 受到業力牽引或是靈魂伴侶
	• 與親友的關係
	• 如果你有伴侶，這是一段歲月靜好的關係
	• 倘若你單身，那麼你正努力感到自在和諧
健康、身體、靈性	• 心理健康、大腦
	• 素食者
	• 健康的飲食習慣
	• 一定要充分休息，避免激烈運動
	• 去僻靜中心或是能讓人平靜的地方
	• 坐在樹下，呼吸新鮮空氣
	• 靈氣療法（Reiki）或其他能量療癒

	★靈性：
	• 樹這張牌連結你的祖先和根源
	• 靜心冥想、身心靈合一時的寧靜
	• 身體如同廟宇，請你神聖以待
	• 內在平靜
	• 與高我合一
	• 療癒你所有的脈輪
	• 尋求薩滿的療癒
金錢	• 投資
	• 長期經營之下，擁有良好的經濟狀況（仍需視周圍的牌而定）
時間或時機點	• 永遠記得一株樹苗要多久才能長成一棵大樹
	• 五週、五個月，甚至五年
	• 五月
	• 當月的五日（右邊的牌會顯示月份）
建議或行動	• 扎根大地
	• 追本溯源
	• 在生活中實踐你的領悟，跟人分享和運用
	• 保持耐心
	• 支持
	• 成長、成熟
屬性	★**正面**：樹的牌義會受到周圍的牌影響

❺ 樹

物品與區域	• 家系圖
	• 族譜
	• 一棵樹
	• 森林、樹林
	• 組織圖

這張牌的個人故事：

那是二〇一一年夏末。我和家人到市中心逛逛，我精心打扮，還穿了高跟鞋。走到餐廳的路上，我其中一隻鞋跟卡進了柏油路的裂縫裡，我整個人往前撲倒，導致我的腳趾骨折。

從急診室回到家後，我兒子抽到了三張牌：騎士＋鐮刀＋樹。他看著我說道：「媽，你看，牌說你的腳骨折了。」可惡，真是謝謝你啊！

騎士（移動、腳）＋鐮刀（切、斷裂）＋樹（需要花時間才能復原）＝我花了半年時間才康復，但也無法恢復如初。

我還記得另一則跟樹有關的故事。我當時在清理兒子的衣櫃，傷到了背部。我抽到了鞭子＋樹＋棺材，這三張牌意味著長期的問題（鞭子）會讓我在床上休養（棺材）。我不喜歡這個牌面，因為我最後在床上躺了三個月。

我有位客戶在企業上班。他最近一次找我占卜時，樹這張牌呈現出主管們與直屬下屬的複雜組織結構。他當時倍感壓力，想方設法思考要調動的人和單位。他的兩難處境以這幾張牌呈現：男人＋十字架＋樹＋熊＋花園。男人（我的個案）、十字架（倍感壓力）、樹（組織結構）、熊（主管）、花園（他的團隊）。

大藍圖牌義：

傳統上，如果樹被房屋、十字路口，尤其是花園包圍，或是靠近這幾張牌，意味著會達成所願。如果這些牌都在周圍，你根本勝券在握啊！這是雷諾曼卡的有趣小特色。有時候我會看看這樣的牌面有沒有出現。三十年來，這樣的牌面也只出現過少數幾次而已。

如果樹落在女人牌或男人牌的旁邊，意味著要小心健康問題；如果樹落在女人牌或男人牌的上方或下方，則意味著目前健康出了問題。可以的話，樹離人物牌越遠越好。

如果樹這張牌的周圍有許多正面牌，你會獲得安全感、豐盛、平靜、和諧；假使被負面牌圍繞，你就需要保持警惕，盡快調整自己，回到平衡與和諧之中。

大藍圖牌陣中，樹是我用來解讀個案身心靈健康的主題牌。

配對組合與範例：

大藍圖牌陣中，如果要檢視個案的健康狀況，可以看樹的位置，因為周圍的牌會告訴你健康是否安好。使用線性的牌陣來解讀健康狀況時，啟動樹這張牌。

黛比接受治療一段時間了，她想知道結果會如何。她的牌面出現了棺材＋塔＋雲朵＋樹＋狐狸＋鳥＋太陽。

前面幾張牌意味著嚴重的疾病（棺材），而且她一直到醫院（塔）接受治療，整個過程對她來說並不容易（雲朵）。雲朵牌也顯示出她對治療的疑慮和憂心。後面幾張牌是即將發生的事：治療情況仍不清不楚，醫療人員不會直說（狐狸＋鳥），她還需要經歷更多次的晤談，但是結果會一切安好（太陽）。太陽是隧道出口的曙光。黛比會康復，只是仍需要經歷一些過程。

❺ 樹

如果你看見樹＋棺材的組合，這是「立刻去看醫生並做檢查」的徵兆；有時候這是指必須要在床上躺平的情況。這是某種淨化期，意味著你正經歷重大的人生轉捩點。

注意：解讀健康狀況時永遠要小心謹慎。總是要檢查樹的周圍有哪些牌，並且仔細注意這些牌象徵什麼訊息。預測健康狀況的能力需要不斷練習和累積經驗。若是你覺得健康的占卜解讀不好說出口，那就不要占卜健康，除非你覺得自己準備好了。並且一定、一定要請個案諮詢專業醫療人員。

我們並非醫生，因此我們能做的就是透過占卜，減輕個案的擔憂和緊張，協助他們準備好面對特定結果，並給予建議而已。除非你本身就是會占卜的醫生，若是如此，那就沒問題了！我認識一些在醫療領域工作的通靈者，他們非常擅長這個領域。

★**樹＋書籍**＝健康檢查（樹＝健康，書籍＝檢查、分析）；史學或族譜研究；整體醫學或醫療書籍；草藥書或順勢療法研究；靈性解讀（樹＝靈性，書籍＝奧祕）；一套占卜卡

樹＋書籍

解讀前世時，樹會是你需要挑選的主題牌，接著解讀周圍的牌面。前世解讀的牌卡配對組合範例如下：

★**樹＋鳥**＝兄弟姊妹

★**樹＋戒指**＝伴侶或循環重複的狀況

★**樹＋百合**＝父親、祖父或男性人物

★**樹＋狗**＝重複出現的靈魂伴侶；親密且深厚的連結

❺ 樹

雲朵

撲克牌對應：梅花國王

　　這張牌通常描繪著一朵雲，籠罩在畫面中的某一邊。有時候畫面是一邊烏雲罩頂、一邊陽光普照，有時候則是下著暴風雨的畫面。雲朵象徵麻煩浮現或是凶兆。

　　從傳統來說，古時候的占卜師說過，這張牌上的梅花國王如果面向人物牌，乃是吉兆；如果背對，則代表會發生無可避免的壞事。許多雷諾曼系統中，如果雲朵的烏雲這一面在人物牌旁邊，那麼麻煩一定會浮現；如果是陽光普照這一側的話，意味著困境即將遠離或已結束。

　　我承認從我開始使用雷諾曼時，我會注意這個細節。然而，雲朵最好還是落在指示牌的左方（過去的位置），並且越遠越好。倘若雲朵在指示牌的左側，那麼個案正在經歷某些難關，但幾乎要度過了；如果雲朵出現在右側，則麻煩即將來臨。永遠要檢視周圍的牌面，因為旁邊的牌會告訴你這個困境會有多嚴重。可以確定的一件事是：烏雲總是容易散去，因為雲的本質就是這樣，除非右邊有負面牌卡或暗示長時間的牌卡。

雲朵牌總是帶來質疑、困惑、猶豫和不安定性。如同迷霧，雲朵會遮住一切，其中可能會有欺騙，或是某些複雜的災厄會直接發生。當雲朵牌出現，暗示著事情不清不楚，有什麼事正在發生，未來尚未明朗。事件曖昧不明且難以預測。如果雲朵牌的右邊出現負面牌，那麼麻煩仍會持續一段時間；假設是正面牌，問題將迅速煙消雲散，終得平靜。

對應主題的牌義

未來	• 將來的麻煩：問題將浮現；討厭的狀況和困境將出現
	• 不確定性：結果尚不明朗；你得不到清楚的答案；你看事情不夠清楚
	• 注意細節中的魔鬼，並且預防事情變得複雜
	• 霧、雨、暴風雨，或只是單純天氣會不好
	• 切勿現在作出決定，等到烏雲散去再說，或者等到你不再怒氣沖沖且心情平靜時再決定
	• 後續事件不會那麼快發生
	★牌卡分類帽：
	• 情緒牌

女人或男人	• 易怒、態度不佳
	• 處在困惑中，或是腦袋不清楚、思路缺乏邏輯
	• 個性很嗨、亢奮躁動
	• 情緒不穩、理智線易斷、容易分心、決定障礙、猶豫不決
	• 不安全感
	• 吸菸者
	• 雙面人
	★**身體特徵：**
	• 灰色、褐色、藍色系的雙眼
	• 髮色有許多漸層，或是兩種顏色
工作	• 令人不愉快的環境
	• 出現麻煩或不清不楚的情況
	• 平常的事項會出現障礙和困難
	• 這筆交易不清不楚
	• 不知道在幹麼的工作事項
	• 氣象學家
愛情	• 曖昧不明的關係
	• 有什麼事情不對勁，要注意
	• 脾氣可能一點就燃
	• 等待暴風雨過去

健康、身體、靈性	• 雙極性情感疾患（俗稱躁鬱症） • 氣喘、支氣管炎、肺炎、咳嗽（與肺部和呼吸系統有關） • 難以診斷 • 受到吸入性物質的影響 • 單純不適、身心不佳 ★靈性： • 身心失調的混亂感受 • 覺得自己身處黑暗當中，無法連結靈性本質 • 腦袋不清晰、倍感衝突 • 重新校準和連結靈性 • 深呼吸 • 練習呼吸法
金錢	• 數字有出入或是財務有狀況 • 財務困難
時間或時機點	• 六天、六週、六個月 • 六月 • 當月的六日（右邊的牌會顯示月份）

6 雲朵

建議或行動	• 專注
	• 理清思緒
	• 面對你的懷疑與恐懼
	• 發洩一些怒氣
	• 思考清楚
	• 模糊不清，不要給明確的答案
	• 待在幕後
屬性	★**負面**：這張牌會讓周圍的牌義變得不好
物品與區域	• 香水
	• 煙霧
	• 香
	• 香菸、水煙或任何可以吸入的物質
	• 加濕器

這張牌的個人故事：

我想不太起來這張牌的故事，所以我在寫本書的過程中，耐心等待這張牌出現在我的占卜解讀中，而它來的時機實在太完美！我的朋友芮文致電給我，瘋狂問我：「我該搬去哪裡？什麼時候要搬？」她的租約即將到期，所以她必須盡快搬走。我幫她占卜了三次，每一次雲朵牌都在最後一張：女人＋鸛鳥＋雲朵；房屋＋女人＋雲朵；房屋＋船＋雲朵。每一組牌面，我只能看見她的確要搬離並且會面臨變化，但結果不明朗，因此我沒法給她明確的答案。

我感覺她必須在心中做下某種決定，並且下定決心。她彷彿佇立在十字路口，而她只要做下決定，未來之路就會開展。她停滯的狀態意味著需要某些事情發生，方能突破僵局。我坦承告訴她我得到的訊息，也告訴她我隔天會再幫她占卜一次。這就是雲朵牌以非常直接的方式呈現的結果，彷彿這個不明朗的困境是要我「之後再問」。

　　隔天，我抽了牌，抽到女人＋船＋塔。我立刻就知道這是指她要搬進一間公寓（塔），地點不在目前的居住範圍，而是一段距離之外（船）。我打給她之後，她告訴我，前幾天找我諮詢過後，她決定打電話給一位朋友，轉了錢給她後，準備簽約搬進另一座城的一間公寓了。這次的占卜，雲朵牌讓我的內心有種難以言喻的怪異感。我領悟到，未來取決於人類的抉擇。只要你踏上所選擇的路，我就能預測你會遇到什麼；然而，你若仍處在十字路口猶豫不決，我也無法告訴你未來會如何發展。如果前方雲遮霧罩，我也看不清楚啊！

　　近期的每日占卜中，我抽到熊＋雲朵＋房屋，而雲朵的意義也很直白。

　　一開始，我以為是在家裡跟我父親或母親吵架：熊（權威人士）＋雲朵（誤解或生氣）＋房屋（在房子裡，在家裡）。於是我開始擔心可能我對母親有些誤解，因為熊象徵母權的母系角色，而房屋則象徵我的家庭。這三張牌的結果最後很簡單直接：我懷孕的妹妹來訪，她對任何的氣味都極度敏感；而占卜的結果應驗了，我做了她最愛的菜，這道菜需要炒洋蔥。那真是一個天大的錯誤！炒洋蔥時冒出來的煙如同雲霧繚繞，味道瀰漫整間屋子。可想而知，我妹的心情很不爽。熊＋雲朵＋房屋＝那次下廚真的讓屋內瀰漫煙霧，導致家裡瀰漫著不悅的氛圍。

　　今天我抽到了男人＋船＋雲朵。

我知道這三張牌跟我先生有關，因為我們所住的州屬亞熱帶氣候，所以我查了氣象，想知道是否將有暴風雨來襲。結果沒有這回事，這天是大好的豔陽天。那麼下一個可能的結果就是海外辦公室（他在海外部門工作，業務橫跨不同國家）的某些問題了，但是我的直覺是車子應該有問題。我告訴他我覺得有可能發生的事情。當天晚上，他開車回家的路上，車子拋錨了，某條軟管因為壓力而彈開，氣體噴發（雲朵）在擋風玻璃上。他只好熄火等待，用水冷卻引擎，接著把軟管接回去，再驅車回家。雲朵帶來的問題通常不會持續太久，除非周圍有其他象徵時間很長的負面牌。

大藍圖牌義：

傳統上，這張牌的牌義取決於梅花國王的臉面向何方。如果面向男人牌或女人牌，意味著會有好消息；如果背對人物牌，那麼就要注意前方等待著你的會是壞消息。

檢視雲朵牌落在過去、現在還是未來的位置。每次都要檢查雲朵的周圍有哪些牌，才會知道這張牌影響了什麼事件。如果落在過去，要確認周圍的牌面呈現的意義是否符合個案過去發生的事情；如果落在現在，一樣要檢查周圍的牌，才會知道目前雲朵為哪些事情帶來負面影響，也才能建議個案要小心什麼並且協助他。另一個解牌的線索是檢查雲朵牌落在哪個宮位，宮位會明確告訴你到底浮現的困難是什麼。

整體來說，雲朵會給周圍的牌帶來負面影響。注意這張牌座落的方向，左側還是右側是很重要的解讀關鍵。

如果雲朵離人物牌（男人／女人）很遠，那麼你可以放下心中大石，無需擔憂了。同時也要檢查雲朵是否距離帶來好運的牌很遠，例

如愛心、花束、太陽、鑰匙等。

　　永遠正面看待並且建議個案耐心等待，因爲烏雲總會散去，風暴
終會平息。

配對組合與範例：

　　雲朵會影響左右兩邊的牌義。

★**花束＋雲朵**＝美麗的禮物，但是要注意可能動機不單純；美好
　的禮物可能會被錯誤對待；賄賂；處理氣味和煙霧的東西

★**雲朵＋鳥**＝誤解；溝通不良；在你背後說三道四；錯誤資訊

雲朵＋鳥

蛇

撲克牌對應：梅花皇后

這張牌通常畫有一條蛇纏繞於地面上，或是懸掛在樹上。無論這張牌落在何處，都意味著凶厄來勢洶洶。自古以來，蛇的意涵都非常兩極，一面是智慧與知識的象徵，另一面則象徵欺騙與背叛。我認為如果是占卜靈性問題，智慧和知識的意義就跟主題緊扣著；反之，如果是預測世俗問題，那麼欺騙、失去、麻煩、困境等牌義就會比較適合，因為當有一條蛇向我們衝來，或是在家中發現一條蛇的時候，我們的想法、反應也會是如此。蛇在爬行時靜謐無聲，不會被獵物察覺到。

這張牌會帶來敵意、失去、歹運。同時也意味著這個人面善心惡，內心不懷好意。這張牌象徵背叛、欺騙、嫉妒、吃醋。要小心可能遭致他人攻擊，或是健康出狀況。蛇象徵各種層面的欺騙背叛、表裡不一、兩面討好。蛇這張牌象徵騙子，製造麻煩與欺騙，或是東西故障、汽車問題、爭執口角、棘手的情況。

我總是將蛇視為你可以直接從人生道路

上抓起來，並放生到其他地方的某種問題。山這張牌需要攀山越嶺才能征服，而蛇只要誘惑一下就可以解決了。記住：如果早點抓住蛇，就可以輕易處理，降低損害。取決於周圍的牌面而定，才知道蛇是你可以輕易移除或是需要繞過的障礙，而最關鍵的部分是要先注意到它！因爲蛇的狩獵方法是在暗處埋伏。

在某些案例中，蛇這張牌意味著疾病，而旁邊的牌會暗示這疾病會持續多久或是有多嚴重。

如果蛇的右邊出現鑰匙牌，那麼在某些情況下或特定脈絡中，就能緩解蛇的凶險。蛇＋鑰匙＝你會找到避開蛇的方法。你擁有關鍵之鑰能夠讓蛇變得人畜無害。同樣的，你也必須檢視其他的牌並回歸問題的脈絡。

如果你發現蛇在你的周圍，請善用常識避開那條蛇，因爲蛇遲早會露出尖牙，對著你嘶嘶警告。

❼ 蛇

對應主題的牌義

未來	• 有些困難或麻煩就在眼前：事情複雜、障礙浮現、路途崎嶇 • 繞路改道 • 注意周遭的人 • 欺瞞與欺騙 • 小心陷阱 • 注意惡意的攻擊或行為 • 要小心注意 • 有時候暗示輕微的疾病，除非周圍有更多負面牌 **★牌卡分類帽：** • 描述牌
女人或男人	• 誘惑、挑逗 • 迷惑他們的獵物 • 身手矯健：雜技演員或舞者 • 低俗、淫慾 • 易生嫉妒的人 • 表面甜言蜜語，內心不懷好意 • 不誠實的人、騙子 • 背後捅你一刀的人 • 不值得相信的人、欺瞞 • 有時候可能很冷漠 • 虛偽：人前稱讚你，人後講你壞話

	★身體特徵：
	• 纖瘦（也有例外）
	• 光滑
	• 身手敏捷、彈性靈活
	• 性感
工作	• 障礙
	• 欺騙
	• 注意背後
	• 有人在你背後做小動作
	• 非法活動或不真誠的情況
	• 丟失某些職責或責任
	• 技術上的障礙
	• 棘手的問題
	• 掙扎、難關
	• 複雜的問題
	• 線材有瑕疵、接線故障
愛情	• 嫉妒
	• 背叛、不忠貞
	• 欺騙、通姦
	• 謊言構築出來的戀情
	• 要注意不真誠和欺騙的情況

❼ 蛇

健康、身體、靈性	• 輕微且容易康復的疾病，如感冒或流感，除非周圍有其他負面牌 • 要注意腸道、結腸、消化道系統 • 你需要清通你的管線了 • 拙火能量 ★靈性： • 療癒你的海底輪（此脈輪的主題是「我擁有」） • 與想法相似的人相處，才能讓你提升 • 食用紅色食物，穿著紅色衣物 • 坐在地上，赤腳走路，享受食物 • 等待蛻變重生，提升眼界；具備創造力和智慧 • 毫無抗拒地經驗重生與轉變；褪去舊皮，迎接新生
金錢	• 小損失 • 不好的投資 • 債務 • 過度自信 • 難關 • 撤資以避免未來的損失 • 警訊
時間或時機點	• 七天、七週、七個月 • 七月 • 當月的七日（右邊的牌會顯示月份）

建議或行動	• 運用才智：表現出聰明狡詐的性格
	• 使用常理以外的方法
	• 小心不要相信錯人
	• 蛻皮重生
	• 障礙在前，繞道而行
	• 扭轉或旋轉
	• 不要太相信浮誇的讚美
屬性	★**負面**：蛇這張牌會讓周圍的中性牌變得負面；如果只是表達日常物品的話，像是電線，就純屬中性
物品與區域	• 管路、電線、管子、繩索
	• 下水道
	• 手鍊
	• 任何可以捲曲、繞圈、纏繞成S型的東西
	• 雲霄飛車

❼
蛇

這張牌的個人故事：

　　這則故事在我腦海中既生動又鮮明：我摯友的母親旺達打電話給我，請我占卜。在她的牌面中，欺騙的狀況不斷出現，但是她覺得完全不符合自己的狀況。她不斷告訴我，她身邊每個人都是朋友，都值得信任。因此，為了是誰會欺騙和背叛她，我開始針對她提供的姓名各抽一張牌來檢查。輪到其中一人時，我抽到了蛇。旺達非常吃驚，義正詞嚴地說：「怎麼可能？不可能是他！」我們把她的每一位朋友都抽遍了，只有這個人抽到了蛇這張牌。所以，我重新洗牌，將意念聚焦在這個人身上，而蛇又再次出現了。旺達依舊不相信，她要我再抽一次。因為她跟我很好，我想要幫幫她，所以我又重新針對她的朋友一個一個占卜。結果，同樣的人又抽到了蛇這張牌。於是我就說了：「不好意思，這就是我從牌面解讀出來的訊息。你必須非常小心這位男士。他的個性就跟蛇一樣，而且會背叛你。」旺達依舊不相信，信誓旦旦地說這個人總是幫助她，不僅在工作上協助她，還幫她跟老闆講很多好話等等。我只能告訴她，我非常希望她是對的，但還是要她小心一點。

　　一個月後，旺達打電話給我，語氣激動，充滿怒火。那個男的背叛了她。他讓旺達背了黑鍋，害她丟了工作。聽到她在電話中受傷的語氣，我很心疼。她一直無法放下被背叛這件事。她說：「他是我最好的朋友，結果竟在背後捅我一刀，這讓我實在不敢相信。我也無法置信自己當初居然沒有相信你。」那是我討厭自己占卜準確的時刻之一。我感受到旺達正在遭受的痛苦。當你最信任的朋友背叛你時，往往令人難以接受。

我翻閱我的舊日記時，看到有一天我抽到了女人＋蛇，而那天晚上我嚴重發燒，得了流感。另一天，我抽到樹＋蛇，我在日記中寫道，我兒子那天腸胃痙攣和疼痛。在我最近一次的每日占卜中，蛇這張牌指當天道路整修，導致我遲到，並且必須繞路而行。

大藍圖牌義：

　　傳統上，蛇象徵偽善、欺騙、損失。蛇如果離男人牌或女人牌越遠，對個案來說就越吉利；如果蛇靠近男人牌或女人牌，就要有所警覺，檢查危險和欺騙來自何方。注意你周遭有沒有人其實心生嫉妒，表面卻甜言蜜語企圖跟你當朋友。明槍易躲，暗箭難防。

　　注意蛇這張牌，即便它離人物牌（男人或女人）很遠，也不要忽視它，一定要檢查它座落在哪一個宮位上。離人物牌越近，威脅也就越近。這是個警訊，要你小心不要信任錯人。檢查周圍是否有人物牌。你也需要確定牌面是描述個案會發生的健康狀況，還是指會遇到小人。

　　如果蛇的周圍有負面牌，那麼危險程度越高，挑戰也會更加險峻。蛇這張牌會讓周圍的負面牌變得更加負面。假設周圍是正面牌，那麼危險仍在，看似正面的表象，其實底下埋藏著危險的種子。有時候如果蛇靠近指示牌，代表個案身陷麻煩之中。

❼ 蛇

配對組合與範例：

★**鳥＋蛇**＝誅心的話語；惡意的謠言；誹謗；汙衊；陰謀

★**蛇＋鳥**＝錯誤行銷；詐欺廣告；散播謊言；相看兩厭的伴侶；
騙人的聚會；錯誤的面談；約會過程很痛苦

蛇＋鳥

★**蛇＋百合**＝愛騙人的老男人；騙子或投資失利；由信任的長輩
發現了虛偽之事；假薩滿或神棍；抱病的老人

蛇＋百合

★**蛇＋太陽**＝經歷謊言與欺騙後，終於成功；歷經千辛萬苦後，
終於成功

★**太陽＋蛇**＝雖然會達到成功和勝利，還是會有不可預期的挑戰
出現，阻撓你的成功

太陽＋蛇

❼
蛇

棺材

撲克牌對應：方塊九

　　這張牌通常只有一具簡單的棺材。有時候是木製，有時候是很華麗的棺材；有些牌面會畫一襲毯子披掛在棺材上，有些則沒有。簡言之，棺材是結束與死亡的象徵。這張牌呈現的鬱悶氛圍告知我們，危險在前，或有個巨大的難關等著我們去克服。棺材通常帶來結束，因此要檢查左邊的牌，看看結束的人事物爲何。結束總是痛苦的，但結束也意味著新的開始。棺材有時候是了結痛苦磨難；它也在警告你要小心重大疾病或嚴重財務損失；同時也象徵憂鬱和失望。如果旁邊有負面牌，痛苦與重擔會更大。

　　棺材牌講述著令人擔憂的劇情，因爲它預言了我們努力的一切終將毀壞，無論是關係、事業、職場還是健康。這張牌代表痛苦的改變與轉化。棺材有時象徵舊有信念的死亡，並讓新的信念浮現——心智上的轉化。

　　棺材牌也意味著是要斷捨離並重新開始的時候，亦是洗滌淨化並重獲新生的時期，更是放下過去、展望未來的時刻。這段時期，一定要懷抱希望並正面看待，才能更好

地克服危機。有時我抽到棺材牌時，它只是要告訴我，這是宜「待在床上」的一天。

　　棺材有時象徵死亡，特別是旁邊出現船這張牌，或者是周圍有負面牌的時候，例如鐮刀。

　　從正面來看，棺材的出現可以視爲災厄即將結束。

對應主題的牌義

未來	• 重大疾病
	• 難過、憂鬱
	• 死亡、終結、終止
	• 充滿痛苦的改變或轉化
	• 失敗、巨大的損失
	• 決裂
	• 停滯期變得更長
	• 恐懼症，焦慮到無法動彈
	• 恐懼、害怕
	• 躺著
	★牌卡分類帽：
	• 情緒牌

8 棺材

女人或男人	• 憂鬱的人
	• 憂鬱、低潮、不幸、難過
	• 自尊低落
	• 性格負面的人
	• 少數情況下，意味著這個人藏有不為人知的祕密，像是狂野的過往
	• 病人
	★身體特徵：
	• 有稜有角的特徵
	• 黑色或深色頭髮
	• 五官輪廓分明（下巴的線條角度明顯）
工作	• 地底下的位置
	• 在地下室工作
	• 雇用期結束
	• 關門大吉
	• 失業
	• 毀約
	• 離開無趣、毫無前景的工作
愛情	• 關係如同一灘死水
	• 情緒耗弱的狀況
	• 痛苦的結束
	• 有人選擇離開：分手或離婚
	• 傷心、絕望

	• 因為結束而悲痛萬分 • 從糟糕的情況中解脫
健康、身體、 靈性	• 臥床不起 • 惡化 • 憂鬱症、有自殺意圖 • 食慾不振 • 疲勞、身心俱疲 • 無力處理難關與挑戰 • 感到恐懼害怕 • 疾病終於結束 • 一整天都待在床上 ★**靈性**： • 拙火能量升起 • 重新整修住家的管線 • 擺脫過去的自己 • 有時歷經棺材帶來的苦痛，反而能開啓新的大門， 　或是進入新的靈性階段，如同提升至更高層級
金錢	• 巨大的損失 • 破產 • 大受打擊 • 破產 • 重整財務的時刻

❽棺材

時間或時機點	• 八天、八週、八個月 • 八月 • 當月的八日（右邊的牌會顯示月份）
建議或行動	• 休息 • 待著、留下來 • 放鬆休息或好好躺下
屬性	★**負面**：這張牌會讓周圍的牌面變得超級負面，但如果有正面的牌在右邊的話，也可以將之視為困難終將了結
物品與區域	• 盒子或任何有蓋的容器 • 地下室 • 抽屜 • 床、床底下 • 衣櫃

這張牌的個人故事：

　　這則故事對我而言非常重要，它彷彿是生命中的震撼，教會了我人生道理。我當時為非常親密、摯愛的人占卜，而棺材牌出現在人物牌的右方。我重新占卜，棺材還是出現在右邊。資深經驗讓我一看見棺材牌，腦海中的警鈴即刻大響。因此，我改用大藍圖牌陣來占卜：女人牌是最後一張牌，未來沒有牌，下方也沒有牌，只有棺材在女人的上方。

此時，我再也不能不面對現實了。因此，我為朋友的女兒抽了一組大藍圖，啟動熊這張牌象徵她的母親，檢查周圍有什麼牌出現。棺材和鐮刀在熊的周圍。我繼續為我朋友的其他孩子抽大藍圖，一樣啟動熊象徵母親。然而，鐮刀和棺材在每一次占卜中都出現了！

　　我的眼淚止不住地狂掉，毫無疑問，這是近期會發生的意外。我的腦海閃過一個念頭，一種感覺，一個靈感——如果我能夠占卜出來，就意味著我們有機會改變未來。我相信有時候你絕對有力量可以改變宿命！我告訴朋友之後，我們兩個決定做些什麼。我們開始冥想、祈禱，祈請所有天使、指導靈和我們所知的一切神靈前來協助。做完這些事情之後，我又再占卜一次朋友近期的運勢，而棺材在那一排的最後一張。我只想尖叫，而我也的確大叫了！我們將行動拉到更高層級，做了更多的祈禱。我先生當時出差，所以我們一整晚都可不受干擾。當晚我們都沒有睡覺，直到太陽升起時，我們皆筋疲力盡，因為我們整晚不間斷地祈禱、哭泣、冥想，做了所有能做的事。我發誓，直到這一切解決之前，絕對不讓朋友離開我的視線範圍。我們決定在睡眠中運作意識，藉此改變那一張棺材牌。

　　在我睡覺前，我決定去洗個澡。淋浴時，我不斷祈禱、祈求、哭泣，我感覺到我的心不斷擴張、拓展，彷彿容納了整個宇宙。那一瞬間，燈光突然跳掉，彷彿電影中光芒從天而降的那一刻，時空剎那靜止。浴室的燈光又亮了。我洗好澡後又抽了牌，抽到愛心＋鳥＋幸運草＋鑰匙＋女人＋百合＋樹＋花束＋星星。這是我有史以來見過最美最好的牌面了！

　　前面的牌，愛心＋鳥＋幸運草＋鑰匙，代表我們虔誠懇切地祈禱和進行靈性工作。後面的牌出現了女人＋百合＋樹＋花束＋星星，意味著朋友在人世間還能夠待很長一段時間，而她受到祝福，有了新的

8
棺材

生命之路和許多希望。我又占卜了三、四次，都得到相同的結果。接著，我也幫朋友全家抽了大藍圖，占卜結果都奇蹟般地改變了！直到這時，我才能安心入睡。

那天，我知道我們做到了。我那時才領悟到，牌卡是根據你現在的意志去預測未來，但若是你改變意志或在生活中做出其他改變，未來也會跟著改變。從那天起，我對於占卜的想法也轉變了。如果我看見占卜結果不佳，我會鼓勵個案跳脫慣性思考，試著改變自己去扭轉未來的結果。

五天後，朋友打給我說道：「我早上起來時有種生病的感覺，心臟非常不舒服，所以我就帶著水晶天使和我喜愛的礦石。我在高速公路上開車時，那股不適感又出現了，於是我握住我的水晶。我在高速公路上的時速很正常，有一隻白色的鳥直接撞上玻璃而死，好像牠就是衝著我而來的一樣！牠是直接從我駕駛座的窗戶撞上來，不是擋風玻璃喔，是駕駛座的窗戶，感覺很像是牠代替我而死。我為牠感到難過，但也感謝牠和一切，因為我有了第二次的機會可以好好活著。我會盡我所能回報這一切。」我們兩人都訝異得瞪大雙眼，但內心深知這是事實，忍不住都落下了淚。

大藍圖牌義：

傳統來說，棺材牌象徵重大疾病或是破產。棺材牌離人物牌越遠，危險性就會降低越多。

這張牌若是座落在過去的位置，意味著個案過去經歷過一場疾病、停滯期或低潮憂鬱的時期；反之，如果座落在未來的位置，則要小心未來會發生不幸之事。

棺材離男人牌或女人牌越近，危險和災厄也就越嚴重。如果棺材

靠近男人牌或女人牌，無論是在上下左右哪個位置，都要謹慎檢查和剖析這張牌傳達的訊息。檢查棺材周圍的牌，以及審視這些牌與棺材之間的關聯，才能判定危險來自何處。什麼即將結束？什麼即將改變？什麼部分會發生痛苦的轉變？

即便棺材距離男人牌或女人牌很遠，仍需注意這張牌周圍的牌面：檢視棺材影響的是什麼層面；檢視每張牌與棺材的關係；檢視是什麼即將結束、改變、轉變或損失。

不要輕率地解讀這張牌，一定要慎重小心。我住在貝魯特時，那裡仍處於戰亂時期，棺材牌出現的次數中，很高比例都是代表真的死亡；自從我搬到美國後，這個比例就大幅下降了。

配對組合與範例：

★ **棺材＋鐮刀**＝痛苦和挑戰結束了；從過去的重擔和悲傷中解脫；長期臥病後進行手術；做出不夠好的決定（棺材＝善變的人，鐮刀＝果斷的決定）

★ **狐狸＋棺材**＝工作結束；退休；計畫的成果不如預期

狐狸＋棺材

★**棺材＋幸運草**＝康復；另一次機會；困境解除

棺材＋幸運草

★**鞭子＋棺材**＝掙扎和磨難結束，或是口角和爭執結束；可能是
　身體出意外或暴力虐待，這也就是爲什麼背景脈絡很重要的原
　因，周圍的牌面也很重要

鞭子＋棺材

★**鐮刀＋棺材**＝意外；失敗的手術或手術後長期臥病在床；決心
不會復合的分手

鐮刀＋棺材

★**棺材＋太陽**＝復活重生；新的開始；調整自己，重新振作

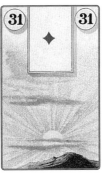

棺材＋太陽

❽棺材

花束

花束這張牌的畫面通常都是一束美麗的花或好幾枝花插在花瓶裡。這張牌總是充滿美麗鮮豔的色彩和精緻華麗的擺設，喚起內心的喜悅、美感、愛情與幸福。花束總是象徵仰慕、滿足、溫暖、喜悅。花束牌象徵表達殷勤、讚賞、感激之情的美麗之物。

這張牌會為個案的生命帶來全面的幸福、成功、勝利，象徵令人開心的禮物或不錯的驚喜。論及家庭、友情或愛情的主題，花束這張牌帶來情感上的吉兆，也象徵具有創意和藝術家性格的人。花束牌可以意指你的計畫如你所預期般進行，而你會感到開心、欣喜。

如果負面牌的右邊出現花束，預示困境、擔憂、壓力之事會解除。它帶來成功和成長，以及溫暖與真摯的情感。花束牌的右邊如果接續出現正面、令人開心的牌，占卜結果會非常祥和且令人喜悅；花束牌右邊如果出現負面牌，意味著要小心不真誠的感受和失望。

對應主題的牌義

未來	• 快樂、喜悅
	• 平靜、滿足、寧靜
	• 禮物
	• 援助之手就在路上
	• 事情有了開心的結果
	• 正向的答案
	• 會有意想不到的貴人來幫助你
	★**牌卡分類帽：**
	• 情緒牌
女人或男人	• 迷人
	• 正向、開心、喜悅的人
	• 浮華虛榮的心
	• 美容師、彩妝師、美髮師
	• 藝術家
	• 提倡素食生活的人
	• 負面的面向可能是自戀
	★**身體特徵：**
	• 有魅力、好看
	• 頭髮濃密，有時候是長髮，且髮色是淡色系

9 花束

工作	• 造景，將庭院打造得很美
	• 藝術產業或藝術收藏家
	• 裝潢陳設事業
	• 花店
	• 植物園
	• 整體療法、替代療法、草藥師
	• 收到推薦信
	• 非常吸引人的工作機會
	• 令人喜悅的職場環境
	• 專業的進步帶來成就感和滿足感
愛情	• 美好成功的戀情
	• 禮物，驚喜即將出現
	• 你會感到滿足和快樂
	• 開花結果的關係
	• 和諧、忠貞、真誠和理解 —— 任何在關係中帶來歡笑喜悅之事
健康、身體、靈性	• 康復和各種療癒
	• 花粉症
	• 療程
	• 替代療法

	★靈性： • 内在滿足、散發喜悦 • 感謝周遭的一切 • 靈性療癒和寬恕 • 為生活增添色彩
金錢	• 看起來很好 • 好的成果 • 會獲得金錢收益 • 你的財務狀況受到保障且穩定 • 財務穩定
時間或時機點	• 九天或九個月 • 九月 • 當月的九日（右邊的牌會顯示月份）
建議或行動	• 要快樂 • 變得更美 • 友善待人 • 散播愛
屬性	**★正向**：這張牌總是為占卜解讀帶來開心的氛圍， 除非右邊出現負面牌，才會讓氣氛冷掉

❾ 花束

物品與區域	• 一束花
	• 玫瑰
	• 情人節卡片
	• 化妝、彩妝、美妝產品
	• 鑲邊、流蘇、蕾絲
	• 盆栽
	• 藝術和工藝（彩色筆、水彩、鉛筆）

這張牌的個人故事：

　　預定好要寫花束牌的故事當天，我整天都無法遠離網路，因為我在網購。這一切的起因是我在尋找生日禮物，送給即將四十歲的我。我先生看到我在網購，就叫我幫他找一個他需要的物品。搜尋的過程中，我看見一幅精美的手繪掛畫，而且我母親一定會喜歡；接著，我注意到順勢糖球，但猶豫不決該買哪一種，因為有太多品項了；後來，我想起來我需要山金車，但我分不出藍色和綠色品種的差別。我注意到一條手鍊，非常適合我妹妹，但我在思考能不能在其他地方買到更便宜的。我很想念我的外甥們，距離上次我送他們禮物，已經過了好久好久了……。有那麼多選擇，而我又不能漏掉我兩個兒子，他們想要某種蒸汽龐克（steampunk）式的齒輪（真是感謝某一套蒸汽龐克風塔羅牌，這套牌來到我們家時，著實引起一陣炫耀）。我找到很美的指南針，但我在想是不是也要買一個日晷……。過程中，我又看到了一本舊書，我的摯友可能會想要。

當我結束網購，荷包空空之後，幾乎已是半夜。我花了八個小時在網購，研究順勢療法，挑選完美的禮物。

結果，早上我抽到的兩張牌（花束＋書籍），並不是指我要寫本書的花束牌故事。我相信，我當時發現了這兩張牌配對組合的新牌義。

★花束＋書籍＝研究和閱讀順勢療法；挑選禮物贈送全家的技巧；下單付款前，深入研究與分析每一個禮物；剖析每樣禮物的優缺點；近期會開始調查禮物是什麼；研究和尋找各式各樣的禮物，或是單純搜尋禮物而已

花束＋書籍

大藍圖牌義：

傳統上，花束牌意指滿滿的喜悅、寧靜與平靜。花束意味著絕對的滿足感和歡欣之情。這是愛情的甜蜜期、友誼的親密之心，以及絕對的忠誠互信。如果花束牌靠近男人牌或女人牌，代表周圍的人都會善待你，並且處處為你著想；假設花束牌座落在當下或未來的位置，

意味著你會被福神眷顧，或是你會收到讓你樂到不行的禮物。記得，禮物不一定都是以物質的形式出現。擁有一群愛你的人以及美好的友誼，是我們所收穫的最佳禮物。此外，你也可以當出於喜悅與開心而給予的人。

我很喜歡在牌陣中看見周圍是花束牌，它總是代表未來很愉快美好。

配對組合與範例：

★ **花束＋鳥**＝素食生活講座；獲得極高評價，或是有人對你高度讚賞；非常愉快的拜訪，或是開心地與人喝咖啡聊天；可愛的伴侶或好看的雙胞胎；在美容院聊天；妝髮諮詢

★ **花束＋雲朵**＝有些問題或麻煩會打擾你內心的平靜；你的幸福快樂將被打擾；愚昧之人，或是外貌姣好卻思緒不知道飄去哪裡的人（頭在雲裡，意味心不在焉）；抽大麻（花束＝一串植物，雲朵＝吞雲吐霧）

★ **花束＋十字架**＝痛苦地拒絕；曾經的欣喜快樂，變得悲痛萬分；設計成十字架形狀的插花；捐款給慈善機構；華麗優美的宗教場所

★ **花束＋十字路口**＝走在美麗的商店街上，逛著所有美麗的商品；走在風景優美的道路上；平靜的內心升起了疑問；等待你選擇的幾個大好機會

★**信件＋花束**＝情人節卡片

信件＋花束

葳迪莎非常擔心她策劃的活動。「會發生什麼事呢？」

★**花束＋老鼠**＝會更擔心場地裝飾得如何；展演會有更多壓力與
　不安，需要隨機應變；或許建築物或裝飾會有損壞

★**老鼠＋花束**＝焦慮和壓力很快就會結束，因為活動會非常完
　美；擔憂很快就煙消雲散，取而代之的是興奮、期待、內心七
　上八下

老鼠＋花束

❾花束

鐮刀

撲克牌對應：方塊侍者

你會在這張牌的牌面上看到一把鐮刀，非常銳利，準備要切下去。有時候畫面會伴隨乾草堆，有時候則只有一把鐮刀。鐮刀象徵清理、切割、收穫。

如果鐮刀的周圍是正面牌，則可以避開危險。它預示突如其來的事件，象徵切割、切片，也意味著嚴重、迅速、魯莽的抉擇。鐮刀牌的位置非常重要。假設它落在指示牌或主題牌的左邊，代表事件已經發生或正在發生；如果落在右邊，就暗示著事件尚未發生，而你必須做好準備，小心注意。鐮刀同時也迫使你做出果決、艱難與痛苦的抉擇。

這張牌會帶來突然的損失或斷絕分開；這是張象徵意外的牌。要格外小心眼前的路，提神注意周圍。要提防健忘、粗心和分心。鐮刀讓目前的事情變得急迫。

這張牌也時常在健康問題中出現，象徵任何手術行為。對我來說，它象徵注射和針頭。

正面來看，如果它的左邊是負面牌，鐮刀也可以代表斬斷痛苦，得到解脫。

對應主題的牌義

未來	• 要小心：你將要面對突如其來且可能危險的事情
	• 大幅減少
	• 意外
	• 中斷
	• 爆胎
	• 魯莽的決策
	• 驚嚇
	• 需要迅速行動
	• 暴力行為
	• 需要做決定
	★牌卡分類帽：
	• 行動牌和時間牌
女人或男人	• 銳利
	• 有力
	• 侵略性格
	• 殘暴無情
	• 醫生或外科手術醫生
	• 美髮師
	• 反應迅速，話語犀利
	• 具有傷害性、粗魯
	• 思路清晰明確

	★**身體特徵：** • 身形曲線玲瓏有致，但偏纖瘦 • 輪廓非常分明 • 身上看得到傷疤 • 短髮（有時候是寸頭）
工作	• 終止 • 辭職 • 拒絕工作邀約 • 打破合約 • 交易失敗 • 在工作場所受傷 • 縮編後又必須裁員 • 外科醫生、牙醫、使用銳利器具的人 • 美髮師 • 農夫或園丁
愛情	• 分手 • 殘酷的分開 • 斷開關係 • 拒絕 • 強烈的情緒起伏期 • 從糟糕的戀情中解脫 • 危險的戀情

健康、身體、靈性	• 骨折
	• 割傷
	• 受傷
	• 切割或手術過程
	• 切片檢查
	• 注射
	• 雷射除毛
	• 整形手術
	• 突發性的刺痛或如坐針氈的感受
	• 敏感性牙齒
	• 大腦凍結般的劇烈頭痛
	• 與牙齒或牙科工作相關
	• 偏頭痛
	• 劇痛
	★靈性：
	• 淨化氣場
	• 淨化脈輪
	• 切斷不要的能量連結，斬斷執著
金錢	• 中斷供應
	• 現金流會瞬間停止
	• 減薪
	• 財務危機
	• 財富突然逆轉
	• 冰冷無情的決定

時間或時機點	• 十天或十個月 • 十月 • 秋天 • 當月的十日（右邊的牌會顯示月份）
建議或行動	• 要犀利和果決 • 精準才重要 • 斬斷清除 • 要果斷
屬性	★**負面，有時中性**：這張牌會影響周圍的牌；有時候問題如果跟決定有關，就可能是中性的屬性
物品與區域	• 耙或園藝工具 • 針頭或靜脈注射器 • 刀、剪刀、剃刀、拆信刀或任何金屬邊的鋒利器具 • 餐具抽屜或餐具區 • 放置園藝工具的棚子或草坪

這張牌的個人故事：

　　這是另一則讓我情緒起伏的故事：這故事要從我母親用雷諾曼占卜時說起。我當時十歲左右，母親為父親抽了大藍圖來占卜。她占卜了三次，每一次牌面上都出現男人＋鐮刀，而鐮刀就在父親旁邊。我清楚記得這件事，因為母親的表情轉變，倒抽一口氣後，又重新占卜一次。最後，她告訴我父親：「你必須要小心一點，因為危險絕對會浮現。」他們互相看著彼此，接著轉頭看向我，而我當時嚇壞了。我父親說：「放心，我每次在山上開車時，都與危險擦肩而過。我們來吃冰淇淋吧。」我當下鬆了一口氣，因為他總是會吹噓他有多勇敢。隔天，父親去烘焙坊買麵包。他出門的時候，外面開始傳來隆隆砲聲。

　　爆炸聲震天巨響，表示這些砲彈就落在附近。母親和我跑到陽台等他回家。砲彈聲越來越近、越來越近……，而街上空無一人。接著我們看到他赤裸雙腳奔跑著。有一枚炸彈落在他身後爆炸開來。他開始以S型的方式在街上奔跑。很快地，炸彈落在我們和他之間，母親緊緊抓住我的手。我們擔驚受怕，等待煙霧散去，終於看見他還在向我們跑來。他終於跑到我們這棟建築，而炸彈如冰雹般不斷落下。我們往下跑了五層樓去找他。他的面色蒼白，也受到驚嚇，而他始終死命抓著裝著麵包的袋子，因為他知道一旦開始打仗，麵包一定會短缺。

　　就在那一天，我了解到鐮刀的嚴重性。回想這段往事，我父親以S型在街上奔跑的動作，就像鐮刀一樣，切開道路與阻礙他回家的那些煙霧。

大藍圖牌義：

鐮刀在傳統上象徵可怕的危險，但是有正面牌在周圍的話，就可以避免。

這張牌在告訴個案，有龐大的威脅會洶湧而來。透過牌的位置和周圍的牌，就能判定威脅從何而來。鐮刀周圍的牌很重要，因為它們是會被影響的情況。抽到這張牌時，建議要格外謹慎看待。

如果周圍是負面牌，災厄會揮之不去；假如周圍是正面牌，鐮刀就會象徵向前行動的重大決定，或是用犧牲換來痛苦的決定，又或者是艱難的分離。

配對組合與範例：

這張牌通常不會當作指示牌。要把這張牌留在牌堆裡，因為鐮刀會影響它左右的牌。

★**鐮刀＋塔**＝在醫院或醫療中心動手術

鐮刀＋塔

★**愛心＋鐮刀**＝心臟手術；分手（愛心＝激情，鐮刀＝決裂）

愛心＋鐮刀

★**花束＋鐮刀**＝整形手術；剪髮；修剪草坪或割草；甚至代表斷
　掉的唇膏

★**船＋鐮刀**＝旅程取消；意外

★**鐮刀＋船**＝修理汽車；手術後離開醫院；逃離

鐮刀＋船

鞭子

在這張牌上，通常我們會看到鞭子和掃帚並排，或是互相交叉，像是準備好用來處罰。這兩樣都是古時候用來處罰小孩的工具。這個痛苦的符號映入我腦海時，浮現的是憤怒和施暴，或是電影《孤雛淚》中的畫面，以及我早年學生時期的回憶。

我從小在法國天主教方濟會學校長大，修女們總是會用木尺處罰我們，而且是很常這麼做。每每回家，我年輕的身體上很少沒有帶著被木尺打完的刺痛。

鞭子帶來爭執、反對和狂暴的能量。這張牌也象徵懲罰和復仇。鞭子也是與性行為有關的牌，因爲這張牌象徵重複的動作和各種性癖好。若有另一張負面牌在它的周圍，就代表偏差、暴力、虐待。家庭、友誼、戀情、職場、甚至生活中，會出現麻煩與問題。鞭子也意味著身心內在的紛爭，而這個紛爭以疾病呈現：噁心、慢性病或神經緊繃。

通常如果有正面牌在鞭子牌的旁邊，解讀鞭子的牌義時就會從正面的角度來看：性

感、魅力、精實、熱情。

因為鞭子或掃帚在使用時會有重複的行為，因此我將這張牌連結到任何需要重複、有節奏的行為，例如運動、訓練、清理、寫作、性行為。

對應主題的牌義

未來	• 爭辯、爭吵、口角
	• 指責
	• 憤怒
	• 爭執、打架
	• 激烈的討論
	• 遵守紀律的行為
	• 暴力
	★牌卡分類帽：
	• 行動牌
女人或男人	• 喜好爭論、辯論
	• 喜歡證明自己是對的，並且喜歡與人辯論
	• 激情、性感、性慾
	• 競爭

	★**身體特徵：** • 健美選手、體格健壯 • 賞心悅目且身材很好
工作	• 在健身房工作 • 運動員或個人教練 • 伴遊事業 • 瀰漫著情緒緊繃氛圍的職場環境 • 強烈的反對意見，或是準備要爆發的侵略性攻擊 • 不和與紛爭、意見不合
愛情	• 這段關係充滿著緊張的情緒壓力 • 肉體關係 • 爭吵和衝突後的性愛 • 充滿激情的關係 • 愛互相吵架的關係 • 非常侵略性的緊張關係 • 激情的性愛
健康、身體、 靈性	• 慢性疼痛和慢性病 • 反覆發高燒 • 肌肉拉傷 • 成癮症 • 強迫症 • 虐待與濫用 • 男性生殖器 • 必須活動筋骨或運動

	★靈性： • 化解內在衝突 • 進入平衡與和諧的狀態 • 療癒你的臍輪（此脈輪的主題是「我想要」） • 譚崔性愛 • 食用橘色食物，穿著橙色衣物 • 滋養你自身 • 舞蹈 • 歡笑 • 享受友情的陪伴 • 展現包容與耐心
金錢	• 金錢糾紛 • 令人失望的結果 • 再度出現的問題 • 針對糾紛而花錢和解 • 重複繳費
時間或時機點	• 十一天、十一週、十一個月 • 十一月 • 當月的十一日（右邊的牌會顯示月份）
建議或行動	• 說話前先經過大腦思考 • 採取行動 • 運動 • 為自己發聲

	• 重複或重做某些事 • 享受肉慾的樂趣
屬性	★**負面和中性**：這張牌通常會被認為是負面牌，但是如果象徵日常行為的話，像是運動、規律行為或性行為，就會是中性牌
物品與區域	• 鞭子 • 腰帶 • 掃帚 • 健身帶 • 橡皮筋 • 皮製錶帶 • 鞦韆 • 棍棒 • 尺 • 釣魚竿 • 杖、枝條

這張牌的個人故事：

莫娜是我的一位老客人，她很擔心跟丈夫的婚姻。她說：「他的心離我越來越遠，我不知道發生了什麼事。我們都太忙於工作和照顧孩子了。」我決定先占卜他們的婚姻狀況，如果沒有清楚的答案，我才會針對他們兩位分別占卜。我啟動戒指牌象徵他們的婚姻，而我抽到以下的牌：房屋＋船錨＋戒指＋書籍＋山。

房屋＋船錨＋戒指＋書籍＋山

前面的牌，房屋＋船錨代表家庭穩固，但後來的牌面是書籍＋山，問題就出在這裡：有什麼隱藏的祕密導致隔閡。我針對她丈夫抽了牌，想看看是否有偷吃或外遇等等。

百合＋狗＋男人＋鞭子＋山

真是冤枉啊！他其實是非常忠貞的丈夫（百合＝長期，狗＝忠誠），但山這個障礙又出現了。當我看見山再次出現，就知道我找到問題核心了！我問她，最近夫妻間是否有發生爭執、吵架或口角，但她一直搖頭表示沒有。那麼就只剩下一個問題需要問了：房事！一聽到這個問題，她的手立馬摀住雙唇，並說：「很遺憾我們一直沒有機

會可以做那檔事。」（鞭子＋山＝缺乏性生活）問題就出在這裡了！她恍然大悟，接著因為終於放下心中大石而哭了起來。莫娜一直擔心老公有婚外情，然而她老公只是一直把沒有性生活的挫敗感放在心裡，因為她是如此忙碌，以致無暇顧及性生活。一個月後，我收到一封電子郵件，她說一切都回到正軌了，並且感謝我讓她看清真相。我喜歡看到美好結局。我總是希望占卜的結果都可以如此簡單、輕鬆。

大藍圖牌義：

傳統上，鞭子意味著家庭內的爭吵、家庭麻煩、痛苦、交惡或糾紛、朋友間反目成仇、分離。

鞭子也象徵悲痛與不幸。它代表會有巨大的衝突、激烈的緊張氛圍，以及不和的事件（視這張牌的位置而定）。口角爭執會發生在任何關係中：朋友、戀人、家人、同事、鄰居，或是隨便一群人都有可能。如果鞭子靠近女人牌或男人牌，平靜生活會掀起衝突。你需要確定這張牌落在過去的位置時，是否仍持續影響現況，或是未來可能會出現的小紛爭。

如果鞭子被負面牌包圍，緊張的氛圍會變得更劍拔弩張；假若周圍都是正面牌，那麼問題很快就可以迎刃而解，但也許還是會受點心靈上的傷。

這張牌會造成嚴重的結果與危難。一定要檢查周圍的牌面，尋找線索，分析這張牌到底是在說肢體活動、運動、性行為、疾病、暴力還是衝突。倘若牌面的訊息仍然很模糊，那麼就跟個案談談這張牌，詢問他們最近是否發生過爭執。這張牌非常棘手，只有經過大量練習與時間淬煉，才能掌握它的牌義。

配對組合與範例：

傑森對卡洛琳的意圖是什麼呢？

★ **愛心＋鞭子＝**他只是想跟她上床而已（愛心＝激情，鞭子＝性）。如果周圍有負面牌，可能意指暴力對待或不懷好意

寶拉被藍恩不當對待後，還應該繼續跟他交往嗎？

★ **鞭子＋鐮刀＝**不。他施暴的程度會越來越危險（鞭子＝口語／肢體施暴，鐮刀＝意外）

史蒂夫明天會打贏那場官司嗎？

★ **鞭子＋太陽＝**史蒂夫有很大的機會能夠打贏官司，但是他必須展現出更具侵略性的表現（鞭子＝辯論／爭論，太陽＝成功。這種情況下，我會多抽幾張牌以得到更具體的答案，因為兩張牌的右邊如果是鞭子，訊息太少了。假如線性牌陣的最後一張仍然抽到鞭子，那麼我會再抽一張牌，看看接下來會發生什麼事）

鳥

撲克牌對應：方塊七

鳥這張牌通常會畫一對鳥，可能是兩隻鴿子或兩隻貓頭鷹，或者是一群鳥。鳥兒們總是開心地共同翱翔或在巢中一起棲息。鳥類長久以來都象徵來自神聖力量的徵兆。有些鳥類，例如鴿子，就象徵愛、關係穩定、生育繁衍。貓頭鷹象徵智慧、眼界、療癒。從象徵符號來談，鳥類（例如家鴿）是用來傳遞消息的，因為歷史上，家鴿頻繁地被人類用來監督情報和互遞消息。

鳥類象徵消息、訊息、資訊、電話、口語交流、討論、八卦、聚會、談判、小聚會、約會、同伴情誼，或是任何透過口語和電子通訊傳遞的消息（因為電子通訊也等同在空中傳遞消息）。鳥也象徵電視（提供資訊給待在家中的我們）、廣播電台（主持人喋喋不休）、網路。

如果這張牌在男人牌或女人牌的左邊，便是在暗示這個人似乎已經有交往對象。

因為鳥這張牌與空氣有關，所以它也是象徵思想的牌卡。

對應主題的牌義

未來	• 你會參與一段談話
	• 約會或短暫的拜訪
	• 跟朋友喝個咖啡或下午茶
	• 收到透過口語或電子通訊的消息，或是訊息交流
	• 小遠足
	• 協商談判
	• 聚會、面試、推銷、簡報
	★牌卡分類帽：
	• 行動牌
女人或男人	• 健談多言、口齒伶俐
	• 談話節目主持人
	• 公關型的人
	• 直覺精準、反應快速的人
	• 喜歡八卦的人
	• 口條清晰的談話者
	• 飛行員
	• 正在交往關係中
	• 推銷員、談判員、調解員
	• 優秀的講者或簡報者
	• 電話推銷員

	★身體特徵： • 雙眼銳利 • 毛髮多 • 鼻子特別有特色 • 反應靈敏
工作	• 談判員 • 談話節目主持人 • 廣播節目主持人 • 公關人員 • 推銷員 • 小心謠言八卦 • 談判、聚會、面試 • 拓展專業人脈 • 社工師 • 演講撰稿人（搭配信件牌） • 諮商師或語言治療師 • 小心讓人分心的事物
愛情	• 伴侶、戀人 • 去約會 • 求歡示愛 • 表達愛意 • 接收到期待的電話或訊息 • 擁有一段親密的對話，或是電話聊天充滿情慾， 　視旁邊的牌而定

健康、身體、靈性	• 喉嚨、咽喉炎、扁桃腺 —— 任何跟聲帶相關的狀況
	• 任何療法和諮商
	★靈性：
	• 連結你的指導靈或高我
	• 降靈會，或是與另外一個世界溝通
	• 療癒你的喉輪（此脈輪的主題是「我說話」）
	• 食用藍色食物，穿著藍色衣物
	• 暢所欲言
	• 唱歌、唱誦
	• 聽音樂
	• 仰望天空
	• 注意呼吸
	• 提升意識，進入更高層面的意識
金錢	• 來來去去
	• 交易、股市
時間或時機點	• 十二天、十二週或是一年
	• 十二月
	• 當月的十二日（右邊的牌會顯示月份）
建議或行動	• 暢所欲言，清楚表達自己
	• 做下那個決定
	• 信任你的第一印象或直覺

⑫ 鳥

屬性	★**中性**：這是張完全中性的牌，會受到周圍牌面的影響
物品與區域	• 電話 • iPods、MP3播放器 • 鳥類 • 巢穴 • 講者 • 音樂會（搭配花園牌） • 音樂工作室、唱片行

這張牌的個人故事：

我花了兩天才寫完鳥的部分，而這兩天我的思緒紛飛，想著該寫哪些故事比較好。我的電話響個不停，我的兒子們也滔滔不絕講個不停，一直問我問題，搞得我也分心。我周旋在兒子、家庭、朋友和寫書之間。

第二天要結束時，我才了解到這些事件都跟鳥這張牌息息相關，所以我得將這則故事寫進本書，並且寫下我很久沒使用的古老牌義：「短暫的惱人之事，但很快就煙消雲散。」

這張牌通常代表討論、聚會、兄弟姊妹或兩個人聚在一起。我們家去海洋世界主題樂園那天，我沒有問問題就快速抽了兩張牌，抽到鳥＋山。我腦海中的第一個想法是兩個人都不跟彼此講話，或是兩人僵持不下。在一個幅員廣闊的主題樂園裡，到處都是人，孩子們想要各自去不同的地方，而我們還要試著把每個人都抓在一起，又要玩得

愉快，這眞是個挑戰。我心中想著要放輕鬆，平靜面對，不要讓小事掃了遊玩的興致。

當天第一次發生的小事情，雖然擾亂了我們的和諧，但我還是用正向的態度解決了。當天稍晚，不知爲何，我們五個人走散了——我和我的二兒子在一起，我十三歲的大兒子和六歲的弟弟待在一起，而我丈夫自己一個人。一開始我滿平靜的，因爲每個人都有手機，所以我聯絡得到其他人。但是打了幾通電話都沒人接之後，我開始驚慌失措了。這裡人山人海，我根本找不到他們。接著有人跟我說，他們的手機在這個園區裡也沒有訊號，因爲網路流量過載了。

我丈夫終於找到我和二兒子，但是我另外兩個兒子仍然不知下落。我憂心忡忡，特別擔心六歲的小兒子，怕他一個人落單。我不想離開原地，以免他們回來時找不到人。我看著手中的手機，這時候它就只是塊廢鐵。我立刻想到鳥＋山……沒有訊號也沒有網路，電話不通，手機也沒用，失去了一切聯繫。然後我想起今天早上發生的事，而我扭轉了局面、逢凶化吉。

所以我立刻伸手翻找我的包包，拿出雷諾曼，抽了一張牌：幸運草。可以放心了！於是我站在原地耐心等待，知道每個人都安好，而我丈夫也去找他們了。毫無疑問，幸運草果眞帶來好運。他找到孩子們，我們又平安重聚了。那天之後，我們再也不會只依賴手機，一定都會有其他備案，例如使用對講機，並且相約在某個地點見面。

近期另一則跟鳥這張牌有關的故事，是我丈夫的哥哥要去機場，結果發現他的班機延誤一小時。我抽了牌占卜他的航班，一開始我抽到鳥＋鐮刀，意味著航班取消。我又抽了一次再次確認，抽到鳥和山，代表班機會延誤更久時間。機場不斷延誤班機起飛時間，他最後在機場坐了五個小時後才終於登機。之後，他告訴我，航空公司原本

討論是否要取消航班，可是天氣又轉好了，因此他們才得以起飛。

這個事件告訴我們，未來變化無窮，而牌卡依舊能夠預測未來，除非發生某個改變，造成未來拐向另一條路。只要發生了變化，改變就如同漣漪，扭轉了結果和預言。

大藍圖牌義：

傳統上，如果鳥離女人牌或男人牌很遠，就代表會有小型但出乎意料的旅程發生；如果靠得很近，則未來會發生小麻煩，但可以輕易解決。

鳥周圍的牌也同樣重要，因為它們會描述彼此的關聯，呈現消息或談話的內容。負面的牌會讓鳥的對話變成討厭的惡意中傷，而正面牌會讓牌義變成讚美、開心的相遇和令人喜悅的消息。

配對組合與範例：

★鳥＋山＝宣布挑戰到來；班機延誤；失聲

鳥＋山

★鳥＋花園＝接待或派對；有講者的研討會；家庭聚會；銷售會議；演唱會；兩個人坐在花園裡

★鳥＋十字架＝壞消息；協商或談判失敗；約會不如預期；面試失利；祈禱或祈願

唐娜羅賽一直勤奮地進行手中的專案，她想知道：「他人對於我的專案有什麼感想？」

★星星＋鳥＝你的專案會獲得極高的評價（星星），並且會在許多場合發表和說明（鳥）；會被認為是參考指南或資料來源，而且別人口中（鳥）的好評（星星）會幫助這項專案聲名遠播

★鳥＋星星＝充滿希望的消息、好消息、資訊爆紅；在臉書、推特或電子郵件上的動態更新或公告

鳥＋星星

小孩

撲克牌對應：黑桃侍者

　　這張牌上通常畫著一位小女孩或小男孩，穿著得體，開心地嬉戲、快樂地玩玩具或享受花朵的美麗。小孩象徵純眞並以新的視野看待世間，跳來跳去，沒有複雜的思緒，天眞地只看見人性中的良善。小孩牌象徵無憂無慮的心態，以及抱持活力充沛的熱情過生活。

　　這張牌通常象徵小孩，無論是嬰兒、小朋友或是青少年，也可能是指個案生活中的小孩或他們自己的孩子。雖然這張牌不是每一次都代表人物，但通常都象徵小孩，並且也意味幼稚的個性、小型、新奇、輕微、小小的、初步、開始、玩耍、不成熟、單純、天眞等等特質。

　　如果小孩牌是這個占卜的主題，那麼周圍的牌就會描述這個孩子的狀態和運勢；如果不是這次的主題，那麼這張牌就會是修飾和形容狀況的牌。

　　舉例來說，如果是在爲小孩或青少年占卜，小孩＋房屋＝家中個性沉穩又成熟的孩子（如果是自學生，有可能旁邊會有書籍

牌）。房屋＋小孩的組合也是同樣的意思。

　　假如我們的占卜主題是房子，小孩＋房屋＝小型的房子、新家、童年時期的家，或是托兒所或幼稚園。房屋＋小孩的組合也是同樣的意思。

對應主題的牌義

未來	• 新的開始
	• 小型的事物
	• 小孩
	• 新的計畫
	• 短期
	• 只有一點點
	• 全新的起點
	• 與小孩相處
	• 從頭開始
	• 減少或削弱
	★牌卡分類帽：
	• 描述牌

女人或男人	• 年輕或年紀更小
	• 純真、信任、童稚之心
	• 活潑好玩
	• 害羞
	• 幼稚、純真、隨性
	• 經驗不足、純潔
	• 不成熟
	★身體特徵：
	• 矮、小、身材嬌小
	• 年輕
	• 相貌天真無邪
	• 娃娃臉
工作	• 新創公司
	• 新的專案
	• 找簡單又能處理的工作來做
	• 兼職工作或零工
	• 初級職位
	• 與孩子或年輕人一起工作
愛情	• 新的關係
	• 活力充沛的時期
	• 隨性的關係
	• 一點一滴放慢腳步

健康、身體、靈性	• 無論什麼問題，都只是剛發生而已，或是剛浮現就立刻察覺
	• 懷孕
	• 微生物或感冒
	• 疫苗，或是病童要接受疫苗注射：麻疹、腮腺炎、水痘等疾病
	• 縮小中
	★靈性：
	• 你正在開始的階段
	• 你即將綻放
	• 發現你的內在小孩，不再壓抑他
	• 玩耍、作畫
	• 以純真的視野看待世界
金錢	• 小型投資
	• 金額很小
	• 新的事業
	• 粗心大意
時間或時機點	• 十三天或十三週
	• 一年
	• 當月的十三日（右邊的牌會顯示月份）
建議或行動	• 讓你的內在小孩浮現，享受生活
	• 用手指作畫
	• 玩耍、玩樂、享受一個人、微笑

⓭ 小孩

	• 從全新和單純的觀點看待問題 • 減少和降低事件對你的影響
屬性	★**中性**：周圍的牌會影響小孩牌的牌義，有時候會讓周圍牌面象徵的問題變得不嚴重
物品與區域	• 小孩 • 遊戲場或托兒所 • 玩具

這張牌的個人故事：

　　表妹懷孕時，我想要試試能否預測嬰兒的性別。你需要牌面上有撲克牌花色的雷諾曼，才能做這個實驗。

　　我將意念聚焦在預測嬰兒的性別，所以我得到的答案不是女生就是男生，而判定標準就是牌卡的性別分類。洗牌時，我將小孩牌與表妹腹中的嬰兒連結在一起。以扇形展開牌之後，我開始抽牌，直到我抽到小孩牌，並且將小孩牌的左右牌也抽出來：

塔＋小孩＋鸛鳥

我陷入兩難，因為鸛鳥是女性牌（紅心皇后），但是塔又有陽具的象徵。但是牌面只有一張宮廷牌，而這張牌是女性，嗯……我決定再占卜一次。這次，洗好牌後，我直接把整疊牌翻面，從中找到小孩牌，並且把它左右的牌都挑出來：書籍＋小孩＋鸛鳥。這次的結果非常肯定，看見鸛鳥再次出現，我就確定性別了。當我發現表妹懷的是女孩後，我覺得自己彷彿中了樂透一樣！

我開始繼續這樣的實驗，以找到成功的模式。經過幾次成功和失敗的經驗，我發現只要注意宮廷牌，並且注意宮廷牌是否在小孩牌右邊。如果宮廷牌出現了，那麼性別就確定了。如果有兩張宮廷牌出現，那麼就只要看小孩牌右邊的宮廷牌就好。如果沒有宮廷牌，我會試著分析右邊那張牌的性別分類。例如，太陽＝男性、月亮＝女性、戒指＝女性、幸運草＝女性、騎士＝男性，諸如此類。請參閱附錄六，閱讀宮廷牌的解釋。

撰寫本書期間，我的妹妹也懷孕了。我們都很興奮，想要知道小孩的性別，所以我抽了牌，而我抽到小孩＋太陽＝男孩；我兒子也抽了牌，他抽到小孩＋騎士＝男孩；我妹自己也抽了牌，她抽到小孩＋男人＝男孩。我們都得到相同的答案，太神奇了。當確定嬰兒性別之後，我們都開心到傻了。我好喜歡牌卡和宇宙共同給你答案的時候。

如果是要占卜性別，記得不要解讀牌義，只要讀取需要的資訊就好。例如，如果你抽到鐮刀牌，不要因此緊張或焦慮，只要解讀性別就好（男性，因為是方塊侍者）。

你可以自己實驗看看，你會找到最適合你的方法。

⑬ 小孩

大藍圖牌義：

傳統來說，小孩牌落在現在的位置，並且靠近指示牌，意味著個案的個性很友好、善良、友善。同時也確定個案的周遭都是良師益友，值得尊重和欣賞。如果個案已婚，可能暗示未來會有小孩。

這張牌也意味著個案現在的社交圈中有位年輕人。小孩牌也可能是指個案的小孩，或是與個案有關的小孩。此外，這張牌也象徵赤子之心、自信、眞摯和不成熟。

如果你占卜的主題與生育有關，小孩牌也是你要檢視的牌之一；同時也要解讀鸛鳥、樹、花園，這些都意味著懷孕。

小孩牌也象徵新事業或新計畫，需檢視周圍的牌以便解讀更多細節。

如果我幫自己抽大藍圖牌陣，我通常會把小孩牌視爲我其中一個兒子，而我只要解讀周圍的牌來確定這張牌是指哪一個兒子就好。

配對組合與範例：

★**小孩＋雲朵＝**麻煩兒童；個性不穩定的小孩；小型暴風雨；小問題

★**小孩＋狗＝**新的友情；幼年時期的朋友；小狗或小寵物；開始願意信任

★**小孩＋魚＝**新創公司；創業；新的顧問工作；小型企業；生育；小筆金額；不重要的事（小條的魚）

★小孩＋花園＝有著許多興趣的年輕人

★花園＋小孩＝遊樂場；一小群人；一群玩伴

★鳥＋小孩＝寒暄；閒聊

鳥＋小孩

狐狸

撲克牌對應：梅花九

　　狐狸牌通常描繪著一隻狐狸在散步或正在做某個姿勢；與家人圍在剛獵到的晚餐旁；為幼狐提供食物或在兩爪之間夾著獵物。狐狸的名聲來自於擅長設計和密謀，確保家人得以溫飽。眾所周知，狐狸關心家庭的安全，並竭盡全力保護家庭。狐狸是偷偷摸摸、欺騙、背叛和操縱高手的象徵；也因為欺騙與背叛，導致狐狸惡名昭彰，但是牠非常忠於家庭。牠是能夠在野外生存的動物。

　　這張牌也是工作牌——朝九晚五的日常工作、在辦公室工作，或是為了薪水而工作。狐狸牌也是我要占卜工作狀況、就業或職涯發展時會啟動的主題牌，而它左右兩邊的牌會顯示工作的資訊以及未來運勢。如果是解讀工作，那麼狐狸牌會是中性牌，不會是負面牌，除非周圍有許多張負面牌。狐狸總是在外奔波獵食，使家人獲得溫飽，並擔起責任要持續、周而復始為自身和家庭付出，如同出於義務而披星戴月以維持生計，也如同擔起職責，為了生存和家庭而打拚。

如果占卜時我沒有特別指定主題牌，而狐狸牌出現了，就要先判定這張牌是否跟工作有關。假設狐狸這張牌與就業或工作無關，那麼就是在警告個案要注意某種騙局、陷阱或是操弄正在默默發生。這時就是這張牌呈現負面牌義的時候：欺騙、狡詐、背叛、雙面人、騙子。狐狸體現了騙局與詐欺。狐狸永遠不會顯露出牠的真實意圖。

對應主題的牌義

⑭ 狐狸

未來	• 陷阱
	• 警告你小心惡魔正藏在細節裡
	• 小心周圍的人，特別是那些吹捧你的人
	• 你需要深入調查更多資訊
	• 做好準備、戒慎小心、提高警覺
	★牌卡分類帽：
	• 描述牌
女人或男人	• 狡猾、機智、迷人、在都市生存的智慧、詭計多端
	• 操縱全局、有創造力、狡猾、靈巧
	• 迷人卻危險
	• 狡詐、機靈、機敏、敏銳

	• 性格可疑，不可信任
	• 迅速
	• 耐心
	• 騙子、行騙者
	★**身體特徵**：
	• 嬌小到中等身材
	• 紅色系或銅色系的髮色
	• 身材大致上算精實
	• 優雅，步伐輕盈
工作	• 小心被周遭的人事物背叛和欺騙
	• 小心有人在背後捅你一刀
	• 話語含糊其辭
	• 檯面下的交易
	• 需要展現聰明並耍心機才能贏得案子
	• 為了達成目標，你需要操控特定方面或是運用巧妙的策略
	• 迷惑住你的對手
	• 臥底工作
	• 犯罪行為
	• 偵探、間諜、私家調查員
	• 員工
	• 需要舉報他人的工作或職位

愛情	• 關係中有隱瞞與欺騙
	• 出於陰謀而誘惑
	• 以愛之名，行操弄之實
	• 不誠實、欺騙
	• 別有意圖或為了獲得利益的戀情
	• 其中一方在占便宜
健康、身體、靈性	• 誤診
	• 需要再次諮詢
	• 有還沒發現的問題
	• 有時候這張牌意指專業人士
	★靈性：
	• 利用香氛協助你接下來的靈性工作（冥想、精神之旅、芳療）
	• 連結你的家庭
	• 注意自欺欺人
	• 對自己誠實
	• 別再傻了，或許是你暫離一陣子的時候了，像狐狸一樣隱身
金錢	• 謹慎是關鍵
	• 有陰謀或欺騙的投資
	• 需要更聰明、更警惕，小心被詐騙
	• 避免投資風險

⑭狐狸

時間或時機點	• 十四天 • 當月的十四日（右邊的牌會顯示月份）
建議或行動	• 運用你的才智 • 展現靈巧的性格 • 把你的心機用在好的方面 • 避開潛在危險 • 為自己謀取利益
屬性	★**負面和中性**：這張牌一開始因為欺騙的牌義而被認為是負面牌，但如果是指工作或員工，就是中性牌
物品與區域	• 任何陷阱或奇妙的設備 • 警察局

這張牌的個人故事：

撰寫本書時，我開始注意到我的生活中發生的事，與我正在寫的牌卡有神奇的共時性。在我安排好要寫狐狸這張牌的當天，我卻花了一整天的時間打電話，跟信用卡銀行的反詐騙部門溝通，詢問一間可疑的賣家。電話中，銀行警告我要小心這是詐騙，並建議我跟賣家據理力爭，但我對整件事情還是很謹慎處理。我試著聯繫賣家，了解被多收的費用，而賣家否認他們有多收費用。最後，我發現是銀行偷偷摸摸在搞鬼，超收費用。

當天狐狸牌的呈現，讓我遇到詐騙問題、銀行的欺騙，而我也一直很小心沒有特別聽信其中一方，並打破沙鍋問到底。多巧啊，狐狸牌和詐騙在同一天發生！

在我家，狐狸有個特殊的別稱，是我大兒子想出來的：「偷偷摸摸」。爾後，無論誰想要什麼花招時，都會變成「偷偷摸摸」地進行；而每一次占卜時，狐狸牌出現，我腦海中就會馬上浮現這句話。

大藍圖牌義：

傳統上，這張牌警告你要小心周圍的人，因爲有些人會背叛你。這張牌在大藍圖牌陣中扮演兩個主要角色：警告牌和工作牌。

如果狐狸牌離男人牌或女人牌很近，意味著要謹愼小心。要注意你相信的人事物，抱持著質疑的心，不要太輕易相信。重要的是要小心謹愼。小心你所處的人際圈，不要太過自信，因爲有人想要騙你或從你身上獲得好處。狐狸周圍的牌會提供更多人事物地的資訊。

假如狐狸牌被正面牌包圍，則要小心誘惑，因爲那些溢美之詞和示好的行動都只是爲了騙你。只要有心操弄，各種非常誘人的方法都能達成目的。這張牌也代表你可以透過聰明才智得到你想要的。牌義如何解讀，依舊視脈絡而定。如果周圍都是負面牌，就會強化惡意、虛僞和雙重標準的嚴重程度。

麥可想要讓孩子從疏遠的前妻那裡回來，這會是一個好計畫嗎？

★**狐狸＋戒指**＝是的。他的計畫很聰明，他能夠跟孩子重聚

★**狐狸＋棺材**＝不是。他自以爲聰明的計畫會失敗，而且可能適得其反

❶❹
狐狸

萊恩待派翠莎好嗎？

★**狐狸＋戒指**＝不好。他把她騙得團團轉

★**狐狸＋棺材**＝不好。他的欺騙最終會讓她受到創傷

如果個案目前有工作，或是正在找工作，那麼狐狸牌就會是不同的意思了，它反而變成很重要的關鍵牌。如果我要占卜個案的職涯或是工作的整體運勢，狐狸牌就會是我使用的主題牌。同樣的，周圍的牌會告訴你工作的過去、現在和未來。

馬丁的工作現在是否安穩？

★**狐狸＋戒指**＝是。他的工作很不錯，而且可能會續約

★**狐狸＋棺材**＝不。他的工作可能很快就會結束，或是他現在處於困境之中，工作可能會有異動

配對組合與範例：

★**樹＋狐狸**＝診斷預測錯誤，在醫療上被騙（可能是他們建議你做不必要的檢查或治療）；健康問題需要進一步檢查；醫療人員或健康專家

★狐狸＋鑰匙＝制定巧妙的計畫或解決方案；制定完善的策略；
關鍵職位或重要角色；成功的工作；揭露謊言和欺騙手段

狐狸＋鑰匙

★狐狸＋信件＝作家；工作執照；詐騙文件或贗品；偽造的身分
證件；騙人的邀請；可疑的紀錄、文章或結果

狐狸＋信件

熊

　　這張牌的牌面上通常都是一隻強壯、氣勢凌人的熊，在牠的棲息地中生活。眾所周知，熊會激烈捍衛自己的領土，並且很機靈。母熊會不惜一切代價保護自己的幼崽。熊象徵權力、力量、勇氣、保護；也象徵保護慾強烈的母親形象，並且行動迅速。

　　熊帶來力量、控制、權威和魄力。這張牌象徵強而有力的肌肉，以及穩定和安全感。這也是為什麼熊這張牌與主管、經理和高階主管的職位有關，同時也與財金、現金流和投資有關。

　　我會用這張牌來確認個案的財務狀況，因為熊代表你的收入、個人財務、資產和財產。此外，熊的食量也延伸成象徵營養和飲食。這張牌概括了我們的資源——我們可支配的金錢以及可食用的糧食。

　　熊代表所有的專業，熊也提升你物質世界的一切。

對應主題的牌義

未來	• 大型的事物
	• 大量的金錢
	• 財經相關事務
	• 注意你的飲食和營養保健習慣
	• 新的穩定度
	• 在餐廳用餐
	• 母親形象，母權
	• 擁有權力的人或是權威人士
	★**牌卡分類帽：**
	• 描述牌
女人或男人	• 滋養、照顧、撫養
	• 強而有力的人或是擁有權力之人
	• 地位高的人、主管、老闆
	•「熊媽媽」的保護慾性格
	• 母權、母親
	• 內在的力量
	• 從負面角度來看，會有專橫霸道、過度保護的狀況，有時會有霸凌的狀況（周圍有負面牌的話）

⑮ 熊

	★身體特徵： • 強壯 • 大型、魁梧、體毛濃密或是鬍子濃密 • 寬厚的肩膀 • 過重或是健美選手 • 性感豐滿、曲線玲瓏有致
工作	• 需要保護和（或）監督 • 從權威的位置做出決定或採取行動 • 職位高 • 經理、主管或是任何高階主管的職位 • 盈利豐厚的事業 • 能夠帶來收益的事業擴張 • 食品飲料事業、營養師 • 財經
愛情	• 穩固、堅定且互相照顧的關係 • 情況很安全且被保護得好好的 • 如果周圍有負面牌，意味著過度保護，具有占有慾和控制慾

健康、身體、靈性	• 營養和飲食 • 體重管理 • 食物過敏、飲食失調 • 胃部區域 • 任何情況的成長 • 身心靈承受過多、被霸凌（如果有負面牌的話） ★靈性： • 原始的本能 • 建立保護網和防護罩 • 在物質和靈性世界中取得平衡 • 做些能量工作 • 向內挖掘 —— 所有答案都在你之內 • 食用根莖類食物 • 摟抱、擁抱
金錢	• 富足與舒適 • 獲得大筆金錢 • 薪水佳、經濟穩定有保障 • 收益豐厚、能帶來利潤的投資 • 股價下跌
時間或時機點	• 十五天 • 當月的十五日（右邊的牌會顯示月份） • 有時候是六到八個月（熊的冬眠期）

建議或行動	• 吃東西
	• 擁抱、摟抱
	• 勇敢無懼
	• 重拾權威、堅持自己的權利
	• 做你自己的顧問
	• 運用內在力量來克服弱點
屬性	★**中性**：根據周圍牌面，可能是負面，也可能是正面
物品與區域	• 餐廳、家中飯廳、你吃飯的地方
	• 銀行、存錢筒、保管錢財的地方

這張牌的個人故事：

今天，我在寫熊的故事，而它似乎以某種方式呈現在我的生活中。我原本期待熊可能代表食物，但卻不是——原來事情沒有那麼簡單！

我在房間工作時，七歲的兒子衝進房間哭著跟我說蒜頭卡在他的耳朵裡。好的，讓我解釋一下。昨天兒子抱怨耳朵痛，但是沒有發燒或其他症狀，所以我知道這可能跟泳池有關，可以用順勢療法來治療。我母親教過我一個神奇的療法，就是如果耳朵痛的話，可以將一瓣蒜頭放進耳朵，不過只要放在外耳耳廓就好，不要整個塞進去。我用的是很大一瓣的蒜頭，所以不可能發生意外，但今天我兒子覺得蒜頭太大瓣了，所以把它折一半後就塞進耳朵裡了。我嚇傻了。我試著

用鑷子把它夾出來，但徒勞無功。我打電話給正在工作的老公，而他正在開會，討論得正熱烈。時間是星期五下午快傍晚了，所以診所也關門了，我的備案就是去急診室。與此同時，我兒子絲毫不痛，還在玩耍，彷彿什麼事都沒發生一樣。

我深呼吸後，試圖冷靜下來，思忖是否要去急診室，還是等丈夫下班回家再說。我的牌就在手邊，所以我抽牌問道：「如果不去急診室，我們能夠把他耳朵裡的蒜頭取出嗎？」我抽到太陽牌。太好了！我鬆了一口氣！

但是等一下，是誰要做這件事？我又抽了牌，心中清楚如果抽到狗這張牌，就代表醫生。當我翻開牌，是熊。我的第一個念頭是：太好了，是老公要來做這件事。他的身材魁梧，有寬厚的肩膀，權威感十足。可是等等，熊也有可能是指我啊（熊媽媽），而熊也是一張代表母親的牌。

我抽了一張牌來了解熊到底代表誰，抽到百合。這意味著是年紀比我大，而且是父親的形象，所以我就確定是我老公要做這件事。

四十五分鐘後，我老公走進家門。他取消了所有重要的會議，驅車趕回家。他一打開門的瞬間，就衝向兒子，檢查他的耳朵，要我幫他拿手電筒，不到一分鐘的時間，他就用鑷子夾出了蒜頭。如果這不是熊爸爸的話，我也不知道熊這張牌代表什麼了！這張牌符合我丈夫的身材、專業，並且也詮釋出他的反應、回應和父親的本能。

我學到了重要的一課，千萬不要在沒人可以照看的情況下，把蒜頭放進兒子的耳朵裡，並且一定要好好警告他這件事的重要性。我兒子也學到千萬不要把任何東西塞進耳朵裡。順帶一提，蒜頭是非常好的藥方，因為一天過後，兒子的耳朵就不痛了。

**⑮
熊**

大藍圖牌義：

傳統上，熊意味著要保持快樂，跟那些嫉妒你的人保持距離。

首先，在大藍圖中，我會檢查熊的位置來解讀個案的財務狀況。熊也象徵母親的形象以及岳母或婆婆，有時候是指你的老闆，端視你周圍的牌面和現況而定。

如果熊的周圍是正面牌，就會帶來自信、活力、勇氣，也意味著接下來的計畫一定會成功；如果周圍是負面牌，這張牌就會呈現更多的負面特質，例如霸凌、霸道、專橫。可能會有令人憤怒的結果和衝突發生，而這張牌就象徵會處於弱勢，個案也是處於弱勢。

配對組合與範例：

★**熊＋狗＝**情比金堅的友誼；穩定的伴侶；營養師；腸胃科醫生；財經顧問；照顧下屬的主管

★**熊＋書籍＝**廣泛的知識；高智商；昂貴的書；財務紀錄；簿記；帳目和審計；市場分析研究

熊＋書籍

★熊＋書籍＋小孩＝監督並確保作業完成；教育費昂貴

熊＋書籍＋小孩

★熊＋十字架＝財務狀況令人灰心

★熊＋戒指＝婚前協議；昂貴的戒指

★蛇＋熊＋戒指＝霸道或束手無策的人；欺詐的財務管理

⑮
熊

蛇＋熊＋戒指

星星

撲克牌對應：紅心六

星星牌的畫面通常有著清澈的夜空，布滿一閃一閃的星辰。這張牌會帶給你一種平靜和寧靜的氛圍、感受。星星自古即象徵著指引，是航海員和旅行家的衛星定位系統。整體而言，我現在仍然將這張牌視為地圖、方向和路線圖，無論在專業層面還是個人層面都是。

這張牌不是行動牌，而比較像是傳達某種氛圍的牌。它象徵出入口。星星是幸福、希望的吉兆，並且鼓勵他人達成願望，是夢想和願景的象徵。它代表要找到屬於你自己的道路，並且相信自己。星星牌象徵堅持與自信。它是隧道終點的那一道光。

有了星星牌，就能讓你的想法更豐富、想得更多更廣，讓思緒任意徜徉，同時也散播出去。星星也象徵美麗、星座、星圖、占星、名人、魔法，有時候也代表占卜。

對應主題的牌義

未來	• 希望、和諧
	• 平靜、寧靜
	• 指引、方向
	• 勝券在握
	• 隧道終點的那一道光
	• 認可
	• 立下遠大夢想，靈感隨時就來
	• 新的道路
	• 相信，傾聽直覺
	• 在星空下見面或是參加戶外晚會
	• 傳播
	• 得到上蒼的幫助
	★牌卡分類帽：
	• 情緒牌

16 星星

女人或男人	• 樂觀
	• 知名、有名
	• 完美主義者
	• 指引者或諮商師
	• 給人靈感與啓發
	• 人生教練、上師、模範
	• 網頁設計師
	• 夢想家
	★身體特徵：
	• 迷人的雙眼
	• 有時候代表雀斑或青春痘
工作	• 資訊科技產業、基礎建設建築師、網路工程師、網頁開發工程師
	• 使用礦石、水晶或珠子
	• 占星師或天文學家
	• 製圖
	• 緩慢穩定的前進，走向已設定的目標
	• 蓬勃發展
	• 夜班

愛情	• 幸福、平靜的關係，真摯的關係
	• 戀愛了
	• 滿心等待真愛
	• 浪漫的約會
	• 一廂情願的想法（視周圍的牌而定）
健康、身體、靈性	• 療癒、希望、康復
	• 如果是描述目前的症狀，這意味症狀會擴散
	• 皮膚
	• 失眠或睡眠呼吸中止症
	• 惡夢（若有負面牌的話）
	★靈性：
	• 敞開自己，連結宇宙無限大愛
	• 突破限制，展翅翱翔
	• 感受靈性上的平靜
	• 連結宇宙和你周遭的世界
	• 用心傾聽
	• 信任你自己的意志力
金錢	• 無需擔心財務狀況
	• 每件事都平穩進行
	• 希望就在眼前
	• 完美的計畫

16 星星

時間或時機點	• 晚上
	• 當月的十六日（右邊的牌會顯示月份）
	• 大約兩週或十六天之內
建議或行動	• 願望
	• 計畫
	• 指引
	• 希望
	• 信任
屬性	★**正面**：這張牌散播著正能量，除非右邊有負面牌
物品與區域	• 衛星定位系統、地圖
	• 水晶或礦石
	• 閃閃發光的東西
	• 煙火
	• 占星的星盤
	• 星星貼紙、徽章、勳章
	• 電力
	• 魔杖
	• 網路、全球資訊網
	• 在星空下

這張牌的個人故事：

我有三則關於星星牌的故事。

第一則是如同在我心上開了一槍的故事。我的朋友羅莎正在接受癌症治療。她問我是否可以快速幫她看一下癌症的狀況。我抽了三張牌，抽到樹＋星星＋女人。

我馬上就知道這代表療程沒用，癌細胞仍在擴散。但如果沒有其他負面牌，為什麼我會往負面的方向解讀呢？主因是因為問題的設定──我問的是癌症的具體情況。我不是在問療程有沒有用，或羅莎的健康是否會好轉。如果我問了諸如此類的問題，那麼占卜結果就會是：「你會沒事的，你會康復。」因為問題非常明確，所以牌卡的答案也很具體回答了癌症的情況。樹代表羅莎的健康，而因為我沒有設定任何主題牌，這張牌指的是癌症，代表癌症如樹一般生根且不會消失，星星代表擴散，而女人就是她的身體。當然，我抽了更多張牌來確定答案，特別是剛剛出現那樣的結果，每一次占卜我都希望能看到不同的結果，但結果都一樣。羅莎是個鬥士，她奮力對抗病魔兩個多月，直到她決定解脫。羅莎，你永遠在我心裡。

我必須把這則故事放進本書的原因是想告訴讀者，問題的設定非常重要，如此一來，你才能在解讀雷諾曼時得到精準的解答。

很酷的是，一年後，我抽了兩張牌想要測試一下，我問道：「羅莎現在在哪？」而我抽到了女人＋鳥＋星星，代表我的朋友（女人）的靈魂（鳥）在天堂（星星）了。我又抽了一張牌看看她在天上是否開心，而我抽到了愛心。

女人＋鳥＋星星

第二則故事要談到我們的舊家，當時網路發生了問題，房子裡的每一個人都連不上網路。我抽了牌想知道發生什麼事，而我抽到老鼠＋蛇＋星星。

當天稍晚，技術人員來檢修時說到，外面變電箱裡的電線被田鼠咬了，導致這一帶的網路連線故障。牌卡占卜的結果還真直接，我立刻拍了張照片，並寫下來做紀錄。老鼠真的咬了電線（蛇），導致網路連線故障（星星）。

老鼠＋蛇＋星星

最後一則故事是我兒子抽了兩張牌來占卜每日運勢，抽到太陽＋星星後，他就去外面玩了。之後他回到家時，全身都是紅疹。他在外面玩耍時，某種東西引發了他的過敏反應，而我們也找不到過敏原。但是回想他抽到的兩張牌，我們都驚呆了，牌義太直接了當了，尤其是只有兩張牌：太陽（明亮、爆發、待在外面）＋星星（擴散四處）。

太陽＋星星

另一方面，在我寫有關星星牌的過程中發生了共時性的事件。我的好友喬，傳了他在戶外音樂會的影片給我。坐在星空下，聽著舞台上的搖滾歌星唱歌，多完美啊！

大藍圖牌義：

傳統上，如果星星旁邊出現雲朵，就要小心，這意味著由於雲朵靠近星星，要當心會有一連串不幸之事發生。

當星星牌的周圍都是正面牌，會帶來樂觀和希望，並增強其他牌的正面特質，讓成功觸手可及；若是周圍有負面牌，就會削弱一點這些牌的負面影響，並且有望解決問題，只是無法抵銷這些牌的負面特

質。有時候根據問題脈絡，這張牌會強調負面的結果，給予我們警告，注意失敗或災厄，如同我的第一則故事。

星星是正面牌。

配對組合與範例：

★星星＋十字路口＝新的道路，充滿選擇；未來有許多路可走；命運給你許多機會；許多次的成功

星星＋十字路口

★星星＋小孩＝資優生；成績優異的孩子；神童；年輕而有名的人格特質；年輕的名人；光明的開端；出生順利；熱門的開場演出；想像力豐富的孩子

★星星＋花束＝著名的造型師；著名的畫作或藝術品；贏得最佳
布置或最佳設計獎；選美

星星＋花束

★十字架＋星星＝信仰；亞伯拉罕諸教（Abrahamic religion）；
希望；信念；痛苦的康復

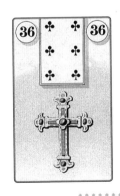

十字架＋星星

⑯星星

鸛鳥

撲克牌對應：紅心皇后

這張牌通常都會畫兩隻鸛鳥：一隻正在飛翔，另一隻待在巢內。有時候，你會看見一隻鸛鳥站立在水中。牠是遷徙性的鳥類，總是在春天抵達。牠也是非常沉著又平衡的鳥類，受人尊敬與欽佩，象徵尊重。鸛鳥最為人熟知的象徵和印象就是送子鳥：鸛鳥飛過空中，嘴巴叼著一個袋子，裡面裝著嬰兒。鸛鳥象徵生產分娩，為全世界各地的家庭帶來歡樂；牠也是生育、富饒、生產力的象徵；牠象徵新生和再生。牠也與古代的神聖舞蹈有關，因為鳥進行交流的方式是透過姿勢、動作和本能的求偶舞蹈。

鸛鳥代表改變和移動：生活中的事件徹底轉變。

除非有負面牌在周圍，否則通常都是正向的改變，而非痛苦的改變。鸛鳥象徵生活中和周圍環境的新影響：改變工作或居住地、生活中有新的人，或是收入增加。這張牌與所有新穎和獲得改善的人事物有關。鸛鳥象徵懷孕、出生、領養、新活動、新專案、新的到來或增加；它代表所有的新進

展、改善、提升、翻新和一切的演變。

　　鸛鳥周圍的牌會描述更多細節，讓你知道是什麼在更新或改變，或是在什麼情況下發生改變。

對應主題的牌義

未來	• 移動、改變居住地
	• 過渡、改善
	• 更新、從頭來過
	• 向上移動
	• 坐飛機旅行
	• 家庭有新成員
	• 出生、懷孕、領養
	★**牌卡分類帽：**
	• 行動牌
女人或男人	• 尊貴、優雅的人
	• 引領潮流的人
	• 總是尋找更好的東西，不輕易滿足
	• 知識淵博又文雅
	• 可能比較輕浮

⑰
鸛
鳥

	• 步伐輕盈優雅、會跳舞、昂首闊步 ★**身體特徵：** • 高、苗條、腿長 • 文雅、學識淵博 • 優雅 • 有時意志不堅定
工作	• 升遷、升職 • 變化 • 需要出走並嘗試新事物 • 生產力 • 工作、任務、增加的責任
愛情	• 採取下一步並向前移動 • 在關係中需要做出改變 • 改善 • 需要遠走高飛
健康、身體、 靈性	• 雙腿 • 即便現在看起來病況不佳，但是病情會改善和康復 • 懷孕（最好周圍要有小孩牌或船錨牌，才能確定） ★**靈性：** • 提升至更高的意識層面 • 靈性進展和領悟到達新的境界 • 將事情帶到下一個層面 • 跳舞，喚醒你自身的生育力和創造力

金錢	• 收入增加 • 整體提升或改善 • 新的收入來源
時間或時機點	• 十七天 • 當月的十七日（右邊的牌會顯示月份） • 春天（鸛鳥會在冬天遷徙，並在春天回來） • 春天到來，季節改變
建議或行動	• 移動 • 改變 • 向前看 • 改善 • 舞蹈 • 翻新 • 讓志向更加遠大
屬性	★**正向**：這張牌象徵向前推進的正能量，但是如果右邊有負面牌，則可能會受阻或停止
物品與區域	• 托兒所 • 全套的嬰兒用品和衣物 • 尿布 • 梯子或手扶梯 • 位於某處的頂端（屋頂、天花板、冰箱上方）

⓱鸛鳥

這張牌的個人故事：

我們還住在伊利諾州時，當時正在裝修家裡的地下室，鸛鳥這張牌不斷重複出現。首先是房屋＋鸛鳥，我很開心又興奮，接著又抽到鸛鳥＋山＋老鼠——我們的承包商施工時，原本只要兩個月就能完工，卻花了將近四個月（山），而且最後的結果還是有些讓我們不滿意的缺點（老鼠）。我還抽到鞭子＋鸛鳥＋老鼠，當時因為這項工程，我們起了紛爭，也感受到極大壓力。那幾乎是場惡夢，但是將近五個月之後，我們終於獲得美觀的地下室。我有點想念它。

我的個案珍妮告訴我，她已經試圖受孕好一陣子了，一直很擔心這件事。我設定一連串的問題，一個一個用雷諾曼來占卜。第一個問題是：「珍妮能夠懷孕嗎？」我將樹設定為主題牌，象徵她的健康和身體。

老鼠＋小孩＋女人＋樹＋鸛鳥＋鞭子＋塔

前三張牌老鼠＋小孩＋女人，表示她對於想要孩子這件事焦心不已。樹的右邊出現的牌，則是答案了：鸛鳥，所以答案是會的。再右邊兩張抽到的是鞭子＋塔，注意了，這意味著在醫院或醫療機構（塔）中進行重複的行為（鞭子）。所以我的答案是：「你會懷孕，但是需要醫療上的協助，可能需要你進出醫院好幾趟，也有可能會經歷

一些困難或複雜的狀況（鞭子）。」

我的下一個問題是：「受孕過程會順利嗎？」我將主題牌設定為鐮刀。

魚＋鸛鳥＋鐮刀＋鞭子＋船錨

又抽到兩張跟上一題一樣的牌——鸛鳥和鞭子。對我來說，這意味著強調這兩張牌的牌義。

前兩張牌是魚＋鸛鳥，很直接地表達了授精的過程。接著兩張牌是鞭子＋船錨，這就是我的答案了。鞭子再一次強調了不斷嘗試的過程，以及不斷出現的痛苦。但是作為最後一張的船錨牌，就意味著成功會晚到。所以我的答案是：「會的，最終會成功受孕。但是需要嘗試好幾次，並且要有心理準備，這個過程不會那麼輕鬆。堅持是關鍵。」

珍妮花了整整一年的時間，在醫生的協助下反覆嘗試，最後她成功懷孕了。她的小孩現在已經兩歲。那天占卜結束，我給了珍妮那一張船錨牌的照片。她經歷了很多痛苦和心靈上的探索，但是在整個過程中，她一直看著那張船錨的照片，謹記著要堅持不懈。當我接到她打來告知她懷孕了，那種感覺就像我們中了樂透一樣！

大藍圖牌義：

如果鸛鳥在男人牌或女人牌旁邊，意味著會有某種移動，無論是搬家、工作異動或是關係有了變化；如果旁邊有小孩牌，那麼就暗示著懷孕這件事；如果有房屋牌，代表重新定居或搬家；如果旁邊是船，則代表搭飛機旅遊。

如果鸛鳥距離男人牌或女人牌很遠，意味著移動或重新定居這件事被拖延或是推遲，而且不確定延宕的時間要多久。

如果鸛鳥在大藍圖的右側邊緣，你的人生會發生重大轉變；而指示牌離鸛鳥的位置多近，會告訴我們這個重大轉變的大致時間。假設鸛鳥在大藍圖的左側邊緣，你在過去經歷了人生變化，並且視鸛鳥離男人牌或女人牌多遠，就能知道這個轉變發生在多久以前。

配對組合與範例：

★鸛鳥＋十字路口＝有了提升，多了責任；正在選擇移動的方向；改變地點；分道揚鑣

鸛鳥＋十字路口

★鸛鳥＋鞭子＝對於搬遷有不同意見和爭吵；因為吵架或衝突，
　導致移動受阻；裝修失敗；針對裝修而吵架

★鞭子＋鸛鳥＝離開被虐待的關係；遠離問題重重的狀況；戒癮
　中；長期問題有了改善

鞭子＋鸛鳥

狗

撲克牌對應：紅心十

在這張牌的牌面上，我們會看到一隻友善的狗，躺著或站在家門口，心靈滿足且做好準備要採取行動。狗一直以來都被稱為人類最好的朋友和夥伴。牠的本能就是隨時做好準備要保護和守護。狗象徵忠誠、忠貞、友誼、保護和指導。

狗象徵真誠的關係和忠誠的友誼。狗是你的重要他人、你的夥伴、你最好的朋友、你的男友或女友；你正在談戀愛的對象、你的同伴、你的熟人、你的靈魂伴侶、你的指引者、你的治療師、你的顧問、你的諮商師、你的醫生，以及……你的狗。這張牌象徵每當你需要協助就會打電話給他的人，或是提供肩膀讓你倚著哭泣的人，是那個無論如何都會支持你並與你同在的人。

有時狗出現在占卜中，意味著你即將獲得幫助和援助。

對應主題的牌義

未來	• 朋友、熟人或是你已經認識的人 • 你能夠信任和依靠的人 • 即將認識新朋友 • 你的伴侶 • 你的寵物 • 指導者、伸出援手的人 • 護衛 • 安全感、忠誠 ★**牌卡分類帽：** • 描述牌
女人或男人	• 忠誠、全心投入、忠實 • 謙遜 • 喜歡幫助他人，樂於將他人的需求放在優先順位 • 堅持不懈 • 值得信任、值得依靠 • 摯友 • 監護人 • 友善 ★**身體特徵：** • 棕色系、褐色系、栗色系的髮色 • 棕色系雙眼

18
狗

工作	• 職場環境友善，擁有完美的工作氛圍
	• 有貴人幫助你，或有人真心為你著想
	• 醫生、療癒師、諮詢師、指導者、指引者、護理師、治療師
	• 遛狗員、獸醫
	• 助理
	• 慈善工作者
	• 諮商師、部長、軍人（守衛與保護）
	• 保全工作、保鑣隨扈
	• 負面的面向可能是偏心
愛情	• 靈魂伴侶
	• 朋友變情人、信任、愛情、自信
	• 歸屬感
	• 值得信賴且互相支持的關係
健康、身體、靈性	• 氣味、鼻子、舌頭
	• 詢問醫生或有執照的專業人士
	• 諮詢療癒師或尋求諮商師協助
	• 尋求協助
	★靈性：
	• 散播善良的心並支持朋友
	• 你的指導靈
	• 你的力量動物（守護動物）（如果要找到你的力量動物，在你周遭仔細觀察徵兆；如果有動物經

	過你身邊，或你注意到特定動物的圖片或符號反覆出現，就去搜尋牠的意義和特質）
金錢	• 維持平衡穩定 • 信託基金 • 如果目前財務有困難，會有真心的朋友幫助你 • 金錢幫助、經濟援助
時間或時機點	• 十八天 • 當月的十八日（右邊的牌會顯示月份）
建議或行動	• 保護、捍衛 • 友好待人、和睦待人 • 忠於自己 • 對自己和他人誠實 • 幫助他人，實踐良善 • 打電話給朋友 • 花時間陪伴你的寵物
屬性	★**正面**：這張牌很容易被負面牌影響，但它本身是正面牌
物品與區域	• 狗或寵物 • 寵物區 • 絨毛動物玩偶 • 保全系統

⑱狗

這張牌的個人故事：

我不知道為什麼這張牌讓我寫了兩天才完成，但我知道這兩天內，我的好朋友們和摯友們都決定打電話給我，而且是每一位，其中還有一些我已經幾百年沒聯繫也沒見過了。狗這張牌果然散發它獨有的魔力，把所有能為我上刀山下火海的人都帶到我面前。我老公甚至當神隊友當得很稱職，散發著迷人魅力，回家時還去超市買了巧克力和花當作禮物。（我想，我當時應該下意識地不想要寫完狗這張牌吧！）

一個月前，我的客戶馬克思打給我，請我做個快速的占卜。他的公司才剛宣布併購，他想知道這對他的工作會有什麼影響？洗牌時，我設定狐狸為主題牌，因為這張牌對我而言代表領週薪和時薪的工作。

我問說：「公司宣布併購之後，馬克思的工作會發生什麼事？」

鑰匙＋鸛鳥＋山＋狐狸＋塔＋狗＋星星

工作牌（狐狸）夾在山和塔之間，充分說明了馬克思暫時不會有什麼變動（山）。他似乎深埋在這間公司裡。鑰匙＋鸛鳥則表示了併購的公告，驗證我的占卜有解對方向，預測也跟實際情況同步發生。

山＋狐狸強調他的職位此時不會有任何異動。塔象徵他的公司，狗證明了他有高層的朋友，而這份職位在這段期間都很穩定。星星在最後出現，帶來額外的新道路、希望和指引。所以我回答他：「你的工作目前很安全，你不會有事。併購不會對你帶來負面影響，反而還能讓你更容易被看見，職責也會增加（星星）。」

最近馬克思寄了電子郵件給我，告訴我公司解聘或調職了許多員工，而他留了下來，還被分派更多職務。他在最後寫道，非常感謝我讓他放下心中大石。我好喜歡得到正面的回饋！

大藍圖牌義：

傳統上，狗的牌義要注意雲朵是否很靠近狗這張牌。假使發生這種情況，你需要小心你打交道的人是誰。

同樣的，在傳統的雷諾曼解讀法裡，如果狗靠近指示牌（男人／女人），則表示你周圍有好人，並且你擁有真正的友誼；如果狗離指示牌很遠，則意味著不要太相信朋友。

狗這張牌讓你注意到某位朋友是否忠誠。根據周圍的牌面而定，這位朋友可能是要保護你避免危險情況，或者他就是危險人物。

假如狗靠近指示牌並且被負面牌包圍，這個人是真正的好友，並且試著保護你免於一切負面牌的危險。如果狗離人物牌很遠，周圍又有負面牌，那麼他只不過假裝是朋友，並會將這些負面牌的事件帶進你的生活中。你必須謹慎看待你信任的對象，因為你信任的人可能不是真心的朋友。

如果個案已婚，男人牌或女人牌會代表個案和他的另一半，而狗就代表另一個人——另一位朋友或是第三者。嗯哼！當然，我們還需要抽更多的牌來確定是否有偷吃。狗通常象徵個案認識的人。如果有

18
狗

騎士，就代表是新朋友。然而，有時候可能是代表家中的狗而已。

配對組合與範例：

★**狗＋花園**＝支持網絡；團體諮商或團體治療；認識一些朋友；
在花園中與朋友或伴侶見面

狗＋花園

★**狗＋棺材**＝友誼結束；失去親密的人；狗或寵物生病；朋友破
產；分離

狗＋棺材

★**狗＋愛心＝**友情變成戀情；情感充沛的關係；熱情的同伴、朋
友或伴侶

....
狗＋愛心

★**狐狸＋狗＝**表裡不一的朋友；控制狂的朋友或伴侶；如果是占
卜工作，代表顧問、助理、消防員、獸醫

....
狐狸＋狗

**⑱
狗**

塔

撲克牌對應：黑桃六

　　牌面上通常會看到高大筆直的高塔矗立在廢墟之間，彷彿證明那是某種古老的榮耀，或是試圖表達一種信念：「我仍站在這裡！」牌卡上描繪了一棟雄偉壯觀的建築矗立於遠方。塔象徵有著穩固地基的建築物，高聳入雲。塔象徵避風港和保護，以及限制和監禁。

　　我將塔視為社會中的機構，以及任何符合這分類的一切：大型官方機構，如政府、企業、集團，亦即任何具有權威和廣泛影響力的機構，像是司法機關或軍事單位。從古至今，高塔始終非常重要，因為塔具備主要優勢：從高處俯瞰、抵達大區域、守護和保衛。

　　自我、願景、限制、監禁、孤離，都屬於塔的牌義。有時候這張牌代表指引、保護、學校、法律、高等教育、醫院、高自尊心、透天厝、公寓、電影院、辦公大樓、商場；甚至也代表監獄、矯正機構、機場，以及任何有連鎖或分部的機構。依舊得視個案的問題以及牌卡配對組合而定。

塔掌管所有我們必須遵守的法律、規定、規範、限制和界線。它象徵官僚和階級。塔為事件帶來架構和指導方針。對於塔羅牌占卜師來說，要注意：雷諾曼的「塔」和塔羅大牌中的「高塔」完全不同。

塔是你的志向、願景，以及你的高標準和一切的地位。塔是中性牌，它不好不壞，但是周圍的牌會影響它的牌義。

對應主題的牌義

未來	<ul><li>大型、大規模</li><li>高度</li><li>即將合法化</li><li>向上走、提升</li><li>具有優勢</li><li>安全</li><li>界線、指南、架構</li><li>倍感侷限、困住或疏離</li><li>卡關，或是手腳被捆住</li><li>有許多樓層的建築物</li><li>公寓大樓或透天厝</li></ul>**★牌卡分類帽：**<ul><li>描述牌</li></ul>

女人或男人	• 功成名就且具備高自尊心、聲望很高 • 獨來獨往的人 • 自大自負的人 • 律師、法官 • 上流社會 • 志向遠大的人，想要成就偉大夢想 • 白手起家 • 自大、自傲、居高臨下 **★身體特徵：** • 高大 • 強壯有力 • 有時是指身材苗條
工作	• 地位高、升遷 • 政府機關的工作 • 前景看好，具有發展性的職場 • 偏遠地區或偏僻處 • 在醫院或大機構工作
愛情	• 穩定、沉悶的關係 • 有時候代表關係裡的某事變得正式，或是賦予某些權力 • 負面的牌義：關係可能綁手綁腳、令人窒息、感到疏離或自私自利

健康、身體、靈性	• 後背與脊椎 • 醫療機構、診所、醫院 ★靈性： • 在物質世界穩穩扎根立足，同時又將心靈提升至更高的意識層面 • 相信自己、展現自信、擁有健康的自我
金錢	• 在銀行 • 非常安全 • 就去投資吧
時間或時機點	• 十九天或十九週 • 當月的十九日（右邊的牌會顯示月份）
建議或行動	• 建立界線 • 架構、組織化 • 提升 • 打起精神
屬性	★中性：根據周圍牌面，可能是負面，也可能是正面
物品與區域	• 塔 • 公寓或住宅大樓 • 高樓 • 學校 • 辦公室

這張牌的個人故事：

　　我的朋友布魯克已經打官司打了兩、三年了。我爲她占卜時，將塔設定爲主題牌，象徵她的官司，在每一次開庭日前，觀想她在法庭內的情況。牌卡總是混著正面和負面牌，包圍塔這張牌，但是最後一張永遠都是開心、正面的牌。所以每一次占卜時，我都叫她放心，因爲她一定會打贏官司。直到有一次占卜時，我苦惱不已，因爲牌面顯示有贏有輸，我知道事情會變得很複雜。當時我抽到這組牌面：蛇＋花園＋幸運草＋老鼠＋塔＋熊＋十字架＋百合＋星星。

　　前面的幾張，在塔左邊的蛇、花園、幸運草、老鼠，解釋了過去和現況，有誹謗和一堆人牽涉其中，當然有稍微小贏了，但也有壓力。

　　塔的右邊出現的牌面是對未來的預測：熊＋十字架＝龐大的金錢損失；十字架＋百合＝折磨和損失可能會持續很長的時間；百合＋星星＝經過這段時期，事情會好轉，她會重獲名聲地位，再次閃耀光輝。

　　當我告訴布魯克以上的解讀，她覺得非常準確。這件案子一分爲二，其中一件打輸了，而持續支付的律師費就快要榨乾她的荷包。這件官司又花了一年時間，布魯克歷經磨難痛苦，但她總是告訴我她相信我的占卜。這樣的重責大任讓我惶恐，但同時我也很開心和榮幸，因爲我的好友深深相信我。我很幸運能夠擁有這樣的朋友，這一定是上天庇佑。我感動得喜極而泣。

　　當我接到她打來的電話，告訴我官司結果是勝訴時，我欣喜若狂。這對我來說是個很大的里程碑，而我開心得好像心臟要跳出來了。我爲她感到喜悅，同時我也很開心能夠陪伴她經歷這幾年的訴訟過程。無需多言，我覺得這通電話如同一劑強心針。

接下來這則故事依舊讓我印象深刻。有一天我跟朋友莉雅喝下午茶，她很好奇她的工作運，所以請我抽幾張牌。莉雅在企業界上班，工作穩定，也十分開心。

我很快地為她占卜了工作運勢。

船＋太陽＋塔

船代表移動（調職或變動），但這是好的結果，因為太陽在中間。我看見塔在最後一張，象徵她的公司，甚至是規模更大更好的企業。我的答案是：「你可能會調職到其他地方，而且會升遷；或者你會跳槽到更好的工作，以及更大的公司。」

她面露詫異，搖頭說道：「我不知道欸，我不覺得會這樣。」

她問說有沒有可能是指她的未婚夫或健康？或是她要去南歐度假？我告訴她，我設定的問題是具體詢問她的工作運勢。如果我們問的是度假，的確有可能是，因為船代表旅行，而太陽則是氣候，加上塔是她要去遊覽的古老城堡與遺址。但是這個問題只跟工作有關。可想而知，她請我再占卜一次，而我抽到了騎士＋塔＋花束。很快的，我就知道這是指新的工作或新的公司，並且這個新機會非常誘人（花束）。她聳了聳肩，說會再讓我知道結果如何。

一個月後，莉雅打電話給我，講話速度很快，告訴我她剛剛收到一家大型化妝品公司的工作邀約。只是她必須搬到美國西岸，她想知道如果接受這個邀約，她會開心嗎？我替她感到開心，也祝她好運，但招架不住她的殷切期盼，我為她抽了幾次牌來占卜。

花束象徵誘人的邀約，真是太美好了，而且又是化妝品公司；太陽也意味著知名公司和大好機會。我在寫塔這張牌時，伴隨了共時性，這一天是美國獨立紀念日：七月四日。

大藍圖牌義：

傳統上，塔象徵長壽，除非有雲朵在旁邊，那麼就暗示著未來會發生疾病和意外。

如果我的個案還是學生，我就會檢視塔的位置，而周圍的牌會告訴我故事的細節和情況。還有一種情況我會去檢視塔這張牌，那就是個案在打官司，或是個案在大企業或機構裡工作。

如果塔的周圍是正面牌，就意味著安全穩固的基礎，以及有機會實現志向；如果周圍是負面牌，那麼塔的負面特質就會特別呈現出來：侷限、隔離、疏離。

配對組合與範例：

如果你要占卜聽證會的事宜，那麼塔也可以作為主題牌。

塔跟其他牌的配對組合非常重要，因為其他牌會告訴我們塔象徵什麼，以及發生的情況。

★**戒指＋塔**＝民事婚姻；需要政府官方認證的法律協議或交易

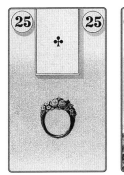

戒指＋塔

★**塔＋戒指**＝贏得法律訴訟或打贏官司

★**棺材＋塔**＝自我疏離又憂鬱的人；監獄；安寧療護中心

棺材＋塔

進行健康議題的占卜時，一定要請個案諮詢醫療專業人士。

曼蒂想知道她明天的手術結果會如何？

★**鐮刀＋塔＋戒指**＝胃繞道手術，手術結果很好

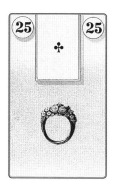

鐮刀＋塔＋戒指

★**鐮刀＋塔＋花束**＝手術結果很好，整形手術（外科＋醫院＋漂亮）

鐮刀＋塔＋花束

迪倫會在哪裡跟羅拉見面呢？

★**塔＋花束**＝在商場（有許多層樓的大區域，也有許多美麗的東
　西和禮物）

朗達的感覺是什麼？

★**塔＋老鼠**＝她的自尊逐漸低落（自我、自尊＋失去、煩惱）

塔＋老鼠

花園

撲克牌對應：黑桃八

這張牌上面通常畫著美麗的陳設布置，有著枝繁葉茂的花花草草。有時候畫面中會有美麗的噴泉，流水汩汩。優美的環境，讓人想起維多利亞時代的美好畫面，適合求婚和公開聚會。花園象徵和諧、美麗、放鬆。它代表幸福，以及戶外活動和跟大自然連結的快樂。

花園讓大家聚在一起，可能是生日派對、演唱會、話劇或是看電影和餐廳。花園象徵公開與私人的場所，不論是僻靜中心、相聚、會議、研討會還是開會。當你看見花園牌，就意味著會有群眾、集會、觀眾、慶祝或遊行。

花園是整潔的社區、環境保護區和修飾過的景觀。花園也象徵豐盛、複數、肥沃的土壤。

對應主題的牌義

未來	• 各種類型的聚會
	• 聚會、會議、僻靜中心、團聚
	• 演唱會，公開或私人活動
	• 去公園或是有綠地之處
	• 認識新的人
	• 社區中心或聚會
	★牌卡分類帽：
	• 情緒牌
	• 描述牌
女人或男人	• 迷人
	• 交際花
	• 受歡迎
	• 熱愛大自然
	• 無拘無束
	• 公眾人物
	• 創意、藝術
	• 喜歡流連夜店

	★身體特徵： • 有魅力、好看、可愛 • 穿著得體、品味出眾
工作	• 公關 • 人脈網絡、社交 • 廣告 • 活動策劃、婚禮顧問 • 在專業領域取得良好進展且心靈平靜 • 為社區工作，或是時間緩慢 • 園藝、務農
愛情	• 花心多情 • 在活動中認識新對象 • 新的邂逅 • 還沒有想要定下來 • 有時候象徵感情關係複雜
健康、身體、靈性	• 免疫系統 • 生育力 • 需要水療中心或新鮮空氣 **★靈性：** • 支持並與有相同想法的人相處 • 連結大自然：散步、慢跑、登山 • 在大自然中靜心冥想

金錢	• 富足 • 大幅成長 • 退休儲蓄計畫，或集體投資的分攤型有價證券
時間或時機點	• 二十天 • 當月的第二天或二十日（右邊的牌會顯示月份）
建議或行動	• 社會化、交朋友、參加派對 • 人際網絡、閒聊、建立人脈 • 利用你的人脈
屬性	★**中性和正面**：通常是中性牌，但若周圍有負面牌，可能也會出現負面牌義。然而單獨看這張牌的話，可以視為正面牌
物品與區域	• 公共區域 • 網路 • 聊天室 • 格柵 • 體育場、俱樂部、高爾夫球場、電影院或其他人們聚集的地方 • 花園、後院、公園 • 綠地、灌木林

這張牌的個人故事：

　　這是一則簡短卻溫馨的故事。長久以來，我一直都不知道我能夠認識一群跟我一樣的人。我之前孤身一人，祈禱著能夠遇見其他靈媒、占卜師或心胸開放的人來指引我。我後來意外發現了一個線上塔羅團體，離我家很近，所以我決定去跟這些人見面。我既緊張又害怕，因為我從未做過這種事，腦海中一直想著：他們會覺得我是神經病嗎？他們會很古怪嗎？他們會接受我嗎？我需要繼續躲起來嗎？還是我應該做我自己呢？我抽了一些牌，如下：

書籍＋花園＋小孩＋狗＋船錨

　　看見這些牌出現，我立刻安心了。書籍＋花園這兩張牌我解讀為塔羅團體，小孩＋狗是認識新朋友，而船錨在最後一張就像是維持友誼長存、穩固的黏著劑。踏出那第一步進入塔羅團體後，我的人生徹底翻轉。我不只遇見許多出色的人，也交到一輩子的朋友，更發現到許多我學也學不完的知識。我當時的占卜果然很準。我把狗＋船錨的組合視為「一輩子的支持團體或朋友」。

共時性的事情來了：我在寫花園牌的內容時，這一天是我妹妹的生日。我多希望能夠在東岸參加她的生日派對。哎，可惜這個花園跟我相隔遙遠。而今天，我收到我的薩滿老師寄來的電子郵件，提醒我要在大自然中靜心冥想，這又是另外一個與花園有關的共時性事件了。

大藍圖牌義：

傳統上，如果花園牌離指定人物很近，代表你會被介紹進入大型社交圈中，並且結交新朋友。如果塔在旁邊，意味著這段友誼會長長久久。如果花園牌離人物牌很遠，就要注意你的社交圈中有假朋友和偽君子。

花園牌象徵你可能會被邀請至某種場合，特別有搭配信件牌的話；或者你即將認識一群新朋友。花園也象徵充滿藝術或靈感的快樂環境。它象徵認識新朋友，激盪出友誼的火花，帶來正向的改變。花園牌象徵地點，例如見面地點以及活動場所。它是靜修、平靜與放鬆之處。

如果花園牌被正面牌包圍，意味著開心、和諧、真摯的牌義，同時也呈現出這張牌所有讓人喜悅的牌義；如果負面牌在花園牌旁邊，則要注意某些警訊、糾紛和矛盾。不要太鐵齒地相信那些假裝是你朋友的人。

配對組合與範例：

麥迪森的生日烤肉派對會有什麼發展？

★**花園＋雲朵**＝可能會下雨，影響活動；注意會有出現混亂或干擾的情況

花園＋雲朵

馬克和妮可想要找新家，他們會找到什麼樣的房子？

★**花園＋房屋＋花束**＝在優質社區裡，房子坪數很大，庭院和後院有景觀，非常美麗

花園＋房屋＋花束

蕾西第一次和另一半的家人見面，會發生什麼事呢？

★**太陽＋花園＋房屋＝**開心的經驗，這個溫暖、喜悅（太陽）的
　大（花園）家庭（房屋）會歡迎蕾西加入

愛德蒙準備進行他第一次的網路研討會，牌卡會告訴他什麼呢？

★**花園＋蛇＝**要有心理準備會遇到一些困難，可能是連線上的技
　術性問題，或是與會者有人不懷好意，想要偷你的點子或剽竊
　你的作品

花園＋蛇

山

撲克牌對應：梅花八

你通常會在這張牌上面看到一座高聳的巨山、巨大的石塊或是遠處的高峰，全年貧瘠、寒冷、遙遠。有時候牌卡則是畫著高山國家的景觀。山象徵無法行動、抵抗、長期矗立，也象徵堅持不讓步、堅持不懈、障礙。

山象徵龐大的障礙，需要你花時間克服。這張牌暗示著各種挑戰、延宕、反對，警告你要小心陷阱。通常山會帶來挫敗、失落、干擾，以及負擔和沉重。山代表事情陷入僵局，但不是絕對無法改變的事情。要記得：總是有方法可以繞道而行，或是跨越山巒。把山想成是你要攀越的挑戰、待解決的問題，以及等著你跳過去的柵欄。山會帶來各種延宕、推遲、拖延。山有時候也象徵有敵人在削弱你的努力。

山也能象徵不錯的偏鄉旅遊、山上的休閒勝地，或是偏僻的僻靜中心。

對應主題的牌義

未來	• 阻礙、障礙 • 會有抵抗和抗拒發生 • 敵人 • 卡關、麻木、哪裡都不去 • 障礙、挑戰當前 • 拖延、被阻止 • 會發生延宕之事 ★**牌卡分類帽：** • 描述牌
女人或男人	• 強大、龐大、堅固 • 固執 • 冷漠、正式、疏離、害羞 • 孤單、有距離感 • 不友善、不帶感情、沒有情緒、漠不關心、鐵石心腸

	★**身體特徵：**
	• 魁梧
	• 年紀較大
	• 白髮或灰髮
	• 藍色或灰色雙眼
	• 有時候象徵光頭或是禿頭
工作	• 沒有發展的職位
	• 會有一些阻礙
	• 會有拖油瓶或絆腳石拖累工作進展
	• 強烈的反對意見
	• 不再招募員工
	• 失業
	• 有時候會以正向的角度來解讀：穩定
	• 礦工、地質學家、岩石學家、攀岩者
愛情	• 停滯不前的關係
	• 不在乎
	• 意見相左，僵持不下
	• 缺乏和諧，充滿許多冷淡與剛強的情緒
健康、身體、靈性	• 阻塞、無法行動
	• 便祕
	• 長期臥床
	• 山與頭部相關

	★靈性： • 釋放所有阻礙和障礙 • 寬恕過往的恩怨或負面情緒 • 斷食一天做全身排毒 • 排毒 • 放手、放鬆、釋放
金錢	• 遇到難關與障礙 • 沉重的債務 • 金融困難
時間或時機點	• 二十一天 • 三個月 • 當月的三日或二十一日（右邊的牌會顯示月份） • 冬天
建議或行動	• 停止、不動 • 堅守立場，不要動搖 • 堅持不懈能戰勝一切阻力
屬性	**★負面：**這張牌會讓周圍的牌義變得不好

物品與區域	• 山
	• 僻靜中心
	• 與世隔絕的地方
	• 岩石
	• 石頭
	• 冰桶或冷卻器
	• 堆疊許多東西的地方

這張牌的個人故事：

　　我最近跟山有個簡單可是有趣的邂逅。我先生手忙腳亂地打包行李要出差。我出於好奇，抽了牌占卜，抽到了熊＋山＋雲朵。我叫他不用急，因為可能會有嚴重的延誤，班機不會準時起飛，但是他聽不進去。我很不爽，問他說：「你怎麼可以跟一個靈媒結婚了這麼多年，卻還不相信我的話呢？」這是我的個人情緒，而我的自我膨脹起來了。我一直陪著他，直到他確認了班機。「上面說飛機會準時起飛。」他竊笑著說。但這無法阻止我重複提醒他，不過他就像活在自己的世界裡一樣，猶如《愛麗絲夢遊仙境》中的白兔。

　　當他抵達機場辦理完登機手續，航班延誤了四小時，因為航班預計抵達的城市氣候不佳（雲朵）。他打給我，怒火衝冠地抱怨班機延誤，影響他的行程。接著他損了我：「你這個烏鴉嘴。」我壓抑心中得意的心情，調侃回去：「對，我就是啊！我要求宙斯改變天氣，證明我是對的。」我們在電話中都笑了。

我的自我在心裡開心得跳舞，但作爲一位好太太，我也很難過丈夫的航班延誤。我理解他無法把握機會，不要那麼急著趕去機場，但是我的確很享受證明自己正確的感覺。

大藍圖牌義：

傳統上，如果靠近人物牌，山是在警告你有個強大致命的敵人等著傷害你。如果山距離人物牌很遠，就代表你會有忠實、強大的朋友作爲靠山，隨時準備在你需要的時候伸出援手。

我依舊會在占卜時特別注意山的位置。假設它靠近人物牌，我會先確定這是否指某個人，如果是的話，我接著會檢視其他細節，才會解讀成會遭逢敵人，只是會不提「致命」這個意思。通常這樣的情況會立刻顯示出來，而且會有許多跡象表明會有壞事。如果沒有其他的細節，那麼山就只是修飾周圍牌面的牌義而已。

假設山在人物牌上方，意味著這個人目前承擔重責大任；如果在人物牌下方，就意味著有些阻力，但是可輕鬆迎刃而解。如果山在你的上方，你就得想辦法逃離；如果山在你腳下，就容易跨過了。

如果山在人物牌左邊，那麼障礙和挑戰已過，或是正在跨越；如果山在人物牌右邊，那麼這些挑戰和障礙即將來臨。

如果周圍有正面牌，就會削弱山的負面能量，把龐然大山剷成小山丘，只是仍然會有挑戰和天氣影響所導致的延誤，但是會讓你更容易處理。然而，若是有負面牌在周圍，山就會變得更大、更高、更沉重，程度要視牌面而定。

配對組合與範例：

吉娜會很快懷孕嗎？

★鸛鳥＋山＝不會。除非阻礙她懷孕的原因先被解決

鸛鳥＋山

★山＋鸛鳥＝會。障礙已經被處理、清除，她也準備好懷孕了

山＋鸛鳥

法利斯要去面試，他會錄取嗎？

★**山＋船錨**＝會。之前等得夠久了，錄取僅是臨門一腳

山＋船錨

★**船錨＋山**＝會。他要麼會在該公司待很久，要麼會在毫無前途
的工作上卡關，又或者是第一天上班就有延誤的情況發生

船錨＋山

十字路口

撲克牌對應：方塊皇后

　　這張牌通常畫著鄉間的十字路口，有兩條或三條道路，讓行者選擇要踏上哪一條路。十字路口象徵一個人生命中的重要抉擇。擁有選擇權，並且透過選擇，掌握自己的人生方向，是這張牌的本質。

　　十字路口象徵絕對的自由意志，你的選擇會決定你要體驗的人生道路。這是你要踏上的旅程，或者只是你旅經的街道。十字路口是你的選項和諸多方向。它象徵站在艱難的人生交叉口時，面臨選擇時的不確定感、疑惑、猶豫。十字路口呼喚你為困境找到其他選擇和替代方案，你可以採取其他行動，走不同的路。

　　十字路口帶來多重因素、雙重生活和欺騙。

★**信件＋十字路口**＝許多邀約；許多文件

★**愛心＋十字路口**＝許多有好感的對象；有許多愛好

★花束＋十字路口＝許多禮物

★鸛鳥＋十字路口＝雙胞胎；許多改善

★狐狸＋十字路口＝從事至少兩種工作

★鐮刀＋十字路口＝多重手術

在關係中，如果十字路口在女人牌或男人牌的某一邊，就是不忠的暗示。

對應主題的牌義

未來	• 新的機會、新的道路
	• 另一條路、額外的選項、選擇替代方案
	• 機會或是要做抉擇
	• 陷入僵局，試著做決定或做選擇
	• 猶豫不決、躊躇不定、踟躕不前
	• 公路旅行
	• 多元、擴展、變化、拓寬
	•「點點點！國王下山來點名」

	• 分開、分離 ★**牌卡分類帽：** • 行動牌
女人或男人	• 獨立 • 總是在移動 • 不果決、不確定 • 話語含糊其辭 • 具有外交手腕、機智圓滑、調解員 • 可能表裡不一，或是過著雙重生活 • 雙性戀 ★**身體特徵：** • 頭髮有多種顏色、混雜漸層的髮色
工作	• 必須經常上路的工作，例如公車司機、卡車司機 • 必須想出解決辦法和替代方案的工作，例如問題管理、方案評估 • 需要在雙方或多方中來來回回的工作，例如仲裁、外交官、調解員、裁判 • 許多機會或可能性 • 許多工作 • 承擔諸多責任、責任增加 • 拓展事業

愛情	• 偷吃、不忠、通姦
	• 其中一人不忠貞，而且有其他對象
	• 懷疑和不確定性傷害了這段關係
	• 另一個關係
	• 態度曖昧、不清不楚
	• 是做出決定並離開的時候了
	• 分道揚鑣
健康、身體、靈性	• 靜脈、動脈和循環系統，以及相關的併發症
	• 諮詢第二位醫生
	• 考慮其他選項
	★靈性：
	• 拓展你的視野，看向其他選擇
	• 條條大路都能帶來知識和成長
	• 重新評估你的人生道路，花時間反思
	• 嘗試新事物
金錢	• 有一個以上的收入來源
	• 許多財經投資或財務選擇
時間或時機點	• 當月的二十二日（右邊的牌會顯示月份）
	• 這張牌的「二」這個數字很重要，所以象徵任何和二有關的時間，例如兩週、兩個月
	• 暫時

建議或行動	• 做出選擇、選一條路 • 時間到了，該動起來了
屬性	★**中性**：這張牌會大大受到周圍牌面的影響
物品與區域	• 叉子 • 投票亭 • 交叉路口 • 選擇題 • 在路上、街上、有許多匝道出口的高速公路上

這張牌的個人故事：

　　十字路口的故事對我來說非常珍貴。很久之前，一個週五晚上，我獨自一人在家，因為我的約會在最後一刻取消了。我在房間裡悶悶不樂，抽了幾張牌，抽到：

船＋女人＋十字路口＋愛心＋狗

我沒有設定任何主題牌，所以我想說可能朋友會來安慰我，因為狗在最後一張，而十字路口在中間，因此它是問題的核心。我對這個牌面有點困惑，但我整個人深陷在難過的情緒裡，所以根本不在乎占卜結果到底要跟我說什麼。不久後，一位朋友來到我家，把我從床上拉起來，因為她需要我開我的車。她還帶了另外兩位女性，而她的車太小了。她們正要去華盛頓市中心的夜店。開車時，我心想：「啊，所以船的意思是指我的車。」我覺得牌卡要告訴我的是，我在路上開著車，幫助我的朋友。驅車回家時，開離喬治市的路上，我的車裡塞滿了一堆女人；我們停紅綠燈時（不就是十字路口嗎？），其中一位女生朋友看到認識的德國朋友就在旁邊那輛車裡，裡面塞滿了男人。我們快速停到路邊，而我當下並不是很自在，只想要回家，卻萬萬沒想到會遇到我的靈魂伴侶——我老公！

雷諾曼非常直接，牌面直接了當地表明了我（女人）在路上開車（船、十字路口），會遇見歡樂與愛情（愛心），而他會是老實人／朋友或是靈魂伴侶（狗）。

十字路口這張牌的內容花了我兩天時間才寫完，而上面的故事是第一個共時性事件。那兩天內，我必須跟同一位個案變更時間兩次，試著處理好這件事，並安排最好的時間。這是第二個共時性事件。

大藍圖牌義：

傳統上會特別注意雲朵是否靠近十字路口，如果是，就意味著一定會有麻煩、災厄和不幸發生。

我不會第一眼就檢查這兩張牌的距離，但我會注意一下。如果這兩張牌剛好相近，我就會告知個案，因為十字路口＋雲朵＝麻煩即將在眼前出現、前方路途坎坷、路途艱辛、有衝突或意見不同等等。

在解讀十字路口這張牌時，重要的是查看周圍是否有任何負面牌，有的話就會出現麻煩與挑戰。雲朵、十字架、老鼠會讓十字路口變成一段充滿挑戰的旅途，或是過程不斷延長；跟鐮刀相比，前面的牌還好一點，因為鐮刀會帶來意外的交通事故。

如果十字路口的周圍是正面牌，會出現可喜可賀的結果。

當十字路口落在人物牌的上方、下方或右邊，代表你要做非常重大的決定，而周圍的牌會告訴你更多線索和細節。

如果行動牌在十字路口的周圍，例如騎士、船、鳥、鸛鳥，這個決定肯定非常重大。

如果十字路口落在大藍圖牌陣中的最後一列，我也會檢查一下；如果是在第八列，則意味著個案的生活會有很大的轉變。轉變的時間點視人物牌離大藍圖的邊緣有多遠或多近而定。

配對組合與範例：

布蘭迪想知道是否該考慮這個工作邀約。她應該接受，還是等待另一份工作的錄取通知呢？

★ 狐狸＋十字路口＋騎士＝等另一份工作，而且可以的話，試著拖延時間，直到你兩份工作都確定錄取（十字路口在狐狸右邊，代表她不知道該選哪一份工作；此外，十字路口在中間，代表問題的核心就是選擇）

★ 十字路口＋狐狸＋騎士＝答應你現有的工作邀約吧（十字路口在狐狸左邊，代表她猶豫不決並申請了兩份工作，而非有兩件事同時出現；狐狸在中間，強調了目前錄取的工作）

更大的牌陣可以給我們更多資訊。

凱斯想知道他和馬蘿的關係發展。他們只約會過一次。凱斯和馬蘿會有後續的約會嗎？

★鳥＋十字路口＝不會有更進一步的發展了，你要放下

★十字路口＋鳥＝還會有後續的幾次約會

十字路口＋鳥

現在如果把問題換成馬蘿，詢問馬蘿是否認眞看待凱斯。我們抽到：

★十字路口＋女人／女人＋十字路口

馬蘿其實腳踏多條船，或是正同時跟不同的人約會。如果要知道更多細節，就要用更大的牌陣。

老鼠

撲克牌對應：梅花七

通常老鼠牌的畫面都是三隻以上的小老鼠窩在一起，忙進忙出、齧咬、進食或偷東西。老鼠在中世紀的鼠疫時期就被視為疾病的象徵，也因為會偷東西和掠奪收成的農作物，從此惡名昭彰。老鼠的名聲很差，但牠們實際上行動快速又聰明。牠們會集體活動，齧咬任何東西，破壞建築物。牠們繁衍的速度也很快，亦是許多傳染病和禍害的根源。

你只要想像一下，如果你在家裡發現老鼠會怎麼做？多數人會驚慌失措，立刻打電話給除蟲公司。

老鼠牌象徵壓力和擔憂，一點一滴侵蝕你的核心。這張牌會讓你的內心不安——坐立難安、煩躁不已和心悸的感覺。它也代表侵蝕與漸漸惡化。老鼠牌帶來焦慮、緊張、憂慮、緊繃。有時候這張牌指的是疾病或是單純的疲勞，有時候則是丟失物品的徵兆。老鼠牌是你拿了或偷走不屬於你的物品。它是小麻煩，若不儘早處理，則會演變成大麻煩。老鼠牌也象徵囤積。

老鼠會集體活動，所以這張牌有時候象徵團隊合作，或是在集體生產線工作的勞工，工作乏味且一直重複。如果有正面牌在老鼠的右邊（根據問題脈絡而定），可能是指興奮、渴望、殷切期盼。

老鼠牌是負面牌。

對應主題的牌義

未來	• 壓力、焦慮、損失、擔憂、疾病
	• 竊盜、丟失
	• 過期、惡化、劣化、腐蝕
	• 嘮叨
	• 某種被完全掏空的狀態──情緒、身體、心智、物質
	• 意外的支出、費用、收費、帳單
	• 輕微損害
	• 許多小麻煩
	• 內心深處的憂慮
	★牌卡分類帽：
	• 情緒牌

女人或男人	• 杞人憂天的人，因為焦慮而咬指甲的人
	• 總是心神不寧
	• 躁動、恐慌、不安、緊張、焦慮、膽小
	• 挑剔、過度在意細節、吹毛求疵
	• 不穩定
	• 有著許多包袱的人
	• 吃苦耐勞的性格、工作狂
	• 愛嘮叨的人
	• 緊張、不安、焦慮、生病
	• 坐立不安
	• 吝嗇、小氣、低俗
	★身體特徵：
	• 暗色、黑色、棕色皮膚
	• 有時候代表髮線一直後退或是頭髮稀疏
	• 有時候代表身上有疤痕、斑點、肥胖紋或傷口
工作	• 瑣事、零工
	• 在生產線工作，或是在工廠做重複的工作
	• 壓力大的工作環境
	• 不穩定的職位
	• 不必要、無聊或多餘的工作
	• 可能會丟掉工作
	• 腐敗、剝削
	• 浪費時間、資源枯竭
	• 需要嚴格把關細節和徹底梳理一切的工作

愛情	• 不穩定的關係
	• 強迫症
	• 令人煩心的戀情
	• 失去好感與愛意
	• 祕密、不為人知的癖好或情結
	• 不健康的迷戀
	• 正處於操縱、利用的關係當中
	• 讓你心碎的狀況
健康、身體、靈性	• 神經系統
	• 警告
	• 焦慮、不安、過度換氣、神經質
	• 感染、病毒
	• 潰瘍
	• 未被診斷出來的疾病，等到你發現時，病情已變得更嚴重
	• 筋疲力盡
	• 注意力缺失症
	• 阿茲海默症
	• 緩慢衰退或是情況惡化

㉓ 老鼠

	★靈性： • 休息 • 呼吸 • 清空大腦裡混亂與紛飛的思緒 • 釋放內心不斷啃咬你的憂慮，讓事情順其自然 • 慢慢釋放你的緊張 • 看看周圍，檢查是什麼在吸乾或分散你的能量 • 不要因執著於太多細節而錯過大局，反之亦然
金錢	• 財務困難 • 金錢損失 • 沒被發現的小額竊盜 • 漏財，金錢一手進來，很快又出去了 • 收入只能餬口 • 仔細檢查每筆支出
時間或時機點	• 快速的時間點，通常是幾小時之內，有時候幾天內，但一定不會超過一個月 • 當月的二十三日（右邊的牌會顯示月份）
建議或行動	• 堅持下去 • 放下擔憂 • 注意細節或概要：如果你只忙著細細檢查，請放下，並著眼於大局

屬性	★**負面**：老鼠是負面牌，但在非常少數的情況下，如果它是指仔細檢查和注意細節的話，就是中性牌
物品與區域	• 每個角落和小地方 • 水溝 • 老鼠、松鼠、齧齒動物 • 各種害蟲

這張牌的個人故事：

我妹妹的好友莉露準備計畫策辦一個以巴黎為主題的生日派對，要給我妹妹一個生日驚喜。將心神集中在生日派對上之後，我決定抽七張牌，我抽到：

星星＋鐮刀＋花束＋老鼠＋太陽＋山＋鑰匙

看到鑰匙出現在最後一張，我鬆了一口氣；雖然過程崎嶇，但我知道生日派對最後一定會舉辦得非常成功。老鼠出現在中間，強調了活動會發生擔憂、焦慮、意外的問題或麻煩，需要儘速處理。我按照以下的順序解讀牌面：

　　星星＋鐮刀＝某種突然的意外或破壞，會造成計畫瞬間改變（星星）。花束＋老鼠意味著裝飾（花束）和派對的呈現。派對裝飾會出現讓人有壓力和緊張（老鼠）的事件，或許裝飾或結構有些損壞。我不喜歡太陽被夾在老鼠和山之間，這意味著成功只是短暫的，因為老鼠牌和延誤（山）會發生，但是最後出現鑰匙牌，確定這個活動一定會成功。

　　活動過程所發生的事情真的是悲喜交加，尤其是再回頭看這些牌的時候。驚喜派對的前一週，有個嚴重的暴風雨襲擊了整片區域，導致許多鄉鎮斷電了將近一星期（星星＋鐮刀＝斷電）。莉露壓力非常大。她正在製作一些大型裝飾品，高溫讓每個物品都變形了（老鼠＋太陽＝過熱），讓一切變得更麻煩。因為高溫、斷電以及黏著劑融化，導致裝飾品壞了，活動必須延期（山＝延誤）。

　　莉露寄給我一張照片，是壞掉的紅磨坊（Moulin Rouge）結構，整個結構看起來很糟糕（老鼠＝結構毀損）。這些狀況都被牌卡預測出來了。然而，改期的活動非常完美。這個驚喜派對圓滿成功（鑰匙），我妹妹非常開心。

大藍圖牌義：

傳統上如果老鼠牌靠近你，意味著你會遭逢偷竊或弄丟物品。而重獲失物的機率和希望取決於老鼠牌離你有多近和多遠。老鼠牌離人物牌越遠，找回來的機率就越低。

如果個案想要尋找珍貴的失物，那麼只有在這時我才會用這個方法，也就是檢查老鼠牌和人物牌的距離。假如老鼠牌很近，而且周圍有正面牌，表示失物很快就能尋獲；反之，離得越遠，越難尋回。除此之外，老鼠牌也代表日常的擔憂、壓力、焦慮。

老鼠牌會修飾和形容左邊或周圍的牌。如果周圍是負面牌，那麼老鼠的影響就會加強、變嚴重、更加令人擔心；如果周圍是正面牌，表示希望正在靠近，會讓事情變得順利一點，或是降低負面影響。

如果老鼠牌靠近房屋牌，要擔心是否房屋結構出現問題或侵蝕；另一方面，也有可能是家庭出現問題。

配對組合與範例：

★**老鼠＋星星**＝癌症；擔憂廣播節目；焦心某個網路專案；壓力很快就會消散；失物會尋獲；迷路（全都要視問題脈絡而定）

老鼠＋星星

★ **老鼠＋熊**＝資金一點一滴減少；不斷花小錢，卻沒有注意到這些小錢加起來會成為一大筆金額；擔憂財務狀況；吝嗇鬼或小氣鬼；杞人憂天的母親或姑姑、阿姨（熊）；苦惱體重問題（熊）或是節食；慢慢的減肥

老鼠＋熊

★ **老鼠＋狐狸**＝低薪工作；工廠作業員；壓力大的工作；四處打零工；臨時性的工作；擔憂職位或工作狀況；就業狀況不穩定

老鼠＋狐狸

★**戒指＋老鼠**＝弄丟戒指；失去合約；毀約；婚姻關係逐漸遭受侵蝕

★**老鼠＋戒指**＝持續反覆的焦慮；消耗與枯竭的循環；貪腐的一群人；解決問題的方法

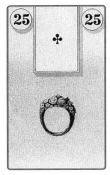

老鼠＋戒指

愛心

撲克牌對應：紅心侍者

　　這張牌通常畫著一顆美麗的紅色愛心；有時候畫面會是花團錦簇，周圍有著玫瑰或各式鮮花。愛心一直都是愛情、熱情、奉獻的象徵。戀人會將愛心刻在樹上，畫在沙灘上，在書信中表達愛意，將愛心刺在身上。現在，愛心變成了表情符號，輸入在簡訊裡和社群媒體上。愛心象徵永恆的愛意、情感，以及人與人之間的牽絆。無論透過什麼方式，我們都用愛心作為對某人表達欣賞和愛意的象徵。

　　愛心牌象徵幸福、喜悅、成就感、滿足感、開花結果、綻放、愛意、熱情。它將和平、和諧、喜悅、愉悅、享受之情，注入人際關係的任何層面，以及你懷抱熱忱的人事物裡。它傳達出那種完成一項專案時興高采烈的感受，或是跟戀人相處時的喜悅之情，以及跟朋友聚在一起的滿足感。這張牌象徵母愛和手足之情。它象徵一個人獨處時的小確幸，以及做自己想做的事情時的愉悅。愛心牌代表善良的行為：慈善、慷慨、對朋友和陌生人熱情相待。愛心牌象徵愛的所有層

面，以及任何形式的愛。這張牌包含各種形式、特點的感受與情緒。

　　愛心牌揭露你的感受、熱情、渴望、情感、喜好、愛意和好感，然而它並不是承諾的象徵。所以占卜時，你要檢查周圍的牌來判定這個愛意的動機以及是否真誠。戒指、船錨、鑰匙、房屋可能會顯示出長久或穩定的跡象，有時候也可以從塔和鸛鳥看出來。

對應主題的牌義

未來	• 愛、浪漫、熱情
	• 友誼、親和力
	• 幸福、和諧
	• 新戀人
	• 祝福、享受、愉悅、開心
	• 愉快的結果
	• 如果周圍有正面牌，意味著吉兆
	★牌卡分類帽：
	• 情緒牌

女人或男人	• 開心、慷慨、在乎
	• 很有同情心和慈悲心的人
	• 溫柔又溫暖的人
	• 熱情、深情、樂善好施、無私
	• 浪漫
	★**身體特徵**：
	• 除了黑色以外的各種髮色
	• 身形曲線玲瓏有致
工作	• 各種人道、慈善工作
	• 從事你的職業或做你懷抱熱忱的事
	• 享受你所做的事情和工作，對你的職涯感到滿意
	• 備受讚賞
	• 在愉悅的職場中工作，同事情誼非常友好
	• 辦公室中的調情、暗戀、私情或戀情
愛情	• 充滿熱情與和諧的熱戀關係
	• 心之所向
	• 新的戀情、調情、偷情
	• 墜入愛河或即將墜入愛河
	• 任何熱情、情感、渴望的感受
	• 開心得彷彿飛到九霄雲外
	• 一生摯愛、唯一真愛
	• 幸福與希望

健康、身體、靈性	• 心血管相關部位 ★靈性： • 療癒你的心輪（此脈輪的主題是「我喜愛」） • 穿著綠色或粉色衣物 • 學習無條件的愛，開始愛自己 • 確保你的行為發自內心 • 對他人敞開心胸 • 寬恕、奉獻、感謝 • 為生活注入慈悲、同理、信任
金錢	• 令人滿意的財務狀況 • 開心的金錢安排 • 財務和預算都收支平衡且一切俱佳 • 慷慨、慈善、捐款
時間或時機點	• 當月的二十四日（右邊的牌會顯示月份） • 春天、夏天
建議或行動	• 愛情 • 散播喜悅 • 要快樂 • 分享 • 跟隨心中的熱情
屬性	★正面：這張牌散播著正能量，除非右邊有負面牌

24 愛心

物品與區域	・浪漫的地方
	・心型物品
	・冠狀動脈

這張牌的個人故事：

翻閱我的占卜日記時，我從近期的每日占卜中挑出這則故事。某個週二早上，我隨意抽了三張牌：

魚＋愛心＋熊

看到這些牌，我非常開心，看起來今天非常適合購物。結果卻發生一連串的小麻煩，一樁接著一樁。我花了一整天跟客服溝通，試著請他們幫我換貨，因為他們寄錯商品了。我的小兒子不知道吃了什麼東西，讓他開始噁心並嘔吐。廚房水槽的水龍頭壞了。郵差沒有按門鈴或走到我家門口，就在我家的信箱裡留下了寄件失敗的通知，我不得不等到第二天去郵局領取包裹。然而，壓垮我的最後一根稻草是我要幫兒子影印重要作業時，才發現印表機沒有墨水。我崩潰哭泣，希

望這一天快點結束。我又看了一眼我那天的占卜，腦海中浮現一道聲音告訴我：「別擔心，要快樂。」我很傻眼，接著把牌卡收拾放好，不再想這件事。

稍晚我老公回到家，他帶我出門去購物，療癒心靈，跟我來一場週間約會，接著在市中心享受美味晚餐。我又驚又喜。糟糕的一天瞬間變成美好的夜晚，彷彿哪位神仙教母聽到了我的哭泣後，揮揮魔杖施展魔法，並灑下精靈的魔法金粉。我回到家時非常開心，覺得自己很幸運有這麼好又慷慨的老公。當我再次看了抽到的牌，有一種恍然大悟的感覺，牌卡很直接啊：魚＝購物，熊＝美好的晚餐和慷慨，中間的愛心＝愛、關心、快樂。這三張牌非常精準，我會因為購物，以及因為與一生摯愛用餐而滿心歡喜。

每當愛心牌出現，周圍也沒有負面牌的時候，即便現況不是那麼好，我內心深處仍知道，事情一定會好轉。

我在寫愛心這張牌時，發生的共時性事件也很令人驚喜。首先，我收到我妹妹傳來的一張照片，是她腹中胎兒的第一次心跳聲波圖。看見外甥或外甥女開始有了心跳，我開心至極。接著，我收到美麗的驚喜：我的弟弟和弟妹送我的手鐲，上面刻了簡單的四個字：「我們愛你。」我真希望能夠讓時間暫停，盡可能停留在被親情溫暖包圍的那一刻。那一瞬間，我真不想寫完這張牌，我想要繼續寫下去，越長越好。

24
愛
心

大藍圖牌義：

不管是古代還是現代，在任何時代裡，愛心都是喜悅與和樂的徵兆，預示著充滿愛、燦爛浪漫和心滿意足的生活。

如果要占卜個案的愛情運勢和關係狀況，就要檢視愛心牌。這張

牌會呈現與感情狀態有關的關係和情況。

　　愛心周圍的牌具有極大的影響力。如果周圍是正面牌，那麼一切美好，這是開心、成功、健康、和樂之兆；萬一周圍是負面牌，就會出現痛苦、磨難、失落。

　　假如愛心靠近人物牌，或是在人物牌的未來出現，表示有機會遇見美好的愛或戀情，但是也要注意周圍是否有負面牌。例如，蛇和狐狸如果在周圍，就象徵會有嫉妒、操弄、謊言與欺騙。

配對組合與範例：

　　邦妮要對她手下的新人演講，她想知道怎麼做才能有最佳效果？

　　★**愛心＋鑰匙**＝邦妮的熱情和同理心（愛心）會是重要關鍵（鑰匙），如此才能突破他們的心房。她得敞開心胸，保持開放；只要她的愛由內而外散發出來，就能夠獲得滿堂彩。她會發自內心演講，她的愛心就是關鍵之鑰，她的熱情（愛心）就是最佳辦法（鑰匙）

　　★**鑰匙＋愛心**＝你的成功和靈感、想法都在心中；你的善良之心；你的無私分享之心

　　愛心＋鑰匙和鑰匙＋愛心的牌義是一樣的，因為不管哪一張在左在右，互相修飾後的訊息都相同。

藍茲想知道他和安柏的關係狀況，以及是否值得追求這段關係。

★**愛心＋棺材**＝不。你們已經走到盡頭，而這段關係結束了，你
們不會有進一步的發展

★**棺材＋愛心**＝是。你們有機會可以重燃愛火；值得追求；還有
機會可以重新在一起

棺材＋愛心

艾比想了解新的事業夥伴，以及她是否該相信這個新的提案。

★**愛心＋蛇**＝不。對方心懷（愛心）不軌（蛇），要小心會有嫉
妒、欺騙、謊言發生

★**蛇＋愛心**＝不。這個提案有許多問題（蛇），看起來很美好
（愛心），實則暗藏詭計

戒指

撲克牌對應：梅花王牌

這張牌的牌面上畫著簡約又優雅美麗的金戒指。有時候戒指牌上的戒指會鑲嵌許多珠寶，設計優美。戒指一直是象徵結合、連結、聯盟、婚姻的符號。戒指已是表達深愛之意和渴望真心承諾時，準備奉獻一生及誓言的見證。

戒指包含各類形式的結合、承諾、約定、訂婚、聯合、協議；它是約定和承諾，是契約和合約。戒指象徵合夥、併購、合資。它是強烈的連結、認真的關係，以及穩固的牽絆。戒指也是象徵物質的牌：珍貴物品、珠寶、貴重禮物、稀世珍寶，以及任何亮晶晶的東西。

戒指象徵圓形、完成、答案、回到原點；也象徵原地兜圈、循環的軌跡或是永無止境的循環，宛如不斷從頭來過。這張牌象徵確認、確證、認定。

戒指牌是正面牌，但是周圍的牌會大幅影響它的牌義。如果戒指在人物牌左邊，代表此人正在一段關係中；若是問題與感情相關，那麼答案就會是這個人已名花（草）有

主、已有伴侶或者已婚。假如戒指在人物牌右邊，代表問題中的這個
人是真心想要跟你許下承諾。

對應主題的牌義

未來	• 快樂、正面的結果
	• 婚姻
	• 收購、併購
	• 協議、簽約
	• 支出
	• 重複的行為，如同循環一樣來來回回
	• 解答、完成
	• 連結、親密、承諾
	• 完美和諧
	• 加入俱樂部或團體
	• 進入私密專屬的社交圈
	★牌卡分類帽：
	• 描述牌

女人或男人	• 值得依賴、有責任心
	• 忠誠、可靠、忠實
	• 奉獻、投入
	• 依戀、已付出情感、已婚
	★身體特徵：
	• 豐滿圓潤
	• 淺色
	• 曲線豐滿、凹凸有致
工作	• 協議或合約
	• 併購
	• 團結一心的職場環境，令人感到自在舒適
	• 日復一日的行程
	• 不斷重複或單調乏味的工作
	• 工會
	• 專屬組織或協會
	• 訂好承諾的交易
	• 具有法律約束
愛情	• 幸福
	• 如果個案單身，會遇到新對象
	• 如果個案在交往中，關係會更緊密
	• 求婚或訂婚、「套上戒指」
	• 緊密的關係

健康、身體、靈性	• 例行健康檢查 • 重複的療程或要持續治療 • 需要額外做檢查，或頻繁做檢查 • 治療或療程結束 • 成功的療程或治療 • 淋巴系統 • 胃繞道（搭配熊這張牌） ★**靈性：** • 圓形是完美的和諧符號，陰陽兩極的永恆循環 • 化對立為合一 • 記得：你給出什麼，就會獲得什麼，因為這是宇宙法則，沒有結束也沒有開始，只有永不停止的流動 • 圓形意味整體 • 重複、再做一次、維持一致 • 再次整合內在對立的能量，達到釋放與平靜的狀態
金錢	• 穩定期 • 財務協議 • 共同帳戶或合併資產
時間或時機點	• 當月的二十五日（右邊的牌會顯示月份） • 循環不絕、持續進行

㉕戒指

建議或行動	• 答應
	• 承諾
	• 達成交易
	• 重聚或重新聯繫
屬性	★**正面**：這張牌散播著正能量，但是如果問的是合約或協議，那就是中性牌；要小心右邊是否有負面牌出現
物品與區域	• 戒指
	• 珠寶或飾品
	• 珠寶盒
	• 活結
	• 手銬或能夠用來綑綁的物品
	• 高價值的物品

這張牌的個人故事：

這則故事來自我十幾歲時在貝魯特發生的事。這是我永遠忘不了的故事：母親的一位好朋友雅絲敏，想要找到如意郎君。雅絲敏基本上每天都出現在我們家。她當時到了適婚年齡。那時，父母都想看到女兒在三十歲前出嫁，所以每戶家庭都會想盡辦法計畫和安排相親。他們會利用罪惡感和親情壓力迫使女兒找對象，或是要女兒答應他們幫女兒選好的對象。雅絲敏身處的文化裡，家長會來向女孩提親（我知道這很過時，但這仍是許多文化裡的常態）。

我記得有一年，雅絲敏的壓力很大，她需要做出決定。那一整年，她每週都會找一天來我家找我占卜。當時的狀況很像某種固定行程：每一週，我會抽大藍圖幫她占卜或是幫不同的適合對象占卜，接著檢視戒指跟男人牌和女人牌之間的距離。有一天，我決定只幫她抽大藍圖，並且只聚焦在戒指牌。當時戒指離女人牌很遠，所以我們開始了每週一次「婚戒倒數」大藍圖占卜。我們一整年只把焦點放在戒指牌，看著戒指在牌陣中緩慢靠近女人牌。我們會計算戒指離女人牌距離幾列，而每次戒指更靠近一列時，客廳就會傳來我們的歡呼聲。當戒指終於抵達女人牌身邊時，雅絲敏也在同一時間訂婚和結婚了。

有時候戒指可能一個月以上都不會移動，但是當戒指終於抵達女人牌的右邊時，那一刻彷彿是我們家的重要紀念日。我們都為她感到開心。但是我們的工作並沒有就此結束，因為雅絲敏想要確保戒指會一直待在那裡。一直到婚禮當月之前，她都還在注意戒指牌的動向。

回想這件事，我猜這也是某種執著，或是我們深陷其中的循環，因為每週都會重複一次。雅絲敏結婚後，我們就很少見到她了。內戰使得我們分離，直到後來我們在美國相見，才又開心地做了大藍圖占卜。我很懷念我們的「婚戒倒數」占卜，以及當時聚在一起的時光。如果雅絲敏能夠看到此篇，我想要跟她說，我知道每次要不斷抽大藍圖時，我有時候會不耐煩地翻白眼，但這都不會改變一件事：我在心中永遠珍惜當時的日子。

大藍圖牌義：

傳統上，如果戒指在人物牌右邊，代表個案或他們的隨行人員之一，近期之內會有富足且開心的婚姻。時間點要根據戒指的遠近來判定。如果戒指在人物牌左邊，就代表會有困難。

我自己會使用戒指在人物牌右側的意義，但不一定會解讀成富足。戒指會受到周圍牌面的影響，牌義容易有大幅度的改變。所以如果出現負面的結果，我們就必須檢視戒指旁邊的牌卡。如果戒指周圍是正面牌，那麼肯定有和諧和幸福圍繞；當戒指牌被負面牌包圍，就會出現問題、分離、不和的情況，以及卡住、困住的感受。此外，負面牌有時候可能是建議我們要擺脫壞習慣，或是打破常規或有害的循環。

在大藍圖牌陣裡，我會從戒指的位置來檢查個案的婚姻、伴侶關係，以及相關的情況。如果個案想結婚，那麼我會檢視戒指牌的位置，了解機率、距離和時間點。

如果戒指在人物牌的上方或下方，通常代表個案目前擔憂或處理的重要問題。請查看戒指周圍的牌，就能得到更清楚的資訊。

配對組合與範例：

★**戒指＋花園**＝俱樂部、協會、公會

★**戒指＋蛇**＝有問題的婚姻；婚姻前景不好；背叛

凱特琳不喜歡她的工作，想知道如何解決目前的困境。

★**戒指＋鐮刀**＝想辦法離職；不要再讓自己不開心，遞交辭職信；辭職

莎賓娜想知道史卡特對他們的關係有什麼想法。

★**愛心＋男人＋戒指**＝他非常忠貞、真心，而且可能想要跟你登
　記結婚

愛心＋男人＋戒指

★**戒指＋男人＋愛心**＝他早已名草有主，但同時也很喜歡跟你在
　一起

**㉕
戒
指**

書籍

撲克牌對應：方塊十

　　這張牌的牌面描繪著一本厚重的皮面精裝書，擺放在桌子上。有些牌卡會把書畫成打開的圖案，有些則是闔上，不讓人知道內容寫些什麼。書籍象徵我們天生對祕密的好奇心、知識和教育，以及智慧、才智。

　　這張牌也象徵隱藏的奧祕、祕密、被掩蓋的一切，同時也代表知識、資訊、事實、數據。書籍與記憶力有關，也包含學習、教育、智商，以及各種智慧和能力；它也象徵專案、案子、任務、設計、策略、審計、帳目、研究、測驗、審核、評估、存貨，還有各種訓練、指導、教導。書籍所代表的隱藏和祕密的面向，對應到所有神祕學、奧祕的教導。它象徵未知與發現、突破，以及挖掘出所有隱藏、保密、掩蓋的事物。

　　書籍也能很直白地象徵實際的物品，像是書、日記、檔案、紀錄、一疊牌卡。我們未被揭露的想法、壓抑的情感、內在的智慧，以及所有祕密和祕密行動，都囊括在書籍的牌義當中。

對應主題的牌義

未來	• 讀書、教育
	• 仍是祕密和未知,「噓,不要說出去」
	• 還不知道的資訊或消息
	• 寫功課
	• 需要做更多研究、校稿、編輯或審閱
	• 仔細檢查或追根究柢
	• 隱瞞、機密資訊、噓!
	• 研究、被揭發的新事件或是新發現
	• 專案
	• 書、手稿、腳本
	• 需要深入觀察
	★牌卡分類帽:
	• 描述牌
女人或男人	• 藏有陰謀的人
	• 祕密、隱藏真實感受
	• 安靜、害羞
	• 受過教育
	• 書呆子、愛好閱讀的人
	• 好學、學者、學術
	• 知識分子、聰明人

26 書籍

	• 神祕、謹慎、鬼鬼祟祟、封閉自我 ★**身體特徵：** • 有時候會戴眼鏡或隱形眼鏡
工作	• 從事研究或調查領域 • 教師、學者 • 出版社、作家、編輯 • 圖書館員 • 書店 • 裝幀 • 會計師或簿記員 • 私家調查員和偵探、臥底工作 • 工作坊和訓練 • 專業領域
愛情	• 地下戀情 • 暗戀或還沒被揭露的情感 • 暗戀者 • 神祕的婚外情 • 偷情 • 守住祕密或隱藏祕密的人
健康、身體、靈性	• 與大腦和記憶力有關 • 健康檢查 • 未知的病因或症狀 • 隱疾

	★靈性： • 潛意識以及隱藏在我們深處的一切 • 我們沒有展現出來的一切、陰影自我（shadow self） • 尋求知識並拓展覺知 • 傳播你的智慧，教導周圍的人 • 傾聽你的直覺
金錢	• 研究和仔細審視你的投資 • 尋找隱藏的條款和隱瞞的費用 • 審視你的財務紀錄，檢查是否有不一致的帳目 • 需要深入研究 • 獎學金 • 結算餘額
時間或時機點	• 當月的二十六日（右邊的牌會顯示月份） • 一切未知、仍不可知
建議或行動	• 讀書、研究、閱讀、學習 • 安靜、不要說出去、保持靜默、閉嘴 • 不要跟別人說，自己知道就好 • 展開人生的新篇章 • 保持好奇心、打聽事情、追根究柢 • 需要謹慎 • 保持神祕
屬性	**★中性：**這張牌會大大受到周圍牌面的影響

26 書籍

物品與區域	• 任何書籍，可能是工具手冊、小說或是相簿
	• 日誌、日記
	• 筆記型電腦、平板電腦
	• 檔案、檔案櫃
	• 圖書館
	• 學校、學術機構
	• 一疊牌卡
	• 電子書閱讀器

這張牌的個人故事：

我在寫書籍這張牌時，我的老公放了一部二〇〇二年的電影，是葛妮絲·派特洛主演的《無可救藥愛上你》，由拜雅特（A. S. Byatt）的同名小說改編而成。整部電影講述著幾百年前的兩位詩人之間的祕密戀情。我覺得這部電影很有趣。這部電影引領我們跟著兩位調查這樁戀情的優秀學者，調查那些日誌、日記、圖書和族譜。這部電影就是書籍牌最好的說明：學術背景、潛心投入研究的學者、調查員的發現、案件、日記、日誌、祕密的歷史戀情，以及逐漸挖掘出來的祕辛。這些都完美體現書籍牌的本質，以及它象徵的不同面向。而我最愛的一件事就是，宇宙讓我在寫這張牌時看了這部電影！

每當我陪小孩寫作業或一起做學校報告，這張牌都會出現。另一個與書籍牌有關的快樂回憶是某一天我抽到：書籍＋花束。當時我跟兒子一起做德州歷史古蹟阿拉莫（Alamo）的主題報告，我以為是指這件事，所以我心想：「耶！報告成果一定很好。」

書籍＋花束

　　當天稍晚，出乎我意料之外地收到朋友送給我的一副新的雷諾曼卡。所以，書籍牌指的是實際的牌卡，而且是份禮物（花束）。阿拉莫的主題報告一開始都很順利，但是我們用的黏土乾了之後便開始龜裂，所有的牆開始坍塌。我必須不斷修補，這個報告讓我們壓力很大，反而比較像是書籍＋蛇的搭配（充滿問題與挑戰的報告），或是書籍＋雲朵（不穩定的報告，過程波折），甚至是書籍＋十字架（讓人難過和痛苦的報告）。這個例子可能有點浮誇和戲劇性，但我可是照顧三個男孩的母親，應該有資格激動啊！

　　書籍象徵我們的好奇心和求知慾，亦即想要了解和學習的渴望。

大藍圖牌義：

　　傳統上，書籍在雷諾曼卡中象徵祕密，而它的位置會告訴我們這個祕密被埋藏得有多深，以及是否會被揭發。書籍越靠近人物牌，這個資訊就越重要。

　　如果個案正在進行一項案子，我就會看書籍牌在大藍圖裡的位置，而周圍的牌會告訴我們相關狀況以及發展結果。

如果書籍象徵未知的資訊或祕密時，我會檢查周圍的牌面，看看這個資訊是不是很快就會被發現，例如，書籍＋太陽（祕密曝光）、書籍＋鑰匙（資訊被解開），或是書籍＋棺材（被埋藏的知識）。

如果個案還在念書，我也會從書籍這張牌來檢視個案的學業。

有時候當書籍直接出現在人物牌旁邊，可能是在描述這個人的特質或個性。

配對組合與範例：

★ **書籍＋狐狸**＝臥底工作；間諜；會計師；神祕學家；警察或推理小說；欺騙或操控人心的想法

愛麗想要找阿德里安一起發展事業，她想知道有沒有什麼要注意的？

★ **書籍＋戒指**＝你需要重新審視，並多多研究和深入調查這個合夥關係，因為其中可能有一些隱憂或是你不知道的協議

★ **戒指＋書籍**＝這個組合的牌義和上面一樣。此外，這兩張牌也可以代表要讓合夥關係不為人知

只有兩張牌時，比較難知道具體答案，所以我一定會多抽幾張牌。上面的舉例只是為了示範而已。

吉娜想要知道她的大學考試是否有錄取。

★ **書籍＋棺材**＝抱歉，你未被錄取（百分之百的負面結果，因為
棺材牌修飾了書籍牌）

書籍＋棺材

★ **書籍＋太陽**＝有。這是學術上的勝利，成功通過考試

書籍＋太陽

信件

撲克牌對應：黑桃七

這張牌通常描繪一封密封的信件放在托盤上，或是放在桌上。消息與訊息妥善密封在信件內，等待收件者啓信。信件象徵消息和訊息抵達。

信件牌代表一切形式的消息：資訊、文字交流和訊息；它也代表筆記、註記、文件和報告。信件包含所有文字書寫的一切，無論是電子郵件、傳眞、文本，還是信件、郵件和郵遞。在占卜中抽到這張牌，也代表獎狀、證書、執照、證件、文憑，以及紀錄、許可證、授權證明和搜索令等。基本上，這張牌象徵所有的文書處理資料，包含留置權文件、所有權文件、合約文件，以及紙本廣告，如傳單、手冊、垃圾信件，還有文字邀請函、公告、卡片、海報、明信片。

信件牌會大幅受到周圍牌面的影響。這張牌需要搭配周圍的牌面來解讀，才能更加了解狀況。

對應主題的牌義

未來	<ul><li>消息、資訊</li><li>文件、電子郵件、傳真、傳單</li><li>文字備註和訊息</li><li>信件、郵件</li><li>文憑、證書</li><li>電子報、傳單、文字公告</li><li>文字邀請函</li><li>回應</li></ul>**★牌卡分類帽：**<ul><li>描述牌</li></ul>
女人或男人	<ul><li>文筆流暢</li><li>作家</li><li>很會溝通的人</li><li>持有執照或證照</li><li>部落客</li><li>喜愛寫作和將思想化為文字的人</li><li>筆友</li><li>社交人士</li></ul>

27
信件

	★**身體特徵：** • 身材苗條，有時候身體羸弱
工作	• 會有新資訊或新公告到來（視周圍牌面決定消息是正面還是負面） • 報紙、郵局 • 辦公室助理 • 處理收據、許可證和所有紙本文件 • 書寫提案和合約 • 履歷 • 處理資訊
愛情	• 文字回應 • 情書、表達情意的備註、「愛你喔」等文字內容 • 表達情意的文字訊息 • 賀卡、情人節卡片 • 浪漫的通信，或是收到愛人的消息 • 網路上的一段關係
健康、身體、靈性	• 手和手指 • 處方箋 • 檢查結果 • 掃描檢查、X光檢查、核磁共振檢查 • 轉診 • 保險單

	★靈性： • 靈性訊息 • 每天或每週寫肯定句 • 寫下你的感受、想法、體悟或心願 • 寫下你想釋放和正向肯定的人事物
金錢	• 支票或收據 • 銀行對帳單 • 稅務表 • 支出帳單、資金流向、金錢交易 • 匯票、現金、債券
時間或時機點	• 當月的二十七日（右邊的牌會顯示月份）
建議或行動	• 書寫、打字、電子郵件 • 寫待辦事項
屬性	**★中性**：這張牌會受到周圍牌面影響
物品與區域	• 報紙 • 郵局 • 卡片 • 紙鈔 • 支票 • 紀錄、檔案 • 照片、海報、傳單

㉗ 信件

這張牌的個人故事：

信件牌讓我想起當初和老公約會的日子。當時，信件牌不斷出現。我還記得連續三天都抽到信件牌，那時我滿腹疑惑，直到第三天我收到了第一封傳眞來的情書。那時傳眞機在我的辦公隔間裡，因爲我的工作內容需要頻繁使用到傳眞機。我開始每天收到傳眞，祝我晨安美好，內文有著玫瑰與愛心，有些傳眞來的情書愛意滿滿，有些則是簡單的詞句或浪漫的插圖。即便是我臥病在家的時日，我也能聽到父親辦公空間裡傳來傳眞機運作的聲音，我知道那是要給我的傳眞。我會跑下樓，看著傳眞機緩緩吐出信件。我的心隨著緩緩印出來的花朵而砰砰跳動。每天收到的傳眞信讓我日日都春風滿面。對我來說，信件牌在當時象徵傳眞的情書，而非郵寄的情書。我想，現在就會象徵簡訊、在推特上表達愛意的推文，以及在社群媒體上表達愛意的動態發文了吧！

這張牌也有共時性的事件發生，而且很神祕地對應到了「來自遠方」的牌義。我在寫這張牌的同一天，快遞剛好送來一套遠從俄羅斯而來的雷諾曼卡。

大藍圖牌義：

傳統上，信件意味著來自遠方的消息。然而，依據雲朵牌距離信件的遠近，會決定捎來的是好消息還是壞消息。在現今快速變遷的網路世代，地理距離以及消息從多遠而來這件事，（對我而言）只有少數時候才比較重要。

信件帶來消息、訊息、郵寄或文件。周圍的牌面會告訴問卜者，他們應該會收到何種訊息、消息、郵件、文件。此外，信件牌座落的宮位會決定消息的重要性，有時候也會告訴我們時間範圍。如果信件

離男人牌或女人牌很近，消息很快就會抵達，並且對問卜者而言至關重要；假設信件離指示牌很遠，表示當事人不會那麼快收到訊息，又或者這張牌與該解讀毫無關聯。

一定要檢查周圍的牌面，以獲得更多資訊並釐清狀況。舉例來說，如果樹在信件周圍，就是與健康相關：可能是健康結果、檢查報告、醫療收據或保險要保書。

如果個案想要了解某項提案或是正在等待授權書、同意書或任何文件，我就會解讀信件牌。

配對組合與範例：

★**信件＋十字架**＝使你痛苦的消息；令人失落的公告

信件＋十字架

★**信件＋十字路口**＝轉寄電子郵件；分享部落格或電子報；需要做出決策的提案；多選題的文件或表格

★**信件＋鑰匙**＝授權信；搜索令；門卡或感應卡；重要文件；同意書

★**信件＋房屋**＝房貸抵押；租賃文件；家人遺囑；家人消息

★**信件＋棺材**＝請辭信；遺囑；訃聞；安寧機構的發票或殯儀館帳單；破產宣告；不及格的成績單；已刪除或丟進垃圾信箱的電子郵件或文件

★**信件＋船錨**＝留存的文件、照片；存款單；簽證；蓋章過的文件；貼紙（有一次它剛好象徵蜜蠟除毛貼片）；若有負面牌，可能代表限制令

★**信件＋太陽**＝榮譽榜；文憑；同意書；證書；邀約信；獎狀；認可狀；感謝狀

信件＋太陽

巴比焦心於他的大學選校消息。他的大學選校會有什麼結果呢？

★**信件＋愛心**＝令人開心的回應；巴比會獲得心之所向的結果，
  收到大學錄取通知

信件＋愛心

27
信
件

男人

撲克牌對應：紅心王牌

　　這張牌的牌面上畫著一位衣裝筆挺的紳士。這位男性通常挺直站立、英氣風發。男人象徵陽性能量和個案生活中的男性。

　　假如個案的問題跟男性有關，男人牌就代表問題中的男性；假設個案本身是男性，那麼男人牌就代表個案。

　　如果占卜的對象不是男性，那麼這張牌就意指女性個案身邊的男性：兄弟、男友、父親、朋友、配偶、未婚夫，或是其他跟問題相關的重要男性。一定要查看男人牌周圍的牌面，藉此得到更多線索，辨識出這位男性是誰。根據周圍負面或正面的牌面，就能了解這位男性是敵是友。

對應主題的牌義

未來	• 與男性會面或有生意往來 • 新的男性即將進入生活中 • 男性的影響
女人	• 男友、丈夫或是男性重要他人 • 兄弟 • 男性朋友 • 前男友、前夫 • 兒子（如果年滿十八歲以上）或繼子
男人	• 假如個案是男性，則為代表個案的人物牌
工作	• 職場中很重要的男性
愛情	• 戀人、男友、配偶、男性對象
健康、身體、靈性	★靈性： • 對應陽性能量和左腦
金錢	• 與男性有關的財務
時間或時機點	• 當月的二十八日（右邊的牌會顯示月份）
建議或行動	• 運用左腦分析狀況
屬性	★非常中性：所有的牌都會影響這張牌
物品與區域	• 關於男性個案的任何事情 • 一切陽剛的物品

大藍圖牌義：

傳統上，男人牌象徵男性個案。因此如果你的個案是男性，這張牌便極度重要。周圍的牌會直接影響個案，根據其他牌與男人牌的距離可以推斷狀況為何。在他前方（右邊）的牌面是未來，後方（左邊）則是過去。大藍圖牌陣裡，指示牌的位置對整個占卜解讀而言是非常關鍵的訊息。

為女性個案占卜時，男人牌通常是她的重要他人。如果問題無關重要他人，那麼男人牌周圍的牌面會告訴我們這位男士是誰。周圍的牌會告訴我們這個人的行為舉止、個性特質、社會階級或其他生理特徵。

配對組合與範例：

★ **男人＋熊＝**經理、主管或行政人員（熊代表權威或權力）；主廚（熊代表營養和飲食）；身材魁梧、高大的男性，或是鬍子濃密的男性；富有的男性，或是在金融業工作的男性（熊代表金錢）；強壯、保護慾強、貼心的男性（熊的動物特質）

男人＋熊

★**男人＋鞭子＝**愛爭執、爭辯的男性或律師（鞭子代表爭執）；偏激或有暴力傾向的男性（鞭子代表暴力）；運動員、力大如牛的男性或是運動教練（鞭子代表健身）；肉慾好色的男性（鞭子代表性能量）

★**戒指＋男人＝**已有依戀的人事物，並且訂下了承諾。若是占卜關係問題，那麼對方已經結婚或是訂婚；若是其他問題，這個依戀的人事物或許跟工作有關，可能是工作狂或是簽了合約

★**男人＋戒指＝**嚴肅且訂下承諾的男性（若是占卜關係問題或職業）

★**男人＋愛心＝**熱情的男性；男友；戀人；熱心十足的男性；快樂的男性；樂善好施的男性

★**男人＋船錨＝**有強烈執著的男性；可靠的男性；主持人（船錨的英文有廣播、主持的意思）；船長或軍人；在船務領域或產業工作；沉穩堅定的男性、實事求是的男性；從負面角度來看，這位男士陷入困境

★**男人＋蛇＝**騙子；操控者；待人冷酷不公、嫉妒心強的男人；二手車銷售員；水電工；舞者；體操運動員；雜技演員

男人＋蛇

女人

　　這張牌的牌面上畫著衣著高貴典雅的淑女。這位淑女通常站著往外看，彷彿在等待著某人。女人牌象徵陰性能量和個案生活中的女性。

　　假如個案的問題跟女性有關，女人牌就代表問題中的女性；假設個案本身是女性，那麼這張牌就代表個案。

　　如果個案是男性，這張牌就意味著個案生活中的女性：姊妹、戀人、母親、女性朋友、配偶、未婚妻，或是目前與男性個案生命相關的重要女性。記得一定要仔細查看周圍的牌面，才能得到更多線索讓你辨識出這位女性是誰。周圍的牌面會描述這位女性是誰，並且根據這些牌面的正負屬性，便能確認她是敵是友。

對應主題的牌義

未來	• 與女性會面或有生意往來 • 新的女性即將來臨 • 女性的影響
女人	• 假如個案是女性，則為代表個案的人物牌
男人	• 伴侶、妻子、重要他人 • 姊妹 • 女性朋友 • 前女友、前妻或情婦 • 女兒或繼女（如果年滿十八歲以上）
工作	• 職場中發揮影響力的重要女性
愛情	• 戀人、女友、配偶
健康、身體、靈性	★靈性： • 對應陰性能量和右腦
金錢	• 與女性有關的財務
時間或時機點	• 當月的二十九日（右邊的牌會顯示月份）
建議或行動	• 運用右腦、接收直覺
屬性	★中性：周圍的牌面會影響這張牌
物品與區域	• 關於女性個案的任何事情 • 一切陰性的物品

大藍圖牌義：

　　傳統的大藍圖牌陣裡，會將女人牌視爲代表女性個案的指示牌。因此如果你的個案是女性，這張牌便極度重要。這張牌會聚焦你的占卜內容，而周圍牌面會告訴你現況和影響問題的人事物。女人牌前方（右邊）的牌面是未來，後方（左邊）則是過去。爲女性個案占卜時，大藍圖牌陣中的女人牌所在位置會是整個牌陣的軸心。

　　爲男性個案占卜時，女人牌通常是他的重要他人。如果問題無關重要他人，那麼女人牌周圍的牌面會告訴我們這位女士是誰。周圍的牌會告訴我們這個人的行爲舉止、個性特質、社會階級或其他生理特徵。

配對組合與範例：

★ **女人＋花園**＝社交能力好的女性；公關人員；不想定下來且熱愛自由的女性；喜歡腳踏多條船的女性；無拘無束的女性；活動策劃者；一群女性；姊妹會

女人＋花園

★**女人＋書籍**＝低調又隱藏自我的女性；無人知曉的女性；神
祕、防衛心重或內斂的女性；好奇心強、喜歡追根究柢的女
性；學富五車的女性；左腦思考，並且邏輯分析能力強；歷史
學家；研究員；會計師；作家；編輯；出版者；神祕學團體中
的高階女祭司或學徒；教師

★**女人＋狗**＝忠誠的友人；靈魂伴侶或雙生火焰（twin flame）；
摯友；忠誠的夥伴；保護你、守護著你的女性

★**戒指＋女人**＝已有依戀的人事物或已定下承諾。若是占卜關係
問題，則對方已經結婚或是訂婚；若是其他問題，這個依戀的
人事物或許跟工作有關，可能是工作狂或是簽了合約

★**女人＋戒指**＝認真且訂下承諾的女性（若是占卜關係問題或職
業）

★**女人＋鐮刀**＝講話犀利的女性；決策者；在牙醫產業工作；外
科醫師；冷漠無情的女性

女人＋鐮刀

百合

撲克牌對應：黑桃國王

　　通常這張牌的牌面上會畫著一枝盛開的百合。百合是皇室之花（法國皇室的紋章便是百合花飾）。百合花飾會刻在許多皇家徽章和盔甲上，是貴族血脈、榮譽、家族傳承的象徵紋飾。百合自古以來即象徵著純白、純淨、純眞和貞節；百合也被稱爲知識與敬重之花。

　　因爲百合象徵成熟與智慧，主要象徵家族裡的長輩，例如年紀較大的叔叔阿姨、舅舅姑姑等長者。這張牌也代表白髮蒼蒼、如同「智者」一般的人──經驗老到且散發著祥和寧靜的氣場，但他不一定是靈修人士。這張牌也意味著快樂和保護。百合通常會被分類在男性長輩的範疇，但根據我個人經驗，這張牌也會象徵女性長輩。例如，我姑姑在牌面裡呈現的牌總是百合牌。「年長」是這張牌的關鍵字。此外，因爲百合象徵成熟，因此這張牌對應到所有需要時間受孕、發育、熟成、發展的事物：懷孕、股票證券、熟成乾酪、紅酒、醃黃瓜。百合象徵長期的時間。

這張牌會帶來平靜、安穩、歲月靜好，也象徵一個人達到成就後的內心滿足。百合出現的時候，意味著你要去溫泉按摩中心或是山中靜修，去整體療法冥想中心，或者只是到後院的草坪靜靜坐在椅子上。有時候我覺得百合牌對我來說是放下心中大石、鬆一口氣的象徵，因為所有困難、擔憂都已釋放、放下和消失。

百合牌也象徵我們的過往歷史、人生經驗、生命成就；它也象徵我們的血脈、傳承和遺產。名門貴族和備受敬重的社會人士也是百合的代表牌義。

代表人物時，百合牌會告訴我們這個人的個性特質；代表事件時，會顯示出其中的情緒、吉凶或時間範圍。這些都需要根據問題脈絡和問題核心來判定。例如：「我近期能夠加薪嗎？」百合出現了，就意味著沒那麼快。「度過現況的最佳辦法是什麼？」百合要你讓現況順其自然發展，放下控制並深呼吸保持冷靜。而若是占卜假期，百合就代表你會有身心放鬆又心滿意足的假期。如同所有的牌，背景脈絡很重要。

對應主題的牌義

未來	• 需要長期發展的狀況
	• 需要一段醞釀的時期
	• 休息、平靜的時光
	• 採取被動的行為
	• 年長者或父親形象
	• 放鬆、冷靜
	• 自我滿足和寧靜時光即將到來
	• 尋求經歷
	★牌卡分類帽：
	• 時間牌
女人或男人	• 經驗老到、個性成熟、睿智、年長、資深
	• 導師、諮商師、上師
	• 循規蹈矩
	• 享有盛名
	• 平靜、被動、祥和
	• 保守、傳統
	• 能夠迅速判斷對方人品如何
	• 公平且真誠
	• 保護者
	★身體特徵：
	• 髮色灰白或黑白相間
	• 臉型成熟

工作	• 長期
	• 年長資深、終身任期
	• 長期從事相同工作
	• 歷史悠久的家庭事業
	• 工作經歷
	• 退休
	• 退伍軍人
	• 工作與老年人相關，或是在溫泉中心工作，或者在冥想中心工作
	• 和諧的職場氛圍
	• 古老、過時的地點或場景
	• 在享譽聲望的建築內工作
愛情	• 成熟又真誠的關係
	• 年長的戀情
	• 長久經營的協會
	• 曠時冗長的等待期
	• 去伴侶溫泉按摩中心放鬆
	• 姍姍來遲的戀情
	• 與年長者談戀愛
健康、身體、靈性	• 老化帶來的疼痛
	• 阿茲海默症
	• 衰老
	• 治療期或康復期延長時間
	• 你需要出外靜修，或是離開幾天
	• 百合對應到視力和聽力

	★靈性： • 校準宇宙和諧頻率的靈性狀態 • 花時間靜心冥想或做瑜伽 • 釋放所有不想要的負擔
金錢	• 股票與股份 • 退休金 • 退休計畫和退休福利 • 緩慢成長型基金 • 信託、共同基金、長期投資 • 退休俸
時間或時機點	• 冬天 • 長期的時間 • 當月的三十日（右邊的牌會顯示月份）
建議或行動	• 等待、三思而後行 • 尊重、聽從更多經驗的建議 • 培養耐心、發展長期策略
屬性	**★中性：**通常是中性牌，會受到周圍牌面影響；然而只看這張牌的話，可以視為正面牌
物品與區域	• 退休養老社區 • 靈性溫泉按摩中心 • 靜修中心 • 掛有紋上百合花飾的旗幟之處

這張牌的個人故事：

每次我看見百合牌，都會想起我父親和他生命最後的那幾年。當時百合牌在我每次的占卜中幾乎都會出現。我的父親被診斷為早發性阿茲海默症後，開始漫長且持續惡化的病程，每次我占卜時都會抽到百合＋十字架和百合＋老鼠。當我父親失去言語表達能力後，我為他占卜時抽到了百合＋十字架，而我感到心如刀絞。當時我的家人都經歷著百合＋十字架的過程：漫長的悲傷、痛苦、憂鬱時期。

父親在他最後的時光裡，飽受病痛折磨，無法進食，而我抽到了百合＋棺材。我不知道雷諾曼是否在告訴我父親即將過世，抑或父親還要拖磨好長一陣子才會離世。我的情緒太滿，以至於無法判定牌義。最後兩天，我們看著他受苦，那四十八小時漫長得宛如一輩子。當時父親的病情太糟，我們只能坐在床邊祈禱，願他能被上天接引。

父親離世後的那晚，我的腦海中看見他安撫我。他告訴我，一定要相信自己的天賦，別讓懷疑主宰你，善用並發展你的天賦，未來才能夠接觸並教導許多人。當時我無法徹底理解他話中的玄機，但現在回首過往，我能夠誠實地說，父親過世前的那四年，對我和家人而言無疑是重大的覺醒和轉捩點。後續幾年的期間，我能夠看見他並與他交談──有時候他會突然出現，有時候則是在我冥想時出現。這對當時的我而言是很美好的祝福。現在，我只有偶爾才會感覺到他，並收到他傳遞給我的靈訊。

沒有人應該要經歷這樣巨大的哀痛與折磨。我的家庭當時烏雲籠罩，並深陷極度的悲傷之中。家父是個好人，個性熱心助人，且開朗熱情的天性眾所周知。他留給我們的愛與擁抱會恆久流長，也是我們會永存於心的一切。

關於百合牌，我另一個印象深刻的故事是我丈夫失業的時候。那

時我都會幫他占卜。有一次我直接了當地問說：「我先生什麼時候會得到工作？」我抽到戒指＋百合＋狐狸。

我不敢置信，當我看見戒指出現，覺得事情充滿希望，於是跟丈夫說：「合約很快就會出現，而且你會在男性占多數的職場中工作，或是與年長男性共事。」我只想要給他好消息，而我也只看到好消息。他的確得到工作了，並且也是男性占多數的職場，但那是十一個月之後的事了。嗯哼。沒錯，就是百合牌！

回想當初的牌面，我太開心了，並沒有發現或看到這件事需要花上許久的時間，或是家中的壓力可能讓我們無法喘息。但是對於牌面所帶來的希望，讓我的丈夫可以冷靜、耐心等待結果。有時候，我們只會解讀出或說出當下需要得知的訊息。

大藍圖牌義：

傳統上，百合若是落在人物牌的正上方，意味此人具備道德良知；若是落在正下方，則代表這個人的名聲不是那麼好。假如雲朵和百合鄰近彼此，並且都在指示牌上方，這樣的牌卡組合表示有家庭紛爭或家庭烏雲籠罩；若是這兩張牌出現在人物牌下方，代表分離或極端問題。

如果百合的周圍是正面牌卡，狀況會有寧靜、和諧、愉悅的結果；相反的，假設百合的周圍是負面牌卡，則會有衝突、危險，也有可能發生令人焦慮的事件。

在我這一生使用大藍圖牌陣的經驗裡，我記得有一次百合和雲朵一起出現在女人牌下方。那次是因為這位女性的名譽受損，她遭控不貞，這在一九八○年代的貝魯特是非常嚴重的指控。儘管她能夠恢復名節，但這樣的指控仍會持續落在旁人眼裡，損害她的名譽。

配對組合與範例：

萊德正背負著極大的壓力，想要占卜近期的旅行。「我離開城鎮的兩天旅行會有什麼狀況？」

★百合＋星星＝萊德能夠享有放鬆、休息的時光，甚至享受平靜舒適的夜晚

蒂瑪想要賣掉房子，並且猶豫在兩位房仲之間要選擇誰。「哪一位對我而言最適合？」

★百合（男性）＋戒指（承諾）＝選擇男房仲

百合＋戒指

如果兩位房仲都是女性，就選擇最有經驗或年紀較大的那位；如果兩位房仲的年紀和年資都相近，那麼就選擇結婚最久的，或是選擇最平靜、祥和並且較保守傳統的那位，又或者是有帶領冥想共修團體的那位，甚或是髮色灰白（百合）又捲的那位（戒指）等等。

太陽

撲克牌對應：方塊王牌

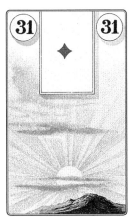

燦爛的圓形太陽向外閃耀強烈的光束，照耀著太陽牌的中央。從古至今，人類文化中長久以來都將太陽視為生命之源，崇拜、慶祝並榮耀太陽，也視太陽為神靈。這張牌象徵新的開始和嶄新的一天。太陽意味生命、光芒、溫暖、熱度，也意味成功、榮譽和勝利。

太陽牌為個案的狀況帶來光明和溫暖。太陽照耀天空、復甦心靈，並鼓舞我們面對人生中的每一個事件。太陽是我們的神聖之光，因此太陽牌會照亮人生道路，為生活各個領域（無論是私領域還是專業領域）帶來成功與勝利。太陽牌宣告著喜悅、快樂，以及內心渴望成真的結果。這張牌賦予我們勇氣和希望，讓我們達成或完成目標；同時也驅散愚痴與黑暗，讓一切模糊之事變得明朗。太陽牌也象徵聲望、名聲和高度名望。此外，這張牌也代表自我、驕傲和自尊心高的性格。這張牌所象徵的人物具有非常迷人的特質，散發著魅力。太陽牌代表能量、生命力、力量。

太陽牌也能很直白地代表地點，讓我們想起夏天、陽光燦爛的海
灘、熱帶假期，以及任何炎熱的地點。

太陽牌在任何牌陣裡都會帶來正向、樂觀的能量。尤其是負面牌
落在太陽牌左邊，太陽牌就會終結這些困擾。

太陽牌是陽性能量的牌。

對應主題的牌義

未來	• 是！
	• 成功、勝利、達成目標、喜悅的結果
	• 嶄新的一天
	• 快樂
	• 認可
	• 你的擔憂很快就會煙消雲散
	• 去溫暖的地方
	• 隧道盡頭的那一道光
	• 抵達巔峰
	★**牌卡分類帽：**
	• 情緒牌

女人或男人	• 正向、樂觀、快樂 • 成功 • 輕鬆、愉悅的特質 • 光芒四射、閃閃發光 • 溫暖 • 活力充沛、熱情洋溢的人 • 內在充滿自信和安全感 • 迷人、有魅力、誘人 • 有名或眾所周知的人 • 領導者 • 從負面的角度來看，這張牌也能象徵自我中心、自大傲慢、驕傲自滿、自戀、自負、只看外表、自吹自擂或是喜歡誇大事情的人 **★身體特徵：** • 淡色系的美麗髮色 • 金髮、金色系髮色、髮色略紅的金髮
工作	• 在積極正向的職場中工作 • 受人矚目，如同聚光燈的焦點 • 成功的職涯 • 高階職位：經理、主任、副總、大祭司 • 成功、進展、滿意 • 令人滿意的報酬 • 受到認可 • 在政府機關、電力公司或巨擘企業工作

	• 在企業標誌裡有太陽的公司或建築物上班 • 人脈強大 • 專業成就達標
愛情	• 前途光明、美好的關係 • 激情熱戀的關係 • 充滿激情的婚外情 • 快樂的伴侶 • 豔遇的喜兆 • 和諧、兩人之間充滿戀愛火花的約會 • 陽光照耀這段關係、戀情升溫的關係
健康、身體、靈性	• 身體的生命力與能量 • 康復 • 晒晒太陽 • 健康 • 注意過熱、過勞、脫水 • 燒燙傷、晒傷 ★**靈性：** • 療癒你的太陽神經叢脈輪（此脈輪的主題是「我可以」） • 食用黃色食物，穿著黃色衣物 • 展現正向態度、樂觀看待事情、選擇快樂 • 舞蹈 • 拿回自己的力量，並接受自我 • 在靈性旅途上指引著你的內在之光

31
太陽

金錢	• 財務有好結果、財務獲利 • 收益豐厚 • 投資或金融交易有好結果 • 滿意的協議
時間或時機點	• 夏天 • 早晨或白天 • 當月的三十一日（右邊的牌會顯示月份）
建議或行動	• 綻放光芒 • 展現自信 • 要變強大 • 大膽做決定 • 領導、主導
屬性	★**正面**：這張牌會讓整個占卜解讀染上正面色彩， 儘管有負面牌擋住陽光，也只是可能讓陽光稍暗 一點而已
物品與區域	• 燈泡 • 電池或其他的能量來源 • 照明燈 • 任何炎熱地區，例如熱帶地區或沙漠地帶 • 日晒機（太陽＋棺材）

這張牌的個人故事：

太陽牌讓我想起一位朋友約瑟夫。二〇〇九年時，約瑟夫在創意領域開發了新事業，然而他有點猶豫不決，也不是那麼安心。這對他來說是新的事業，所以我可以理解他的感受。我們不斷抽到太陽牌——男人＋太陽、月亮＋太陽、太陽＋星星，這些組合都暗示著他會獲得耀眼的成功和眾星拱月的認可。約瑟夫天賦異稟也十分謙虛，所以他不想要投射太多期待，並且有點擔心是否自己太過樂觀看待結果，因此他不想要有過高的期待。然而，我每次占卜都抽到太陽牌，照亮著他的問題，牌卡也不斷讓他知道事情的結果。短短三年內，約瑟夫變成了無人不知的大人物，且他的職業是世人夢寐以求的工作。太陽牌讓我想起約瑟夫屹立不搖與堅持不懈的個性：在抵達成就與成功的道路上，堅毅地大步向前邁進。

太陽牌還有另外一樁共時性的事件。那一天我在寫太陽牌的內容，先不論當天是八月一日（獅子座／太陽），我的長子正在讀一本拿破崙的傳記，書中提及拿破崙的成功、勝利和他自負傲慢的個性。拿破崙完美呈現出太陽的牌義，正負面的牌義皆是。他是強大、迷人、充滿自信的領袖、有名且有權勢的歷史人物；但是他也有極端的控制慾和對於權威的渴求，讓他最終跌落神壇，自毀滅亡。我想，正面的特質發展過度後，就變得負面了。

大藍圖牌義：

傳統上，太陽牌靠近人物牌的話，所有困擾和痛苦終將止息，事情即將明朗；相反的，若是太陽牌離指示牌很遠，意味著你的幸運星將逐漸離你遠去。

太陽牌的位置非常重要，而太陽與負面牌的距離也同樣重要，因

31
太陽

爲與負面牌的距離遠近會阻礙太陽帶來的祝福。假設太陽的左邊出現了幾張負面牌，那麼困境會獲得解決，太陽會將過往的黑暗驅散；然而若是負面牌出現在太陽牌之後（右邊），意味著牌面舉起紅旗要警告你小心，占卜師則要仔細查看周圍的牌面，了解陽光黯淡或照射不到之處在哪裡。

太陽周圍若是正面牌，表示你的快樂和滿足一定會出現，還會更好；然而若負面牌包圍太陽的話，就會遮住光芒、產生陰影，帶來某些欺騙與憂傷。

配對組合與範例：

太陽牌是非常正面且表示肯定的牌卡。

莎拉問說：「尚恩會注意到我嗎？」

★**太陽＋月亮**＝會。尚恩會有所行動，並約你出去

艾莉莎很擔心：「我能夠順利拿下招標的合約嗎？」

★**太陽（達到目標）＋月亮（得到認可）**＝會。艾莉莎會順利簽下合約，她的工作會受到**矚目**

以下有幾則太陽受到負面牌阻擾的案例：

東尼贏得了幾場比賽，但是他的心情憂喜參半。「我的比賽結果會如何？未來發展是什麼？」

★**太陽＋雲朵**＝你的快樂或驚喜很快就會散去，有些事情即將來臨，削弱你的成功結果；你的勝利會發生挫敗，原因是困惑和誤解；離勝利很近，但最後不會勝利；遭受他人質疑的勝利；短暫的勝利

★**雲朵＋太陽**＝歷經困惑與質疑後，你的勝利終將明朗；儘管有些疏忽和失誤，成功就在眼前；無論未來多麼不確定，你仍會綻放光芒；你的擔憂、焦慮很快就會煙消雲散，喜悅會取而代之

雲朵＋太陽

賈斯汀很緊張：「我能否連任理事會的理事？」

★**太陽＋棺材**＝很不幸，你即將卸下你的職位；不會，結果不會是你喜歡的；你的光芒將淡去

★**棺材＋太陽**＝會。你會連任，儘管可能是最後的任期；理事的職位仍是你的，但可能會遭遇強烈反對；度過艱難後才能成功

月亮

撲克牌對應：紅心八

　　這張牌上，銀色的新月高掛寧靜的夜空中，新月的月光照耀著夜生活。幾千年來，月亮一直被認為是想像力、夢想、靈感、熱情和潛意識的象徵。許多文化也將月亮視作情感豐沛的神靈，並視月亮為陰性能量、母性本能、靈感、通靈。東方文化中，月亮象徵浪漫、愛情、情意。月亮常被寫在詩句散文之中，描寫戀人或描述贏得戀人的好感。月亮牌也描繪著在月光下私會的戀情。

　　這張牌象徵帶來榮譽、名聲、認可、名氣的夢境、想像力、創造力、靈感、創新，有時候也象徵社交名人的地位。後來，月亮也代表情感、熱情和魅力、浪漫。這張牌象徵親密、情意、渴望、幻想。歸功於神話學將月亮視為陰性，月亮也因此象徵母職、子宮，以及任何與母親和陰性相關的一切；甚至也代表月經、自然的循環週期、荷爾蒙失調。月亮其中一組最重要的牌義是直覺、本能、感官、敏銳、覺知，以及靈性和通靈能力。月亮象徵神祕能量、靈媒、敏感體質者、占卜師、通靈人。

對應主題的牌義

未來	• 樂觀的結果、事情有正向的發展
	• 被人示愛、情意、誘惑、說服
	• 認可、嘉獎
	• 知名、有名
	• 創意的方法、聆聽直覺
	• 吸引注意
	• 母親般的人物
	• 榮獲讚美、大獲好評
	• 尋求某人的協助或好心幫忙
	• 可能情緒起伏大、情緒化
	★牌卡分類帽：
	• 情緒牌
女人或男人	• 藝術家性格
	• 夢想家
	• 原創、創新
	• 情緒化、戲劇化
	• 誘人、迷惑、有魅力
	• 共感體質、敏感體質
	• 情緒有點喜怒無常
	• 有名或眾所周知的人

32 月亮

	• 靈性、直覺、神祕、通靈 • 情感豐沛、魅力四射 ★**身體特徵：** • 有魅力 • 蒼白或乳白色 • 曲線優美
工作	• 職業上的成功、讚美、認可、受到獎賞 • 得到靈感 • 在藝術和創意領域工作 • 工作需面對公眾和客戶，並且享有好評 • 公關、行銷、廣告 • 靈性諮詢師或靈媒 • 精神科醫師 • 夢想中的工作
愛情	• 如詩如幻的戀情 • 夢幻的約會或相親 • 夢見所愛之人 • 浪漫的追求 • 戀人的結合更加穩固 • 新的戀情 • 正確的火花 • 魅力、情意 • 蠟燭和玫瑰的創意布置

	• 浪漫的豔遇、月光下私會 • 誘惑、說服、魅惑
健康、身體、靈性	• 婦科器官、子宮 • 女性的週期 • 月經、經前症候群 • 更年期前期、更年期 • 荷爾蒙 • 情緒、荷爾蒙與精神上的起伏 ★**靈性：** • 聆從直覺，聆聽內在聲音 • 療癒你的眉心輪（此脈輪的主題是「我看見」） • 食用紫色食物，穿著紫色衣物 • 練習觀想，並藉由色彩療法強化你的直覺力和想像力 • 練習呼吸法、走路靜心、瑜伽、太極拳 • 做些通靈練習 • 研究並鍛鍊通靈能力 • 吸引所需進入生命之中
金錢	• 金融波動 • 不穩定的投資 • 起起伏伏、潮起潮落的狀況

時間或時機點	• 晚上 • 月亮週期 • 潮汐
建議或行動	• 夢境、想像 • 觀想、創造、追尋心之所向 • 運用想像力和創造力 • 傾聽你的直覺，信任你的能力 • 炫耀自己或展現自己，吸引他人關注
屬性	★**正面和中性**：這張牌通常是正面牌，但若旁邊出現負面牌，就會為月亮帶來負面影響
物品與區域	• 在月光下 • 枕頭、磁鐵 • 任何月亮形狀的物品 • 電影院、夜店、馬戲團、百老匯表演

這張牌的個人故事：

前一陣子我有位個案兼朋友，名叫比爾，他想試試雷諾曼占卜。他請我占卜接下來要去廣播電台接受採訪的結果。

比爾問道：「採訪過程會如何？受訪過程中，聽眾的反應如何？」

我用鳥作為主題牌，啟動之後用來象徵採訪，接著我為他抽到以下牌面：

書籍＋狐狸＋塔＋鳥＋騎士＋戒指＋月亮

前三張牌跟我的問題和比爾的狀況有關：書籍＋狐狸，代表他的專業以及他在神祕學的教學資歷，也就是他要接受採訪的主題，而剛好他也有新書要出版（書籍＝神祕學；狐狸＝專家或精明聰慧）。塔直接代表廣播大樓。騎士＋戒指暗示採訪過程會很順利、圓滿（騎士＝行動、新的、宣布、帶來消息；戒指＝圓滿結束、正面、滿意）。月亮在最後一張帶來完美的結果，採訪過程會廣受好評。我回覆比爾：「你的受訪會順利、令人滿意，而且會大獲好評。你跟採訪者會和諧相處（戒指），這樣的和諧關係會協助你順利傳達要講的內容（騎士），聽眾對於你的受訪內容會有高度好評（月亮）。」

我們又抽了兩張牌單獨問了他的新書，抽到書籍＋月亮，代表他的新書會享譽盛名。

比爾的受訪結果非常成功，無數的電話、電子郵件和好評不斷湧入。他的新書也賣得非常好且廣受好評。你一定會愛上月亮牌！

毫無疑問地，比爾現在一頭埋進雷諾曼卡的研究裡，深入學習這套占卜系統。

還有另一則與月亮有關的有趣故事，蘇當時打給我，驚慌失措地請我幫她找遺失的珍貴護身符。我賭了一把，抽到了兩次月亮牌。起初，我請她在工作地點（辦公室或工作室）的暗處或角落找找，但遍尋無果，所以，我聯想到月亮有夢境的意思，於是建議她到臥室尋找——護身符藏在暗處，可能在床下（睡眠與夢境發生之處）。她果然在枕頭下找到了護身符！

跟大家分享另一則小趣事，當我寫完月亮牌的內容後，我發現當天晚上剛好是滿月。更棒的是，當天滿月是罕見的藍月！

大藍圖牌義：

傳統上，月亮象徵偉大的榮耀。根據月亮離人物牌的距離，會決定榮耀的程度範圍。假如月亮離人物牌很近，意味著個案會得到很大的榮譽、受人尊敬、備受稱讚；反之，如果月亮離人物牌很遠，就意味著個案缺乏名聲和聲望（在十八世紀和十九世紀，當時盛行榮譽、頭銜、勳章）。

我視月亮為正面牌，如果月亮落在指示牌旁邊，會帶來新的視野或是激發創造力。它也可能意指一段戀情，或是羈絆，抑或家庭連結變得更深，全都視周圍的牌面而定。此外，月亮象徵等待已久的認可、獎賞、表揚、致謝、聲譽終於近在眼前。根據月亮與人物牌之間的距離，也可以解讀出何時會被讚賞。

只有兩種情況我才會把月亮視為負面牌：如果月亮落在負面的宮

位（例如，月亮落在十字架宮位時，創造力或戀情會遭遇挑戰），或周圍有好幾張負面牌的時候。在這樣的脈絡下，個案應該要小心問題、情緒或精神緊繃、表裡不一、毀謗、醜聞等情況。

配對組合與範例：

我曾經在占卜健康問題時，抽過月亮＋鐮刀的牌組，意味著子宮切除術或墮胎手術。這個牌組中，月亮＝子宮，鐮刀＝手術、切除。同時，我也抽過月亮＋船錨，代表孕期很穩定安全。

月亮＋鐮刀

以下將月亮牌的廣告牌義與其他牌搭配：

★**月亮＋鳥**＝公關、口耳相傳的廣告

★**月亮＋信件**＝傳單、信件廣告

★**月亮＋書籍**＝報章廣告，或是書中的推銷廣告

★月亮＋星星＝電視廣告、電影廣告、網路廣告

★月亮＋花園＝透過臉書或其他網路社群行銷，或是藉由非網路
集會，如夜間音樂會和通靈／塔羅大會來廣告

月亮＋花園

　　塔蒂雅納想要詢問她與亞倫的關係，她不清楚對方在這段關係中
投注多少心力。亞倫對與塔蒂雅納的這段關係是否全心全意？

★月亮＋十字路口＝亞倫對於感情還不想定下來；他也有可能有
其他情感對象（月亮＝情感狀態，十字路口＝正在決定、其他
選擇、多重選擇）

★**十字路口＋月亮**＝出現十字路口總是意味著缺乏承諾，而月亮
則代表關係會以意想不到的方式進行。儘管十字路口屬於中性
牌，也不是負面牌，但是在感情問題中就會爲旁邊的牌帶來負
面影響。因此，月亮牌的意思會出現欺騙，並提醒個案要特別
注意

十字路口＋月亮

鑰匙

撲克牌對應：方塊八

鑰匙牌通常畫著古老的萬能鑰匙，設計精巧細緻。呈現在牌面上的是一支復古又美麗、精美卻簡單的鑰匙。鑰匙象徵鎖上與解鎖的力量——打開快樂之門，打開自由與解脫之門，打開知識或命運之門。

鑰匙牌在雷諾曼系統中是一張王牌卡，彷彿神仙教母的魔杖，或是讓願望成真的魔法卡。如果此牌卡的周圍都是正面牌，就可更加確定這張牌具有王牌魔力。鑰匙牌會揭發並解鎖隱藏的祕密，同時也讓祕密可以繼續鎖好鎖滿。這張牌是打開成功的鑰匙。有了鑰匙牌，打開門就能抵達你的目標、願望和渴望。鑰匙會讓拖延太久的解決辦法盡快出現，並且打開機會之門，走向新的康莊大道；它也讓你找到遺失之物，象徵有望失而復得。鑰匙意味著重要的事件或重要的對象，也告訴你會遇到的主要人物是誰。此外，它也預言了事件會有出乎意料的轉折，並且會帶來業力的考驗與靈性的突破。

鑰匙牌要你注意旁邊的牌面，它強調旁邊牌面的重要性。鑰匙打開一扇門，讓你了

解靈性、學會觀想、發揮想像力；它也讓你踏入靈性世界，了解因果業力，並與宇宙的神性連結。鑰匙讓你前往天國，並在靈魂層面上與本源連結。當鑰匙牌出現，凸顯了靈魂共振和業力關係。要注意鑰匙牌與月亮牌的區別：月亮代表神祕領域的知識。這兩者的差別可以比擬爲連結通靈能力的眉心輪（月亮），和將最高層面的靈性、心智、物理與宇宙連結的頂輪（鑰匙）。剩下的就是另外兩張靈性層面的牌了：十字架（宗教與戒律）和樹（包含各種靈性層面的健康）。

　　擁有鑰匙，足以讓你進入神祕領域，並賜予你決策的權力，讓你能夠做出超越人類自由意志的選擇，並爲你的選擇負責。這是掌管因果的業力之鑰，賦予你機會和力量去創造和實踐目標與願景。當這張牌離指示牌很近，意味著成功即將到手。但是一切仍看你的選擇，是否要使用這把命運賜給你的鑰匙。有了這張牌，命運爲你打開了幸運與福氣之門，機會就是你的，沒有任何門鎖會阻礙你走過那扇門。這張牌象徵奇蹟、護身符、幸運物。鑰匙賦予你力量。

33 鑰匙

對應主題的牌義

未來	• 是！大好結果、成功、恍然大悟 • 解釋、解答、解法 • 啓發、發現、知曉 • 宣告 • 絕對的共時性、共時性事件 • 源頭 • 安全感 • 解鎖、打開、管道 • 幸運符 • 尋找徵兆 • 重要、意義重大、關鍵、不可或缺 • 你握有掌控自身命運的鑰匙 • 最重要的活動、主要的生活狀況 • 靈魂伴侶的連結 • 被賦予力量 **★牌卡分類帽：** • 行動牌、情緒牌、描述牌
女人或男人	• 關鍵人物、重要人物、能帶來重大影響的個體 • 靈性 • 靈魂伴侶 • 想法、見解具有內涵的人

	★身體特徵： • 活潑開朗 • 好看、身材纖瘦、曲線優美
工作	• 新的關鍵資訊或發現 • 對於事業或工作有主控權 • 能夠改善或提升現況的解決辦法 • 計畫或策略 • 主要或關鍵職位、有影響力的地位 • 主導某項計畫、領域、貿易
愛情	• 關鍵的關係、重要的關係、主要的戀情 • 關係的核心本質 • 靈魂層面的連結 • 敞開心扉 • 解鎖緊閉的心門，更加了解對方 • 化解任何的溝通不良 • 愉悅且真摯的情感交流 • 打開幸福之門的鑰匙、打開某人心房的鑰匙 • 業力牽引
健康、身體、靈性	• 健康問題會有成功、快樂的結果 • 靈性連結、靈視畫面、靈性意識 • 指向某種重要的人事物：仔細注意問題中的議題

㉝ 鑰匙

	★靈性： • 療癒你的頂輪（此脈輪的主題是「我知曉」） • 食用紫羅蘭色或白色食物，穿著紫羅蘭色或白色 衣物 • 拋開自我，信任你更高力量的引導 • 釋放恐懼與焦慮 • 連結內在自我、較高自我、指導靈、靈魂本源 • 無論你踏上哪條路，對你而言都是正確的道路 • 針對你希求獲得答案的事物請求指引，並等待靈 光乍現的那一刻
金錢	• 絕妙的點子 • 財務狀況獲得改善 • 令人滿意的金錢狀況 • 額外現金進帳的新機會 • 慈善、援助、協助
時間或時機點	• 現在 • 靈性的時間觀、總是處於當下、當下即是永恆 注意：因為鑰匙牌的時間性是立即的時間，因此 我很少用它來預測時間點
建議或行動	• 就去做吧！ • 把握機會，因為你握有力量 • 使用那把關鍵之鑰 • 創造你的世界

屬性	★**正面**：這張牌散播正能量到周圍的牌面
物品與區域	• 鑰匙、電子門卡、電腦的存取鍵 • 鑰匙圈 • 鑰匙架、鑰匙扣或放置鑰匙的地方 • 鎖 • 密碼

這張牌的個人故事：

　　鑰匙牌總是會在我為個案進行通靈的當天被我抽到。當我抽到鑰匙＋船，就意味著開啟另一個世界的門戶，當天的過程就會進行得很順利。有時候我會抽到鑰匙＋雲朵，意味著連結會被干擾，當天的通靈過程就會受到其他靈體干擾、介入及影響。我養成了一個習慣，每次有個案預約，在開始前或重新預約後，我都會先抽牌占卜。

　　關於這張牌，有件趣聞要分享。我當時參加形上學大會，我抽到了花束＋鑰匙，我心想：「哇，我會有個美好的靈性體驗！」後來，一位摯友送了我一條有著鎖盒的項鍊，盒子裡面躺著一把優美的鑰匙。雷諾曼卡總是會用直白的方式讓我感到驚訝，而我也的確有個美好的靈性體驗。

　　這些絕對真實的共時性也發生在我寫這張牌的時候。首先，我的一位摯友傳給我一張雷諾曼牌陣的照片，女人牌的正下方就是鑰匙牌。接下來，事情發生在我靜心時，母親的祖父找上了我。我從未見過他，因為他在我出生前就過世了，而他在那個年代是最厲害的先知。我向母親詳細描述了他的樣子，她向我保證那就是她的祖父。對

我而言這是個重大的事件，極具意義的與靈魂相遇，真是一個重大的「哇！」時刻。

大藍圖牌義：

傳統上，鑰匙代表事件的成功，而成功與否則視跟人物牌的距離而定。越靠近人物牌，越容易成功；反之，則要小心會出現麻煩和損失。

我都會檢查鑰匙牌周圍的牌面，以及它座落的宮位。如果周圍有負面牌，那麼就會有些障礙，不過並不是太大或太嚴重的挑戰，因為鑰匙會帶來解決辦法：「不怖不畏，解決之鑰就在這兒！」相反的，假設正面牌在鑰匙牌周圍，而如果它座落在正面牌的宮位，你就等於中到頭彩啦！「你還在等什麼呢？當機立斷、大膽行動吧！」

我喜歡看到鑰匙牌靠近人物牌，而且越近越好，因為它能夠賦予個案力量，掌握自己的命運。越靠近人物牌，力量就越強大，成功觸手可及。假設鑰匙離指示牌很遠，我不會覺得這是凶兆，我會認為成功只是還需要機緣才會來到。

配對組合與範例：

蒂納發現了一些關於兒子的壞消息。她愁眉不展地問道：「我應該撒手不管，讓他學習自己去面對後果，還是我要從中介入調解呢？」

★鑰匙＋鳥＋小孩＝跟兒子（小孩）好好談談（鳥）會非常重要
（鑰匙）；蒂納應介入這件事，跟兒子（小孩）深談（鳥）乃
是至關重要（鑰匙）

鑰匙＋鳥＋小孩

★鑰匙＋書籍＝一本重要的書籍；大祕密；巫師的暗影之書（記
載咒語、儀式的巫師祕笈）；靈性日記或靈性教導

★書籍＋鑰匙＝祕密被揭發；突破；你會得到你尋找的答案

★鑰匙＋老鼠＝嚴重的困擾；靈性層面的損失和失去靈性的協
調；注意（鑰匙）焦慮的程度（老鼠）

★老鼠＋鑰匙＝失而復得；更新；終結擔憂；一切會變得明朗、
清晰、開放；誤會解開後重新聯繫；療養和療癒

魚

撲克牌對應：方塊國王

　　在魚的牌面上，我們通常會看到四條以上的魚一起悠游，在大海裡逐大浪而嬉戲，遠方的船隻也可能航行在同樣的海浪上。在人類歷史裡，魚一直象徵著豐盛、水、孕育、靈性、富足、永恆、結合、轉化、女性、適應、知識、創意、自由、直覺、好運。

　　在雷諾曼的系統裡，魚通常帶來正面改變和龐大的利益。它也意指獨立與自由，這張牌因此也象徵自雇者、創業、其他企業機構，以及可能由一人獨立執行的企業活動。同樣的，魚這張牌也象徵海洋，因此它跟貿易、商業、進／出口，以及任何的銷售、採購、交易有關。所以，這張牌是商業、交易、業務的牌。魚意指豐盛、財富、大量。

　　另一方面，魚和水息息相關，暗示著直覺、情緒和有水之處，如海灘、海岸或湖邊。

　　因為魚這張牌也象徵獨立自主、自由自在，每一次占卜小型企業、個案私人事業或其他顧問類型、獨立、創業工作時，我都會啟動這張牌作為占卜的主題牌。

對應主題的牌義

未來	• 豐盛
	• 購物、貿易
	• 支出或進帳
	• 諸多的某些人事物
	• 正向變化
	• 敞開
	• 適應
	• 移動中、流程、順流而行
	• 海鮮餐廳
	• 有水之處
	★牌卡分類帽：
	• 描述牌、行動牌
女人或男人	• 獨立自主、自給自足
	• 夢想家
	• 機智、聰明
	• 有說服力
	• 心胸開放，能接受各種想法和可能性
	• 顧問
	• 創業家、自雇業者
	• 快速移動

34 魚

	• 享受旅途 • 狡猾、難以掌握 • 慷慨、奢侈、揮霍 ★**身體特徵**： • 有魅力 • 深棕色至黑色頭髮 • 深膚色，包含棕色或棕褐色
工作	• 好機會 • 成功的改變或拓展 • 獲得授權能自由執行專案或工作事項 • 熟悉某個環境或新情況 • 行動或流程 • 顧問 • 個人事業 • 自由工作 • 創業家、自雇業者、獨立承包商 • 在銷售、進／出口、國際貿易領域工作 • 漁業
愛情	• 情緒如洪水般波濤洶湧 • 自由自在且無拘無束 • 開放式關係 • 這段關係進行得很順利

健康、身體、靈性	• 魚和腎臟、膀胱有關，有時候也象徵精子
	• 大量飲水，補充水分
	• 宿醉、飲酒過量、酒癮
	• 眩暈、嘔吐
	• 游泳或其他水上活動
	• 到海濱旅行
	★**靈性**：
	• 遵循你的直覺
	• 利用水來淨化和祈禱
	• 以淋浴或在泳池或海裡淨化氣場和（或）脈輪
	• 連結水源
	• 在水中冥想
	• 祝福水並飲用
金錢	• 財務改善
	• 收益或收款
	• 賠償或清償
	• 提升收入
時間或時機點	• 日出／日落，或是滿月期間，因為這些時間最適合捕魚
	•「大量」這個牌義有時候會出現
	注意：我通常不會拿這張牌來預測時間

34
魚

建議或行動	• 獨立自主
	• 信任直覺
	• 順其自然
屬性	★ **正面和中性**：這張牌通常是正面牌，但若是象徵
	小型企業，就會變成中性牌
物品與區域	• 魚
	• 魚缸、水族館
	• 海鮮
	• 很多水的地方
	• 酒吧、有許多酒飲的地點
	• 匯兌、股市
	• 你儲藏酒品的地方
	• 零售、市場

這張牌的個人故事：

　　我親愛的妹妹到美國短暫拜訪我。我已經許久沒見到她了，希望
她能夠享受這段美好的時光。我做了簡單的占卜，看看我們相聚的日
子會發生什麼事。我使用我的十字牌陣，讓牌卡自行決定主題牌以及
周圍的情況。

鳥

雲朵　魚　花束

熊

魚在主題牌的位置出現了。我很了解我妹妹，我立刻就知道這張牌代表購物，但是雲朵牌讓我有點擔心。我不想要妹妹（鳥）遇到任何麻煩（雲朵），儘管花束在最後面，象徵會有開心的結局。

那一天從跟一位朋友見面吃午餐開始，我們約在高檔的餐酒館，這就是占卜結果開始實現的時候。我們三人都點了同樣的餐點：龍蝦堡。餐點送來後，有兩份餐沒煮熟，這兩份餐是我和我妹妹的。我們只好把餐點送回去，此舉當然惹怒了主廚，但最後事情還是解決了。主廚幫我們做了另一道海鮮餐點後，我們聊天也聊得很開心。午餐過後，我們決定回家前先去商場逛逛。我們花了美好的一小時待在高級化妝品專櫃。

我和妹妹的一天透過牌卡來描述的話，會是這樣：

★雲朵＋魚＝沒煮熟的海鮮

★雲朵＋鳥＝我們都不開心，而且這發生在我們兩人身上

★雲朵＋熊＝主廚生氣、不爽

★鳥＋花束＝我們三個女生聊天聊得很開心

★熊＋花束＝在美麗又高檔的餐酒館

如果解讀十字牌陣的線性位置，魚也暗指我們在化妝品專櫃購物：

★鳥＋魚＋熊＝妹妹和我（鳥）去海鮮餐廳（魚＋熊）

★雲朵＋魚＋花束＝經歷了一些波折後（雲朵），我們就去購物，並且買了一些美妝用品（魚＋花束）

魚這張牌也常出現在我幫人占卜受孕問題時，比喻為精子和受精。有一次我幫個案占卜體外受孕的問題，剛好就抽到魚＋戒指。

大藍圖牌義：

魚這張牌的傳統意義代表大筆財富和事業有成，越靠近人物牌，成功就越近。如果魚離人物牌很遠，那麼專案或事業的進行會變得艱難且阻礙重重。

這張牌帶來日常生活中的正向改變，意味著在特定領域的成功，有時候也代表在海邊或水灣度假。如果周圍都是正面牌，成功的程度會提升，帶來愉快的發展、進展、成長；相反的，如果周圍有負面牌，挑戰與難關會紛紛出現。

魚這張牌代表事件和移動，檢視周圍的牌面，可了解哪些地方和什麼領域正出現改變。

如果個案是自雇業者，營運自己的事業，或個案只是詢問創業問題，我會在牌陣中找到魚，並檢查周圍的牌面，評估狀況並解讀事業或創業的情況。

配對組合與範例：

凱莉想知道：「我的對象要帶我去哪裡約會？」

★魚＋花園＝去商場、水族館、海島度假村、瘋狂購物、游泳、海鮮市場

珍恩和亞當是對新婚夫妻，想要為家中增添新成員：「我們能夠受孕嗎？」

　　★魚＋花園＝豐收或受孕：會，絕對沒問題

魚＋花園

　　蘇菲遇到困擾，想詢問她的房地產事業：「我的房地產事業在未來兩個月會有什麼發展？」

　　★老鼠＋魚＋山＝現況不會有任何變動（老鼠＋魚代表事業緩慢，魚＋山則代表卡住不動）

老鼠＋魚＋山

船錨

撲克牌對應：黑桃九

在這張牌上，我們通常會看見船錨定錨在沙灘上，錨上有條鎖鏈，等著被船員使用。有時候這張牌會將海洋和沙灘畫在背景處，有些牌面則是描繪著船錨在大海中載浮載沉。船錨是典型的穩定性與安全感的象徵，也因為船錨非常重，才能將船隻安全地定錨住。無論海浪如何起起伏伏，船錨依舊穩如泰山。

船錨象徵生活中各方面的安全與穩定，以及信任、忠心、忠誠。對於企業來說，只要周圍沒有其他負面牌，這張牌就是一張正面且好處多多的牌。船錨意味穩定，代表所有具體、真實、穩定、安全的人事物。占卜解讀中，它意味著腳踏實地且要有實質作為，暗示著個案需堅持不懈、持續到底。船錨帶來抵達目的地的消息，也敲響目標達成的鐘聲。此外，它也賦予勇氣並建議個案專注眼前路，不論遭遇任何難關都要堅持下去。船錨意味著強大的支持和可靠的人事物。它傳達出「你是我的定心錨」和「我挺你」這兩句安定人心的話。

搭配正面牌卡的話，船錨象徵生活方式、日常生活、生活模式。它意指「總是正面」的未來，雖然有負面牌在周圍的話就會象徵悲觀和負面的牌義。舉例來說，船錨＋鞭子，可以代表成癮；船錨＋花束＝永遠樂觀正向；船錨＋花園＝無時無刻都在狂歡。

　　船錨也與海洋、大海和任何海事相關領域或工作有關。

對應主題的牌義

未來	• 終於抵達、達成目標、抵達目的地
	• 就快到了、奉獻、持續
	• 穩定、定錨、哪裡都不去
	• 沉重
	• 深度
	• 終身、強烈的連結
	• 堅持不懈、長期持續、維持長久狀況
	• 意志力、全神貫注
	• 毅力、堅決、堅定
	• 倔強固執、恢復穩定
	• 長期的時間
	• 海灘、海岸、海濱
	• 碼頭或遊艇俱樂部
	• 郵輪

35 船錨

	★**牌卡分類帽**： • 時間牌
女人或男人	• 穩固、安全、已定居下來 • 自信 • 忠心、忠誠 • 值得信賴的人 • 性格嚴肅、嚴苛、掃興 • 懂得支持、值得信任、可靠之人 • 自給自足的人 • 從負面的角度來看會固執己見、循規蹈矩 ★**身體特徵**： • 深棕色或深色 • 藍色或綠色雙眼 • 身材矮胖，但不一定過重 • 下盤凹凸有致
工作	• 找到長久的解決辦法 • 事業和工作項目獲得成功 • 穩定的職場 • 工作好長一段時間了、資歷深厚 • 抵達目標 • 著名的企業 • 鐵飯碗、終身工作或遺產 • 終身職位

	• 海軍軍校 • 船務產業、在郵輪上工作 • 在海灘、遊艇俱樂部、港灣、碼頭或港口工作 • 船長 • 心都定錨在工作上、工作狂
愛情	• 穩定的戀情 • 已許下承諾、值得信賴的關係 • 伴侶關係中的信任、自信、誠摯、忠心 • 定下來、長期伴侶關係、穩固的結合 • 從負面的角度來看，船錨可以象徵綑綁彼此、緊握不放或是卡在關係中
健康、身體、靈性	• 骨盆腔和臀部區域 • 病情穩定 • 病症已深入體內，或是無法治癒（如果旁邊有負面牌的話） ★**靈性：** • 建立保護和防護你的周圍環境 • 扎根接地
金錢	• 穩定或固定收入 • 令人放心的財務狀況 • 穩定的金融貨幣 • 長期投資

㉟船錨

時間或時機點	• 長時間，好幾年（至少也要一年） • 終身
建議或行動	• 你做得到 • 不要放棄、堅持到底、堅持信念 • 要有堅定的意志 • 堅持不懈便能戰勝一切阻力
屬性	★**正面**：這張牌通常是正面牌，但要注意周圍是否有負面牌
物品與區域	• 碼頭、港口或是海岸區域 • 在另一半那裡 • 鉤子 • 重物、紙鎮

這張牌的個人故事：

我翻看以前的日記，想要找到船錨牌的解讀紀錄時，想起了一位老朋友，我曾經跟他很好，但我們後來漸行漸遠了。船錨在當時出現在許多次的占卜牌面中。以下是某一次的占卜，我問道：「我們這段友情在未來會有什麼變化？」我抽到了女人＋老鼠＋狗＋船錨＋鑰匙。

女人＋老鼠代表了我的壓力和難過，因為我失去了我們曾經擁有的美好友情（狗）。船錨告訴我，我的朋友忠心耿耿，而鑰匙給了我

恢復聯繫的希望。船錨給我一種感覺，這段友情會是長久的關係，而鑰匙在最後一張牌，讓這段關係看起來就像緣分注定。此外，船錨＋鑰匙意指經過一段時間之後會有圓滿的結果。

後來經過好長一段時間，那位朋友和我恢復了聯繫，彷彿過去什麼事情都沒有發生，我們從此一直保持聯絡：一輩子的友情加上百分之百的業力牽引。這則故事的發展完全符合牌面所說，而船錨的牌義和特性也都呈現出來了，包括長期的一段時間。

近期有一則船錨的故事，我問了兒子的高級數學分班考試狀況會如何。我抽到：

    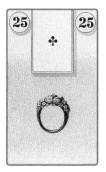

雲朵＋鸛鳥＋信件＋船錨＋戒指

雲朵表示我對於鸛鳥＋信件（高級考試）的擔憂，而船錨＋戒指則預測了他一定會考得好——果然成功了。我很高興，這果真是個準確的預言。

船錨也很常在我占卜懷孕問題時出現，它跟這些牌組合後宣告個案會懷孕：月亮＋船錨；船錨＋鸛鳥或是鸛鳥＋船錨；小孩＋船錨或是船錨＋小孩，以及女人＋船錨。

大藍圖牌義：

　　傳統上，船錨意指船員和在海上工作的人。如果它靠近指示牌，代表感情忠誠；反之，如果船錨離人物牌很遠，就要注意這是轉瞬即逝又充滿危機的戀情，並且不建議在此時出遊。

　　整體來說，船錨是張正面牌。日常生活中，它在各方面保障我們的安全和穩定。如果有正面的牌面出現，船錨的正面牌義就會特別凸顯和強化出來；反之，如果船錨周圍都是負面牌，就會遭遇挑戰與困難，我就會視為警訊，或是代表不建議外出旅遊的警告。

配對組合與範例：

　　★**船錨＋小孩**＝堅持不懈的小孩；堅定不移的小孩；已受孕；前景有保障的新事業；永遠年輕

　　★**船錨＋百合**＝長壽；古老；古董；一個時代或紀元

船錨＋百合

★**船錨＋船**＝連根拔起；疏散；重新定居；搬走；總是漂泊不
定；長期在外旅遊

★**船＋船錨**＝到達或降落；長時間的旅途；長途旅程

達妮雅跟前任重新聯繫了。她問道：「我的前任是否認真考慮要
復合？」

★**船錨＋十字路口**＝不。前任目前沒有這個打算

★**十字路口＋船錨**＝可能吧。你們有機會能試著重修舊好（需要
更多正面牌卡才能確定是否是好結果，因為這兩張牌也意味著
前任並非真心）

當然，對於這類問題，使用牌數較多的牌陣會更好，也能得到更
具體的答案。

十字架

撲克牌對應：梅花六

十字架牌的圖案非常簡單：閃耀金光的十字架獨立高掛於畫面中央；有時候會有彩帶飄逸地環繞十字架。因為雷諾曼起源於基督信仰文化，因此十字架象徵耶穌基督受難，以及每個人都有自己的十字架要背負，意味著每個人每天都要肩負困難的重擔。十字架象徵犧牲，以及痛苦的通過儀式（rites of passage）。

十字架是令人感到沉重的牌卡。它意味著受苦、擔憂、負擔、困難、麻煩、試煉、苦痛、難關、挑戰；它也代表各式各樣的憂心、焦慮、恐懼。占卜時，十字架帶來眼淚，並預示許多層面如情緒、肉體、心理或是靈性，會遭遇痛苦的挑戰、難關、障礙。十字架代表遺憾、悔恨、愧疚，以及羞恥、屈辱、失望。它也同時意味宗教、信仰、信念。

十字架象徵所有組織化的宗教和教條，這方面與書籍、樹、鑰匙截然不同。書籍代表奧祕學和通靈、共感、靈媒的靈性知識；樹代表薩滿、原住民的靈性，以及造物本源

中的初始開端；鑰匙則象徵連結所有的靈性世界、業力宿命、神聖本源。

　　這張牌的沉重程度取決於個案所問的問題有多嚴重或多沉重。如果占卜問題是簡單的駕照考試，十字架的出現就意味著考試會有難度，或是考試結果可能不及格而需要重考。假設問題涉及嚴重的健康議題，而十字架出現了，那麼這張牌會讓健康問題變得更嚴重，帶來極大的苦痛和折磨。

對應主題的牌義

未來	• 悲傷、受苦、懊惱、痛苦、麻煩、失落
	• 難關、不愉快的事件、不幸
	• 失落、懊悔
	• 正在經歷龐大的折磨、試煉、考驗；即將遭遇難關
	• 哀傷、悲傷、哭泣、哀悼
	• 懷抱著恐懼（搭配老鼠牌，意味著精神官能症）
	• 需要再三謹慎
	• 難關
	• 有正面牌做搭配的話，代表慈善、援助、捐款
	★牌卡分類帽：
	• 情緒牌

女人或男人	• 宗教 • 難過、悲傷、憂鬱 • 個性負面又悲觀的人 • 肩負重擔的人 • 貧困 • 喜歡一直抱怨、唉聲嘆氣的人 • 需要協助、支持或諮商幫助的人 • 身體、心理或情緒上生病了 • 筋疲力盡、倦怠不堪、疲憊不已、支離破碎 **★身體特徵：** • 疲憊、疲倦 • 肩膀寬厚 • 身材筆挺（例如，以專注姿勢站立：抬頭、挺胸、肩膀後縮）
工作	• 糟糕的職場環境 • 受到諸多障礙與難關的重擊 • 經歷難關，遭遇不幸 • 負荷重擔，難以承受 • 在宗教組織工作 • 在國際紅十字會工作，或在其他標誌有十字架的機構工作 • 找不到工作

愛情	• 不愉快的關係
	• 令人失望的感情、糟糕的約會
	• 一段注定不幸的孽緣
	• 悲慘的結合
	• 可能會分手，而且痛苦萬分
	• 關係背負著重擔
	• 挑戰、試煉、苦難
	• 跟蹤者
	• 沒有存在感──「只是沒那麼喜歡你」
健康、身體、靈性	• 疼痛與受傷
	• 讓你疲憊不堪的痛苦
	• 難以治癒
	• 十字架影響下背部
	★靈性：
	• 主要的信念或教條
	• 練習祈禱和冥想
	• 三思、慎重
	• 執行神聖儀式、宗教儀式或儀軌
	• 向上蒼懇求
	• 在物質世界和靈性世界中維持平衡

36 十字架

金錢	• 財務出現問題 • 財務遭遇難關 • 嚴格禁令 • 遲交的款項 • 糟糕的投資
時間或時機點	這張牌的時間性有點複雜,因為它暗示著兩種截然不同的時間,需依問題而定。如果是令人苦惱、糟糕的狀況,那麼時間性是立刻;假設問題與長久的事情有關,就代表要耐心等待。
建議或行動	• 跳脫受害者的角色 • 祈禱 • 清理自己並重整旗鼓 • 保持耐心 • 謹慎小心 • 請求協助
屬性	★**負面**:這張牌會帶來整體的負面影響,讓占卜結果變得哀傷;只有在很少數的時候會是中性牌,就是象徵宗教時
物品與區域	• 十字架或任何宗教標誌 • 宗教場所 • 寶劍

這張牌的個人故事：

之前幫蘿拉和喬治占卜時，這可怕的十字架總是會出現在牌面上。這對情侶來自不同的生長背景、種族和宗教信仰。他們非常契合、深愛彼此，但是外在因素讓他們感到悲傷、痛苦與折磨。

我記得在他們婚禮的前一晚，我抽到了三張牌：百合＋十字架＋愛心。看到十字架出現在中間，我心中的警鈴立刻大響，這張牌將帶來悲傷、心痛和不幸，但同時最後面又出現愛心牌，讓我有了一點希望，至少結果不會是百分之百的不幸。我開始追根究柢，想要了解他們為什麼會在最幸福的日子發生不幸，最後發現宗教信仰和種族因素是主要的問題所在。新郎的父親是家中的男性權威，非常反對這樁婚姻，誓死阻止婚禮舉行。新郎的其他家屬也都站在冥頑不靈的父親這邊，並用「家庭背景和宗教信仰」作為反對的理由（百合＝父親形象；十字架＝不愉快、不幸）。現在，對於牌面，我恍然大悟了。

隨後，我重述問題：「喬治和蘿拉的婚禮最後結果會如何？」

房屋＋十字架＋戒指＋花園＋鑰匙

㊱ 十字架

牌陣中間自己出現了戒指牌，意味了這段婚姻的保障。房屋和十字架意味著新郎家中製造混亂的宗教狂熱者。這些牌卡的準確給了我

勇氣和信心，預示婚禮會辦得成功圓滿。我告訴喬治和蘿拉，儘管有這些困難，婚禮最後還是會圓滿舉行（花園＋鑰匙）。家屬（房屋）這方會很失望（十字架），但幸福終究還是勝過悲傷（鑰匙在最後一張）。

婚禮辦得非常好。但是新郎不太開心，因為他的家人拒絕參加婚禮，也避開他的新娘，但是他還是在婚禮上跳舞，並與他的新家人享受大喜日子。十年之後的現在，這對夫妻依舊幸福快樂，有了三位美麗的千金，而他們也都跟新郎的家人相處融洽。

對喬治和蘿拉而言，十字架體現了他們必須共同面對的試煉，包含難處理的宗教問題和令人苦惱的家庭衝突。

大藍圖牌義：

傳統上，十字架這張牌如果離人物牌很遠，周圍又有負面牌，乃是不幸的凶兆；反之，如果非常靠近人物牌，就代表困難與挑戰很快就會過去。

十字架意味著生活中的不幸、擔憂、苦惱、困難、試煉。如果十字架的周圍是情緒牌，例如愛心或月亮，就會加重情緒上的苦惱與委屈。另一方面，如果是生活其他領域出現十字架，就代表障礙、負擔、限制、累贅、困難。如果負面牌出現，就會加重悲觀、悲傷、憂鬱的情緒，並帶來厄運和陰鬱。然而如果十字架的周圍是正面牌——旁邊真的出現正面牌的話——無論十字架離人物牌是遠還是近，這些困境很快就會煙消雲散。

十字架周圍的牌會告訴我們哪些領域會受到影響。此外，十字架座落的宮位也會提供訊息。例如，十字架落在二十五號（戒指）宮位，婚姻或某種伴侶合作關係會出問題；如果十字架落在四號（房

屋）宮位，那麼家裡、住所或直系親屬會籠罩著苦痛與悲傷。

配對組合與範例：

丹尼想知道新的個人事業近期會發生的問題。「丹尼的新事業會發生什麼事？」

★**十字架＋魚＋老鼠**＝他的事業會遇到阻礙和困難（十字架），導致壓力（老鼠）或疏失（十字架）增加，造成事業受阻（老鼠）

現在，除了預測和建議之外，我們把問題修正成具體的建議：「丹尼要做什麼才能處理事業所浮現的新問題呢？」

★**十字架＋魚＋老鼠**＝丹尼必須謹慎小心（十字架），並且不要放棄，需堅持不懈、努力工作；如果魚不是代表丹尼的事業的話，那麼就代表丹尼需要在前期投注大量資金，並承擔損失

十字架＋魚＋老鼠

★**十字架＋鑰匙**＝艱難或痛苦的解決辦法

★**鑰匙＋十字架**＝痛苦的失敗；祈禱（鑰匙＝解決辦法；十字架 ＝你的信仰）

★**十字架＋船錨**＝強烈的靈性信仰；持續承受痛苦；執著於過往 的悲傷、難過或愧疚；持續感到不滿；長期感到不開心

★**船錨＋十字架**＝經歷龐大又長期的劇痛；經歷冗長的折磨；宗 教狂熱者

3

解讀法與牌陣

我們無法自動接受智慧；

我們必須自己踏上只有自己才能走的歷程，方能領悟智慧。

——法國作家馬賽爾·普魯斯特（Marcel Proust）

靈活流動
乃關鍵之鑰

在這一章，我們會學習牌卡搭配並給予占卜預測。如同文字組成句子，我們也會了解這些符號互相流動的方法，給予個案關於過去和未來的清楚指引。

我們會逐步練習，學習將牌卡配對組合。每一個小牌陣的解讀法練習和串連，都會成為後面學習不同牌陣的無價之寶，直到學習最終大魔王：大藍圖。

本章包含以下解讀法：

★ **練習牌卡配對組合：**我們會從這裡開始第一個練習，將牌卡配對組合後，透過本書第二章的牌義內容，產出邏輯一致的解讀。透過遊戲、日記、每日練習，你會培養出扎實的理解力，了解雷諾曼靈活的符號系統。

★ **解答之線牌陣：**真正的占卜由此開始。在這一節，我會解釋如何利用小牌陣，只要看一眼個案的過去和未來，就能快速得到答案。這一節包含了實際的個案範例，讓你知道最簡單的牌陣也能用來占卜。

★ **九宮格牌陣：**九宮格牌陣是方形、傳統三乘三的九張牌矩陣，如同現況的快照。九宮格牌陣會教你透過脈絡來解讀，藉由交叉解讀法與指示牌或主題牌結合，學會判定特定情況。我們會完整學習九宮格的解讀技巧，最後會提供實際的占卜範例。

★ **選擇牌陣：**我們會學習使用牌卡在不同選項中做決定的方法。這個牌陣會幫助你熟悉牌卡屬性，並協助你給予個案實質建議。

★ **黃道十二宮牌陣**：這個牌陣會幫助你預測未來一年的運勢，預測每個月份會發生的不同事件。這個牌陣會協助你更加精通時間點的判讀，並在占卜中專精局部宮位的時間概念。我們也會解讀我為一位長期老客戶做的占卜。

★ **金字塔牌陣**：這個牌陣強調有意義的脈絡，適合時間不多卻需要快速了解個案不同狀況的時刻。至於解讀法，這個牌陣會培養你將個案生活中不同主題串連起來的能力。

★ **十字牌陣**：這是有趣又簡單的牌陣，可以用來檢視狀況。這個牌陣會聚焦在中間的主題牌，以它為主來解讀中間三張牌。

★ **扭轉未來**：這不是牌陣，卻是我使用雷諾曼多年來發展出的解讀法。我非常喜歡這個方法，因為它展現出雷諾曼的靈活度和適應性，它也是你可以隨意使用的極佳工具。宏觀來說，這會讓你的占卜從預測變成奇蹟般的解讀，能給予個案清晰的未來和行動建議，以便達到目標。

★ **大藍圖**：這是最後的牌陣，也是很重要的牌陣。我們來到雷諾曼牌陣的大魔王：大藍圖。我們會逐步拆解這傳奇的牌陣，讓你可以輕鬆、快速了解。這個大型又會使用到所有牌的牌陣，需要發揮你前面從簡單的牌陣和方法中所建構的技術，協助你成為占卜師和通靈者。我會介紹我的方法、私人訣竅和解讀的方式給你。最後，我們會替真正的個案進行完整的占卜：使用大藍圖牌陣，搭配學過的所有解讀法，加上範例和圖解讓你跟上進度。

練習牌卡配對組合

我們會在這裡學會解讀牌卡的配對，組合牌義，然後產出邏輯一致的句子。好好享受這個練習吧！

搞定牌卡和配對組合

教學時，我通常會透過快速解讀牌卡來教配對組合和牌義。這是非常簡單又有效的方法。首先，我們會閱覽每一張牌，並將每張牌分配一個字詞。接著，我們會從牌卡中挑選一張特定的牌，並且從剩下的牌堆中一張一張拿出來跟一開始挑好的牌配對組合，這樣的快速腦力激盪就像猜字謎的遊戲。在撰寫和記錄牌卡占卜之前，這個遊戲會變得越來越複雜和深入。

雷諾曼的自由聯想

這個小練習很好玩，能讓你了解牌卡之間的互動關係，簡單、有趣，還能讓你迅速踏上雷諾曼的學習軌道。這個遊戲的目的是要讓你腦力激盪，看到牌卡時立刻說出腦海中的第一個字詞。很像你畫我猜的遊戲，你需要立刻猜出對方畫的是什麼。

快速閱覽完本書第二章後，拿起你的牌卡，不要洗牌，因為這個練習最好讓牌卡按照一到三十六號的順序進行。我建議你可以在同一天之內進行以下的步驟一和步驟二，如此一來，步驟一的資訊就可以保留在腦海裡以進行步驟二。

步驟一：分配

從第一張牌開始，分配一個字詞。讓我們從騎士開始，騎士＝消息。現在，針對全部的牌，繼續分配一個字詞。幸運草＝幸運，船＝

旅途，房屋＝家庭，樹＝健康……等等。完成每一張牌的字詞分配後，接著重複一樣的動作，但是中途不可以停下來。這個過程大約會花上五分鐘。

步驟二：配對組合

由於你已經分配好每一張牌的字詞了，現在我們要來搭配牌卡，就像把字詞組合在一起一樣。先從牌堆中抽一張牌放在旁邊，接著再抽一張牌放在第一張牌的右邊。一次一張，每次抽出來的牌都疊在右邊的牌上。最後，眼前會有一張你第一次抽出來的牌，而它的右邊則是一疊牌。請以快速但舒適的步調來進行這個練習。速度要快的原因是因爲我要你不要想太多，就想像自己在玩你畫我猜遊戲。我建議練習時不拿筆作記錄，這樣才可以保持快速的步調。然而如果你想要記錄也可以。舉例來說，抽出騎士牌後放在一邊，接著繼續抽牌放在騎士的右邊，讓兩張牌配對組合。

★**騎士＋幸運草**＝幸運的消息

★**騎士＋船**＝旅途的消息

★**騎士＋房屋**＝家人會收到消息

★**騎士＋樹**＝健康的消息

這三十六張牌的搭配練習可以用兩種方式進行：第一種，每一張牌都重複一樣的練習，當你做完騎士的配對組合後，就從幸運草開始，接下來從船開始，以此類推。第二種，做騎士牌的搭配練習時，可以像這樣左右互換：

★**騎士＋幸運草**＝幸運的消息

★**幸運草＋騎士**＝好消息

★**騎士＋船**＝旅途的消息

★**船＋騎士**＝關於旅途的消息

★**騎士＋房屋**＝家人會收到消息

★**房屋＋騎士**＝關於家人的消息

★**騎士＋樹**＝健康的消息

★**樹＋騎士**＝關於健康的消息

記住，這只是第一步而已。每一種配對組合還有許多細節，我們會在下一個練習中學到。此外，不是每一個組合互換後的牌義都相似。以太陽和棺材為例，太陽＝成功，棺材＝結束。

★**太陽＋棺材**＝失敗；由福轉禍

★**棺材＋太陽**＝歷經結束後，終於獲得成功；救贖

牌卡的位置到底哪一張在前而哪一張在後，在配對組合的解讀裡很重要。

你也可以找人一起進行這個練習，我敢保證你們一定會玩得很開心。練習到最後，你會懂得牌卡之間互動的方式。

配對組合的小訣竅：雖然這不是硬性規定，但你可以將第一張牌視爲主題或事件，右邊的牌用來描述、修飾主題。換句話說，試著把第一張牌當成名詞，第二張牌則是形容詞。例如，騎士＋樹的搭配，樹就是修飾騎士的形容詞；而樹＋騎士，騎士則修飾樹。接下來，透過更多實際經驗和不斷練習，你將自然而然地把每一組搭配的牌義完整融會貫通。舉例來說，看到騎士＋樹，腦海中自然就會解讀出健康、健身、振作等意思。

　　持續做每日練習，你的筆記本上就會記錄許多完整的配對組合牌義。漸漸地，你的思路會將配對組合與占卜解讀連接在一起，產出有意義的單一句子。記住：這個部分沒有既定公式可以套用，熟能生巧才是關鍵要素，因爲牌卡有時候會以最奇怪的方式組合在一起。如同學習閱讀書籍，你練習得越頻繁，你的雷諾曼詞庫就會越完整豐富。

本次作業：創造多種組合牌義

　　這邊就眞的需要你拿起筆做記錄了。準備記事本或線圈筆記本，越大本越好。這個練習會需要前面練習的基礎。這次我們不用針對每張牌想出一個字詞，而是要寫下對於牌的描述、行動、功能或腦海中想到的其他內容。接著我們就能針對每一張牌列出一系列的組合牌義了。請花心思按照自己的步調進行。

步驟一：製作牌卡圖表

　　一頁一張牌，製作這些欄位：行動、描述、功能等等。以騎士爲例，你可以在「人物、地點、事物」欄位中寫下「送貨人員」；在「行動」欄位中寫下「出發」；在「描述」欄位中寫下「運動型」；在「其他」欄位中寫下「馬匹」。利用第二章的牌義介紹，並在練習時

加入你自己的見解，你的雷諾曼詞庫就會逐漸完善。儘量寫下越多內容越好，如此，你的牌義清單就會越來越完整。

範例：

騎士

人物、地點、事物	行動	描述	其他
送貨人員	出發	運動型	馬匹
拜訪者	送貨	迅速	回饋
腳踏車	迅速行動	年輕	抵達

幸運草

綠色蔬菜	把握機會	愛開玩笑的人	第二次機會
賭徒	保持正向	討價還價	突然的好運
草地	多食用綠色食物	快樂	和解
機會	冒險一搏	幸運	勝利

步驟二：結合符號

我建議你準備新的記事本來進行步驟二，因為你會寫下滿滿的紀錄。每一組搭配要用到兩頁紙——相信我，兩頁很快就會填滿了。每日練習時，你之後會慶幸你有足夠的空間可以繼續記錄。你也能跳過步驟一，利用第二章裡每一張牌的詳細牌義，直接練習步驟二。

從騎士開始按照牌的順序做記錄，之後翻閱筆記時才會比較方便。第一個配對組合是騎士＋幸運草，藉由步驟一的練習，加上本書第二章的內容，寫下腦海中想到的所有內容。花時間持續練習，筆記中的內容會持續增加。

以下是騎士＋幸運草的一些組合牌義：

• 送貨人員很快樂（快樂的送貨人員）
• 草地上的腳踏車
• 冒險一搏的拜訪者
• 愛賭博的拜訪者
• 愛開玩笑的年輕人
• 給你第二次機會的回饋
• 草地上的馬
• 遞送蔬菜
• 機會到來
• 為了第二次機會，要迅速行動
• 運動型且隨遇而安
• 傳來勝利的局面

對於這些組合，我只會使用步驟一的內容，因此你在步驟一的紀錄越多，你就能寫下更多組合牌義——你真的可以認真練習這個步驟。幫每一張牌都列表記錄，最後，你就會有專屬於你的配對組合手冊。占卜時如果腦筋一片空白，就可以拿出來使用。享受這個練習，也享受各種激盪而出的可能性。

每日抽三張牌

這個簡單的練習可以幫助你跟牌同步連上線，並奠定基礎，因為牌卡會以只有你才能理解的方式與你對話。每日練習並持續三個月，你的大腦會將牌卡內化，建立深厚連結，大幅增進你對牌義的理解。

這是在日常生活中學習配對組合的最佳方式，同時也能讓你清楚了解牌卡在現實生活和實際情形中呈現的方式。你可能會發現，有些特定的牌卡會在特定情形反覆出現，這樣就能建立你與牌之間的連結。

　　每日晨起，抱持明確的意圖抽牌，讓牌卡告訴你當天的故事。我第一次學習塔羅時，喜歡等到一天結束後才解讀牌面，因為我可以很輕易地回想一整天發生的事，並思考這些符號在當天以哪種方式呈現。我有許多學生都採用同樣的方式來學習雷諾曼。你也能先在腦海中記住這些牌，並觀察它們當天在什麼時候出現。

- 讓自己舒適自在，深呼吸，沉澱心神。
- 從洗牌開始，深呼吸並設定抽牌的目的。
- 展開牌卡之後，抽三張出來。
- 按照抽牌的順序，將牌排好。
- 雷諾曼通常是從左至右解讀，或是把它們當成電影毛片，讓整體的故事浮現。
- 中間的牌是你隨機選中的主題牌，是你的當日主題，最後一張則是故事發展或是句子的最後一個字。最後一張可以當成最後結果，或如同第一張牌，是描述中間主題牌的修飾牌。有時候第一張也可以視為主題牌，而後面兩張牌是它的修飾牌或事件狀況。
- 看看牌面是否有特別代表特定議題的主題牌：
  樹：健康
  房屋：家庭或房地產
  山：龐大障礙或延宕
  愛心：愛情、關係

- 在筆記本中記錄你抽到的牌，包含日期、時間、解讀、聯想的過程，以及任何浮現的想法。

我們來看看我其中一天的每日占卜。

我那週以來，身心都有著卡住的感受，而當我早上抽到這三張牌後，瞬間如釋重負，因為船和鸛鳥帶來了流動的能量與釋放，無論有多微小（小孩）。

小孩＋船＋鸛鳥

這三張組合的另一種解讀可以視作短程郊遊，或是巨大變化的開端，因為船和鸛鳥都象徵移動與改變。因為是每日占卜，我不能太興奮，畢竟我短期內並沒有計畫要去哪裡：小孩（小型或是開始）＋船（行動）＋鸛鳥（改善），這三張牌暗示著小小的行動會改善狀況。當天我的確能夠稍微做點工作，雖然我只完成了一小部分（小孩），但仍是讓我那一週開始（鸛鳥）做事的起頭。

注意：練習每日占卜時，要記住牌卡的內容有時候非常日常而直白；此外，負面牌的凶厄程度和正面牌的激情程度也可能會大幅降低。舉例來說，大藍圖中如果出現蛇＋花園，可能是提醒你要注意人

際圈中有人欺騙你；反之，每日占卜時抽到這兩張，可能就只是被後院的蚊子咬，或是代表花園水管這樣的日常小事。老鼠＋棺材可能只是遙控器放錯位置，太陽＋鞭子則是描述早上脾氣差，雲朵＋星星則可能預報晚上會下雨。

在筆記本中記錄所有內容，你會發現最後會有一個模式，那就是牌卡會以只有你懂的方式與你對話。它們的確會跟你對話，大聲且清晰，只是有時候我們尚未準備好接受。畢竟，這是正常的人性。回頭翻閱你的筆記會是很棒的過程，因為你可能會發現當初還沒準備好看見的占卜結果。翻閱我自己的筆記時，我發現到許多事情，它們就在我的眼前，但我卻沒有解讀出來——我根本沒有看出來。我也理解到如果我當初有解讀出來的話，我可能會震驚崩潰，因為我根本無法接受結果。你會對於牌卡揭示的真相感到震驚。

解答之線牌陣

解答之線牌陣能夠讓你迅速得到問題或困境的答案。這個牌陣非常適合用來預測未來。這個線性牌陣通常從左至右解讀，中間的牌是主題牌，最後一張牌則是結果。主題牌左邊的每張牌都可以視為過去或是導致現況的當前情況，右邊的每張牌則是未來發展。

解答之線可以視為事件的一張快照。我喜歡解答之線的地方在於它的預測基本上會很快發生，大概是幾天或幾週之內。比起大藍圖，它通常用來預測短期的問題。這個牌陣的使用時機為：

- 你不需要用到大藍圖時
- 你需要快速知道問題的答案時
- 你只是想要快速地占卜時

使用這個牌陣時，我有兩種方法。第一種，根據問題的脈絡，我會啟動一張牌作為指示牌／主題牌，接著抽幾張位於它左邊和右邊的牌。如果我腦海中有具體的人物或主題，而且需要直接了解訊息時，我喜歡用這個方法。第二種，我會讓牌卡自己決定主題牌。我會隨性洗牌、抽牌。這是我較常使用的方法，因為我喜歡讓雷諾曼自己告訴我重要的訊息。

選項一：先選擇一張主題牌

- 深呼吸，沉澱心神。
- 決定哪一張牌是這次問題的主題牌。
- 開始洗牌，將心念專注在你的問題上，選出來的那張牌就是代表問題的主題牌。
- 決定你的牌陣要抽五張牌還是七張牌。在這個步驟，(1) 你可以在牌堆裡找到主題牌，接著抽出它左邊的兩到三張牌，以及右邊的兩到三張牌，總共會得到五張或七張牌；(2) 又或者你可以牌面向下展牌，一張一張的抽出來翻開，將牌疊在旁邊，直到你抽到主題牌，接著留下主題牌前面的兩到三張牌，再抽新的兩到三張牌，總共得到五張或七張牌。我喜歡在主題牌的兩邊放同樣張數的牌卡，這樣總共就會得到奇數的牌數。
- 檢視主題牌右邊的兩到三張牌，確定牌面符合目前狀況，並且符合所問的問題。萬一牌面不符合狀況，就單純重新洗牌再占卜一次。
- 解讀主題牌前面的兩到三張牌，這些牌應該要對應到你的問題，因為它們是已經發生的事情或與狀況相關的事件。接著解讀右邊的牌，了解事件的發展或演變。

如果左邊的牌面對你或個案來說不符合狀況，不用擔心，就再重新占卜一次。基本上，個案在占卜過程中會告訴你符合左邊牌面的相關事情。牌卡幾乎都會連結到問題，即便個案自己覺得沒有關聯。但不管如何，個案真的發現關聯後都會很欣喜。的確有少數時候牌卡不符合狀況，當這種情況發生，我發現原因是自己要不沒有專注，要不就是腦海中不只有一個問題浮現。

　　假如我事先設定好作為指示牌或主題牌的牌在第一張就出現了，我依舊會再抽三張牌，並解讀牌面。如果我不滿意占卜結果的深度，那麼我會重新洗牌後再占卜一次。相反的，如果設定好的指示牌／主題牌在最後才被抽到，也沒有牌在它的後面可以預測結果或給予更多指引，我會記住它前面的兩到三張牌，並且重新洗牌，全神專注在我的問題上。

　　我會從頭開始：重新洗牌、全心專注，並在牌卡裡找到設定好的指示牌／主題牌，接著把它的左邊和右邊的兩到三張牌從牌堆裡拿出來。聽從你的直覺，做你直覺認為該做的。如果心有疑惑，重新調整自己的狀態，專注並從頭開始，如此你才可以進入狀態。這個世界沒有牌卡占卜的糾察隊，也沒有那麼多「必須」或「應該」需要遵守！讓你的占卜輕鬆、簡單。

選項二：讓雷諾曼自己選擇主題牌

- 深呼吸，沉澱心神。
- 開始洗牌，心念專注於你的狀況，並組織成一句問題。
- 決定你的牌陣要抽五張牌還是七張牌。
- 抽出一張牌，並將牌面向下擺放。再次洗牌，抽另外一張牌，牌面向下擺在第一張牌的右邊。重複洗牌、抽牌的過程，直到

你眼前有了五或七張牌，按照抽牌順序排成一直線。將剩下的牌放在旁邊。

- 先翻開中間那張牌。這張牌就是主題牌，會需要你特別注意，因為它通常代表主要問題、相關的需要或是對問題而言的重要之事。

- 接著翻開剩下的牌面。

- 先解讀主題牌和兩側各一張牌，將這三張牌視為問題焦點。

- 再解讀左邊兩到三張牌，以便了解導致主題牌出現的事件，或是將左邊的牌面跟主題牌一起解讀。最後，解讀主題牌右邊的兩到三張牌，預測未來發展或演變，或是解讀主題牌兩側的牌面來形容主題牌，或是得到與主題相關的更多訊息。

　　我喜歡依照自己的直覺和心情，交替使用上述這兩種方式。如果我想要知道特定狀況的結果，我通常會用選項一的方法；而假設我只是想要感受或大致了解情況，我通常會採用選項二，讓牌卡呈現出我需要知道的事情，或是我需要注意的重要之事。

　　這兩種方法都是以線性的方式解讀，如同閱讀文章中的一個段落。此外，因為要有主題牌在中間，所以牌陣的張數必須是奇數。

解答之線牌陣的實占案例

範例一：採用選項一

　　詹姆士帶著憂慮來找我，他擔心他的職位。他的公司正在重組，而他不知道自己是否能保住飯碗。詹姆士在大企業擔任主管，並管理一個團隊。

我將心念專注於他的職位以及狐狸牌，問了一個具體的問題：
「詹姆士在公司的工作，未來的發展是什麼？」

我洗牌後，在牌堆裡找出狐狸牌。接著我將狐狸牌前面兩張牌抽出來，檢查是否跟詹姆士的狀況相關：塔＋百合。

這兩張牌肯定與他的現況有關。塔象徵他任職的大企業，百合則代表他的工作年資很久，也象徵他的資深經驗。確定牌面與問題相關後，我繼續抽出狐狸後面的兩張牌，占卜職位的未來發展：山＋船錨。

這些牌的組合表示詹姆士還會繼續留在這間公司。牌面具體回答了所問的問題。他會停留（山）並且定錨（船錨），所以山＋船錨＝哪裡都不會去。

塔＋百合＋狐狸＋山＋船錨

我將占卜結果解讀給詹姆士聽之後，他還是擔心他在公司重組後的職位。所以，我這次將心念專注於詹姆士，並選擇男人牌作為主題牌。我問了具體的問題：「公司重組後，對詹姆士的影響會是什麼？」

一樣洗牌、抽牌，直到我抽出男人牌後，我停下動作，並解讀前

面三張牌，確定牌面與詹姆士和這個問題有關：花園＋老鼠＋房屋。

　　這三張牌代表詹姆士擔心（老鼠）他的團隊（花園），他的團隊或是職責會減少（花園＋老鼠），他的職位穩定度（房屋）和整個公司的重組（老鼠＋房屋）。

　　接著我抽了後面三張牌：熊＋愛心＋十字路口。

　　這三張牌有點棘手，因為最後一張是十字路口，有時候這張牌的出現代表有人要離去。然而，十字路口的前面有愛心和熊，也沒有其他暗示離開的訊息，所以針對十字路口，我選擇了「許多」這個牌義。我的解讀是詹姆士會被賦予更重大的職位，並承擔更多責任（熊），他會非常喜歡、滿意（愛心），接著也會出現更多職責要承擔，像是團隊成員增加，或是工作範圍增加，又或者是要負責其他分部（十字路口）。

花園＋老鼠＋房屋＋男人＋熊＋愛心＋十字路口

　　詹姆士當晚心滿意足地回家，我也很欣慰能看到他放下一些擔憂。三週後，我收到一盒裝著滿滿巧克力的籃子，上面的一張便條紙寫著：「你可能會想知道占卜結果都應驗了。我會再聯繫你。感謝你。」

　　這就是你培養熟客的方法！

範例二：採用選項二

瑪格麗特找我的時候正焦心於她的書籍案子。她不知道下一步該做什麼，覺得自己卡住了。「瑪格麗特需要專注於什麼，才能完成她的案子呢？」

洗牌後，我抽了五張牌，每抽一張就洗牌一次。接著我按照順序排好牌。

魚＋書籍＋鞭子＋小孩＋花園

書籍這張牌對應到問題脈絡，並讓我確定牌面跟所問的問題有關聯。

這個牌陣中，鞭子是牌卡自己選出來的主題牌，因為它落在中間，這張牌明示了瑪格麗特需要的訊息。鞭子＝爭執、口角、困難、重複。鞭子落在書籍和小孩之間，就改變了解讀的脈絡，答案就變成：重新檢查（鞭子）案子（書籍），刪減內容（小孩）。

整個牌陣解讀完後，我告訴她，魚＋書籍代表書中有太龐大廣泛（魚）的資訊，讓整本書的內容變得太厚（她證實了這件事）。鞭子＋小孩＋花園代表要校稿和編輯（鞭子），讓書中內容適合初學者（小孩）的讀者群（花園）閱讀。

瑪格麗特表達同意，並且對解讀內容感到開心。她說，這個建議她一直都知道，只是之前完全忘了，而這次占卜讓她重新找回方向。

牌卡的美妙之處在於，它們會直接告訴你即時需要知道的訊息。

九宮格牌陣

這個牌陣能夠給予更整體的占卜解讀，呈現圍繞著個案問題的整體氛圍和情況。你可以從這個牌陣中得到更多訊息。在我自己的實際經驗中，我主要把九宮格牌陣當作教學工具來練習，以便解讀大藍圖牌陣；或者，我有時候會用來深入了解某個人或某個狀況。

如果我要得到快速、具體的答案，九宮格不是我會用的牌陣。每當我想要迅速得到解答，我的首選牌陣一定是解答之線牌陣，原因如我前面所說，它解讀起來就像是清楚的一句話；若是我想要了解更多訊息，我就會使用大藍圖牌陣。然而，九宮格牌陣就像是某種小藍圖，讓你在占卜時了解更多情況。

九宮格牌陣以許多方式組合九張牌。解讀這個三乘三的九宮格牌陣有許多方法，每一種都有效。選擇你最有感覺的方法，並使用它。你可以依照自己的心，讓牌陣解讀起來很簡單或搞得很複雜。有時候我會從整體的角度來汲取我需要的訊息，不會使用太多技巧或額外的解讀法。

如果你沒心力解讀大藍圖，我會推薦你使用九宮格牌陣來檢視整體情況。如果你解讀九宮格牌陣時很得心應手，那麼大藍圖牌陣對你而言就會很簡單了。

- 沉澱心神，深呼吸，安定自身能量。
- 專注於特定狀況、當月整體運勢或是了解個案遇到的困境。

- 徹底洗牌。
- 以你選擇的方式抽出九張牌。我喜歡邊洗牌邊抽牌，抽最上面的牌、中間、最下面的牌等等。
- 隨機排成三乘三的九宮格牌陣。我喜歡按照我抽牌的順序來擺放，如以下圖示：

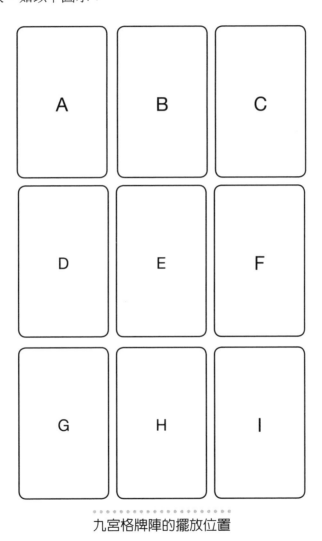

九宮格牌陣的擺放位置

九宮格牌陣的解讀步驟

　　以下是我解讀九宮格牌陣的方法。每一種方法稍有不同，但都能夠從不同角度了解個案的問題，以及圍繞著問題的狀況，而你最後也會在大藍圖牌陣用到這些解讀步驟。有時候我會採用全部的方法，有時候我只會看十字架的位置和交叉位置，快速得到答案。你可以從這些方法中選擇幾個來用，或是全部採用。我喜歡簡單又快速地「掃描」牌面，因為訊息通常都會立刻浮現。

1. 過去、現在、未來（時間）

　　從左至右橫向解讀牌面，能讓你了解關於這個問題，什麼事情剛結束，而什麼事情即將出現。

A	B	C
+	+	+
D	E	F
+	+	+
G	H	I
＝過去	＝現在	＝未來

　　位置E可以是指示牌，或是根據問題的主要議題而先選好的主題牌，或是需要注意的訊息。

2. 擔憂、狀況、暗流（覺察）

　　從上到下橫向解讀牌面，你會發現徘徊於問題的思慮和擔憂，以及核心的推測和事實。

- 位置A＋B＋C＝擔憂，代表個案擔心的事情，或是心中揮之不去的想法
- 位置D＋E＋F＝狀況，目前正在面對的事情或現況
- 位置G＋H＋I＝暗流，公認、已知的事情，或是在掌握之中的事情

3. 交叉法（間接影響）

以對角線來解讀牌面，能讓你看出圍繞著問題的間接因素，以及可能有的被動影響。

- 位置A＋E＋I和C＋E＋G會是主旨、結論、整體環境，或是這次占卜的整體狀態

4. 十字法（直接影響）

解讀在牌陣中央組成十字的縱列與橫排，會呈現影響狀況的直接因素。這些牌是直接影響個案或問題的積極影響。

- 位置B＋E＋H和D＋E＋F是主要問題

5. 鑽石法（總和）

將中間指示牌或主題牌的上下左右牌面串連起來，形成菱形的鑽石狀，就能夠得出占卜解讀的總體答案。這個方法可能有點多餘，因為目前已經有足夠的訊息了，但有時候此法可以提供更多洞見或是需要確認的資訊。我把鑽石法想像成將解讀串連在一起的蝴蝶結。

- 位置B＋D＋H＋F＋B

九宮格牌陣的實占案例

麗莎找我尋求指引，想了解她需要做些什麼以及未來運勢。她剛遇到重大難關，收到一些壞消息，也失去了原本承諾好的職位。此外，她也在猶豫到底該選擇國外的工作機會，讓她能夠有足夠的資金和心力來追求學位，還是要待在快樂舒適可是薪資不夠好的環境裡。麗莎很擔心國外的地點，因爲她得搬去白雪皚皚的寒帶地區，離開她喜愛的亞熱帶地區。

我將心念專注於麗莎，並讓牌卡自己決定中間的主題牌。一樣洗好牌後，牌面向下展開牌。我抽出九張牌，接著排出三乘三的牌陣。

1. 過去、現在、未來（時間）

• A＋D＋G＝過去

騎士＋百合＋船錨表示她一直在海邊（船錨）放鬆，度過美好時光（百合）。這三張牌也表示她等待下一個目的地（船錨）和長期工作（百合＋船錨）的消息（騎士）很久了（百合）。

• B＋E＋H＝現在

塔＋鸛鳥＋棺材表示她目前的兩難：拿到學位，還是要工作進展（塔＋鸛鳥）。這會帶來痛苦的變化，也需要重大的評估（鸛鳥＋棺材）。

• C＋F＋I＝未來

十字架＋花束＋愛心意味著痛苦和折磨即將到來，會出現難關和問題，但是很快就會過去（十字架＋花束）。事情很快就會開展，而讓她放心的愉快結果和協助即將到來（花束＋愛心）。

鸛鳥出現在中央的主題牌，由於她面臨著兩難，這張牌出現得非常恰當，因爲她的兩難跟移動和她一直思考是否改變生活狀況有關。

麗莎的九宮格牌陣

這張牌告訴我，轉變很快就會出現，而它也具體呈現占卜結果，因為它與現狀直接相關。

2. 擔憂、狀況、暗流（覺察）

- A＋B＋C＝個案擔心的事情，或是心中揮之不去的想法

騎士＋塔＋十字架代表她收到的壞消息，原本承諾好的職位沒了，重創她的心情，一直愁眉不展。

- D＋E＋F＝狀況，目前正在面對的事情或現況

百合＋鸛鳥＋花束表示拖延很久的改變或移動，會帶來心滿意足的結果。有趣的是，鸛鳥左邊的百合剛好象徵寒冷與白雪，而這樣的移動會因為花束在最後，終有好消息。另一件有趣的事情是該區域的國旗上剛好就有百合。

- G＋H＋I＝暗流，公認、已知的事情，或是在掌握之中的事情

船錨＋棺材＋愛心表示麗莎知道目前的生活模式需要斷捨離（船錨＋棺材），她的確也需要重大的轉變來恢復身心狀態（棺材＋愛心）。這裡值得注意的是，船錨也與海邊和海灘時光有關，而棺材在後代表身心需要休養。麗莎已經了解到她的生活模式對身心造成的傷害，從船錨＋棺材的組合可以看得出來，她需要做出改變，回到原本快樂、自在的自己（愛心）。

3. 交叉法（間接影響）

- A＋E＋I和C＋E＋G是主旨、結論、整體環境，或是這次占卜的整體狀態

騎士＋鸛鳥＋愛心代表她出國是好事，會大有收穫。

十字架＋鸛鳥＋船錨意味著人生重整和轉變會出現一些挑戰和痛苦，但最終會安定下來。痛苦的轉變對她的長期目標和職涯而言是好事。

4. 十字法（直接影響）

• B＋E＋H和D＋E＋F是主要問題

塔＋鸛鳥＋棺材表示失去職位後想要有所行動：升遷（塔＋鸛鳥）無望（棺材）。

百合＋鸛鳥＋花束表示轉變或移動會改善現況，也會帶來圓滿的結果（花束）。

5. 鑽石法（總和）

• B＋D＋H＋F＋B

塔＋百合＋棺材＋花束＋塔預示著結束與新生的循環，其中有一位年長者或男性高層主管（塔＋百合），阻止了原本承諾麗莎的職位（棺材），而這反倒促使新的機會發生，讓麗莎能夠同時追尋更高的學歷和工作（塔）。

你會發現九宮格牌陣不斷重申一樣的訊息，以確保你不會漏掉任何訊息。練習九宮格牌陣後，你會鍛鍊出看個牌面就一目了然的個人方法。倘若時間與場地允許的話，你可能就會想要使用大藍圖牌陣。

如果內心有所懷疑，就簡化解讀法！

選擇牌陣

如果你在兩種選項、狀況或抉擇中猶豫，選擇牌陣會非常適合你。我超愛這個牌陣，也很常使用。選擇牌陣很簡單又快速，你的答案會迅速呈現。

- 放鬆並沉澱自己。
- 清楚地專注於你的問題，洗牌。
- 將牌面朝下展牌。
- 現在，專心想著選項一，並抽三張牌，還不要翻開。
- 接著，專心想著選項二，再抽三張牌，一樣不要翻開。
- 將選項一和選項二的牌面翻開。
- 解讀前，先看一下牌面中的負面牌和正面牌。
- 計算兩個選項中各有幾張負面牌和正面牌，並比較兩個選項。
- 選擇看起來最好、最正面的選項。

運用牌卡的屬性來選擇最好的答案。如果選項一有一張負面牌，而選項二有三張中性牌，就選擇選項二；假設兩個選項各有一張負面牌，那就看看兩個選項中各有幾張中性牌和正面牌，再做選擇。如果沒有任何負面牌或正面牌，就看看哪個配對組合的牌義看起來或感覺起來最好。當你決定好要選擇哪一個選項後，就解讀該選項的三張牌。

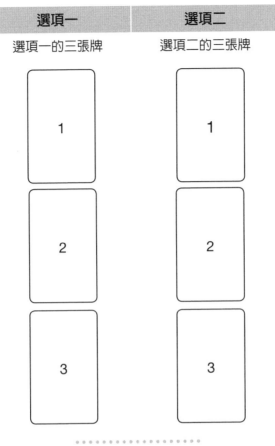

選項一	選項二
選項一的三張牌	選項二的三張牌

<!-- Card 1 列: 1 / 1 ; Card 2 列: 2 / 2 ; Card 3 列: 3 / 3 -->

選擇牌陣的擺放位置

選擇牌陣的實占案例

選擇適合的房子

　　亞倫找我占卜時，正猶豫要選擇有大庭院的房子（選項一），還是靠近工作地點的房子（選項二）。我先專心想著選項一，抽了三張牌，接著想著選項二，抽了三張牌。

- 選項一有兩張正面牌（花束、戒指）和一張負面牌（鐮刀）
- 選項二有兩張負面牌（山、老鼠）和一張中性牌（信件）

選項一	選項二
大庭院	離工作地點近

亞倫的選擇牌陣

兩張正面牌勝過兩張負面牌，所以毫無疑問一定是選擇選項一。你可以就此打住，而若是想要再驗證答案，可以繼續解讀。

解讀選項一：儘管亞倫需要花時間整理庭院（花束＋鐮刀＝修剪草坪、整理庭院），他仍會感到開心、滿意、滿足（戒指）。

解讀選項二：離工作地點近的房子看起來有很大的隱憂（山＋老鼠＝嚴重蟲害或是嚴重的漏洞），會耗費他不少錢來處理（老鼠＋信件＝出乎意料的帳單、破財）。

選擇適合的男人

妮可帶著一點羞怯來找我，我協助她放鬆一點後，才了解她的兩難是什麼。妮可很喜歡兩位男士，難以在兩人之間作出抉擇。這兩人的名字是布魯斯和派翠克。抽出來的牌陣如下頁所示。

- 選項一有一張正面牌（愛心）和兩張中性牌（書籍、男人）
- 選項二有一張正面牌（船錨）和兩張中性牌（房屋、船）

兩個選項看起來都很好。發生這種情況時，我們需要更詳細地解讀，並比較兩張正面牌。愛心和船錨意味著熱情和安全感的抉擇，這就是兩難之處。我會建議選擇選項二，因為那三張牌似乎看起來更穩定（船錨）。不過，我們還是分別來解讀三張牌並確定答案。

- 選項一：布魯斯很熱情，但他在隱瞞些什麼祕密，而且他似乎沒那麼投入、鬼鬼祟祟的。
- 選項二：派翠克給人穩定感和安心感（房屋），他可能常旅遊或時常不在身邊（船），但是他有心要長期經營關係。他對妮可是認真的，並且似乎想要定下來。

選項一	選項二
布魯斯	派翠克

妮可的選擇牌陣

選擇適合的行動

娜迪妮有個團聚的聚會,她猶豫著是否該出席。

選項一	選項二
出席	不出席

娜迪妮的選擇牌陣

- 選項一有兩張中性牌（樹、信件）和一張正面／中性牌（魚）
- 選項二有兩張中性牌（塔、騎士）和一張中性／正面牌（花園）

這兩個選項的屬性很相似，魚和花園剛好都代表豐收與多數。我首先會感覺這些牌面，並看看哪些牌面組合看起來最好。我的第一直覺是選項一，我比較喜歡這個選項，覺得它的能量流較順暢。然而，為了更確定答案，我繼續解讀牌面。

- 選項一：如果出席聚會，娜迪妮能再建立某些深刻的連結（樹），也許未來會有更多對她有益的邀約，或是增加人脈（信件＋魚＝與團體有往來）。
- 選項二：如果不出席，娜迪妮只會把自己關住（塔），而在聽到聚會的消息（騎士＋花園＝來自聚會的消息）後會覺得自己被邊緣化了。

選擇牌陣只能提供建議和指引，沒有絕對的答案。我都會將選擇權交還給個案，請他們自己做最後的決定，並強調占卜只是一種工具而已。

好好享受這個牌陣。記錄你的實占經驗，並且練習、練習、練習——記得享受練習的過程！

黃道十二宮牌陣

這個牌陣奠基於占星學中太陽運行地球一年的軌道，並將天空分成十二個宮位。這是非常簡單且容易學會的牌陣。你不需要事先具備占星知識，只需要熟稔雷諾曼的配對組合。你只需要將牌卡按照順序

放到十二個宮位，就能預測出個案生活中各領域的運勢了。這個牌陣不如大藍圖詳細，但仍是讓你學會在占卜時練習宮位分類的好方式。這個牌陣很適合生日或流年占卜，因爲它會顯示出個案生活中每個領域的運勢狀況。

黃道十二宮牌陣是根據黃道的十二個宮位，每一個宮位都對應一個星座，也對應到特定星座的屬性、特性和特質。每個宮位都代表一個人生活的特定主題，例如個性、家庭、知識、個人資源、創造力、責任、健康。

要記得，解讀雷諾曼時一定要解讀牌卡組合，而且雷諾曼已經有代表健康、家庭、工作等等主題的牌了。將抽出來的雷諾曼擺在每個象徵特殊意義的宮位時，會用到兩到三張牌。

我在解讀每個宮位時，只會汲取該宮位的核心意義與能量，不會過度深入解讀宮位的占星意義。當然，如果你是占星師，將占星學的內涵囊括到你的解讀裡會大有所獲。你也可以在這個牌陣使用其他占卜工具，增加解讀的深度。如果我想要更深入進行占卜，我會在每一個宮位的雷諾曼旁邊加上一到兩張塔羅牌。

快速了解黃道十二宮位

占星學是個廣博的學問，因此這邊只能跟讀者簡略介紹。占星師會有他們自己對於這個牌陣的理解，但初學者也可以從此牌陣受益良多。以下是占星宮位的概略介紹，包括：屬性、特質、領域、生活面向。

★ **一宮、牡羊座**：自我；身體；身體健康；對外展現的部分；你給人的印象；你的人格面具。此處的牌面會顯示你需要注意的

事情，以及你對外展現的方式。

★二宮、金牛座：資產和財務；財產；個人資源；你的環境；理財方法；你的價值觀。此處的牌面會顯示你的財務運勢，以及需要注意的危險。

★三宮、雙子座：溝通；知識；手足；親戚；摯友；短程旅途；汽車；你對這世界的付出；創造力。此處的牌面會顯示這個宮位的面向中要注意什麼。

★四宮、巨蟹座：母親；房子；家庭；你來自何處；你的根源；你的根基；你的私生活；歸屬感；你所滋養、照顧的是什麼。此處的牌面可能會顯示家庭或私生活中發生的事件，或是房地產。

★五宮、獅子座：創造力；愉悅；冒險；愛；浪漫；子女；成功；關注；你享受的事情；讓你感覺良好的事情。此處的牌面顯示這個宮位要注意的特性，此外也要注意是否有負面牌帶來的警訊。

★六宮、處女座：職業；個人責任；技能；服務；整體健康；關注的細節；你從事的工作；寵物。多數時候，此處的牌面顯示的是你的職業、健康或是你對他人的服務。如果有負面牌，則是暗示你要注意健康議題或疾病，通常都與你所從事的工作有關。

★**七宮、天秤座**：主要關係；婚姻與伴侶；事業合作；你願意分享、談判、妥協的事情。此處的牌面談論的是你的主要關係，以及你與人相處的模式。

★**八宮、天蠍座**：共同資源；金錢；死亡；性；稅務；重生；轉變；通靈能力；玄學；你必須接受且無法改變的事情。檢查牌面是否有任何線索透露出此宮位的主要議題。

★**九宮、射手座**：高等教育；宗教；哲學；靈性；志向；長途旅行；法律事務；整合生活經驗的方式。此處的牌面通常談的是對學業的追求或長途旅行。

★**十宮、摩羯座**：父親；事業；名聲；社會；社會地位；權威；職場生活；官方機構；定義你的事物。此處的牌面會顯示出你在社會和公眾之中的身分，以及目標志向的未來發展。此外也代表威權式的家長或養育方式。

★**十一宮、水瓶座**：朋友；社交圈；機構；人脈；希望；願景；顯化能力和占星學；讓你感覺完整、完滿的事情；未來方向和企圖。通常此處的牌面會顯示未來的小團體或社交圈。

★**十二宮、雙魚座**：直覺；恐懼；未知；祕密；大型機構；醫院；業力；潛意識；隱藏的事物。此處的牌面會顯示出潛意識、浮現出需要解決的過往課題。此外也象徵神祕經驗與靈性相關的事物。

備註：

- 有許多宮位象徵不同面向的關係：五宮和七宮代表戀愛與婚姻；十一宮象徵友情；三、四、十宮代表家庭、手足、父母。
- 有三個宮位與健康有關：一、六、八宮。
- 有三個宮位象徵不同面向的工作和財務：二、七、十一宮。
- 有三個宮位與神祕學、通靈能力、本能、直覺有關：四、八、十二宮。

占星宮位

洗牌後，按照宮位形式擺放，或是呈直線擺放。如果你要以占星宮位的形式擺放，從九點鐘位置的第一宮開始，逆時針擺放，每一個宮位三張牌。牌面向下或攤開都可以，我會按照心情來決定要先蓋著還是直接翻開。假如你喜歡線性的形式，那就分成十二個欄位，每個欄位三張牌，從象徵一宮的第一個欄位開始，以此類推。

黃道十二宮牌陣的實占案例

這個個案名叫瑪麗，是獨自照顧三個子女長大的寡婦，同時擁有自己的事業。瑪麗的心情很興奮，因為她很期待第一個孫子出生。

一宮、牡羊座：自我

狐狸＋花束＋棺材：某個問題或某個人帶來看似很棒的禮物或邀約（花束），可能會造成瑪麗一些麻煩和問題（棺材），而她必須保持正面來處理這個問題（三張綜合解讀）。會有一些潛藏的悲傷（棺材）。

二宮、金牛座：物質資產和財務

星星＋船＋戒指：瑪麗的財運會提升（星星），並向她渴望的目標（戒指）邁進（船）。我也發現瑪麗要去海外購物，這三張牌很直接地形容這件事（出國購買閃亮的物品）。

三宮、雙子座：溝通、手足、短程旅途

房屋＋雲朵＋老鼠：瑪麗需要注意她的家人／手足（房屋）中會有溝通誤會，導致誤解、壓力、疑惑（雲朵＋老鼠）。這裡也建議她要將所有的電子檔案做好備份。

四宮、巨蟹座：母親、房子、家庭

花園＋鑰匙＋愛心：有一個非常重要（鑰匙）且愉快（愛心）的聚會（花園）會出現，與家人有關。這會為她帶來極大的喜悅和滿足感（鑰匙＋愛心）。瑪麗告訴我，她準備要為即將分娩的女兒辦一場準媽媽派對。

五宮、獅子座：創造力、愉悅、冒險、愛、子女

鸛鳥＋女人＋塔：這裡的牌面很直接地顯示出瑪麗的女兒在醫院（塔）生產（鸛鳥）。孫子要出生這件事剛好落在象徵子女的五宮，讓我覺得很神奇。

六宮、處女座：職業、個人責任、技能、整體健康

鐮刀＋十字架＋蛇：這些牌很明顯的警告（鐮刀）瑪麗要在工作上放輕鬆，不要過勞或是給自己太大壓力（十字架＋蛇）。這些牌顯示出要謹慎對待的重大事件。必須要立刻重新檢視（鐮刀）工作相關的狀況，減輕工作量或是避免健康出問題（十字架＋蛇）。瑪麗告訴我這個部分讓她很有共鳴，特別是她常因為工作過度而偏頭痛。

七宮、天秤座：主要關係和合作

百合＋船錨＋鳥：這個組合表示瑪麗擁有長期維繫（百合＋船錨）的關係／合作或是友情（鳥）。它也代表可能有經營很久的企業（百合＋船錨）與瑪麗談合作（鳥）。解讀過程中，瑪麗向我表示這的確是指她跟事業夥伴和摯友一直維持著長久的關係。不久之後，瑪麗打給我說有間有名的公司與她聯繫，要跟她洽談合作合約。

八宮、天蠍座：共同資源、金錢、死亡、性、稅務、轉變

熊＋山＋魚：有一大筆資金卡住（或未來會卡住；熊＋山），但最後會開始流動（魚）。這三張牌也可能代表要支出大筆資金（熊）對現況來說有困難（山），但是最終會圓滿解決（魚），而這兩種可能性都與瑪麗的工作有關。這個宮位出現象徵財務（熊）和事業（魚）的牌，對我來說表示這個問題與稅務有關。瑪麗承認目前工作上的兩個問題都與這個解讀完全符合。

九宮、射手座：高等教育、宗教、哲學、靈性、志向、長途旅行、教學、法律事務

狗＋太陽＋鞭子：會出現一位指導者、明師或顧問（狗）幫助瑪麗，協助她提升層次（太陽），只是會遇到一些困難、一點衝突，或只是需要進行重複的事情（鞭子）。我也看到這三張牌是瑪麗在引導或散發光芒，卻遇到一些阻力。瑪麗告訴我她正在學習星光體旅行和靈魂出遊，也藉由老師和指導者的幫助，提升到更高的層次。瑪麗說完後，我睜大雙眼再看了一次這三張牌，不敢置信它們的訊息也太直接了吧。她也跟我坦承，她正在協助思想保守封閉的朋友和家人開拓眼界。

十宮、摩羯座：父親、事業、名聲、社會、地位、權威

樹＋信件＋小孩：瑪麗或她的個人事業會有穩定的名聲、有名氣，並且會穩定發展。此外，我不禁思考這是否也代表會有孩子出生或家庭成員增加，尤其是我知道瑪麗這六個月來很期待孫子出生。瑪麗後來致電給我，告訴我一個開心且意料之外的消息，那就是除了孫子之外，她又有一個孫女了。她也表示她的事業有很棒的進展。（我很開心能接到這通電話！）

十一宮、水瓶座：朋友、社交圈、人脈、希望、願景、顯化能力、占星學

幸運草＋男人＋十字路口：瑪麗會幸運地認識一位男性（幸運草＋男人），但是關係可能不會長久（十字路口）。出現兩張代表雙數的牌，她會跟這個人很快搭上線，也可能會見面兩次。我也不禁看到這位男性可能會幫瑪麗協調（十字路口）某個問題，讓瑪麗出乎意料（幸運草）。瑪麗立刻證實了我最後說的話；她希望這會成真，而且能認識這位男性真的是非常幸運的大好機會。她也補充說這跟八宮（天蠍座）的內容有關。

十二宮、雙魚座：直覺、恐懼、未知、祕密、大型機構、醫院、業力、潛意識

騎士＋書籍＋月亮：會有新發現的知識或新的探索（騎士＋書籍），提升瑪麗的直覺、敏感度、覺知（月亮）。在象徵祕密和直覺的宮位抽到代表祕密的書籍和直覺的月亮，無疑是強調她新習得（騎士）的直覺和能力；這也表示瑪麗會踏上神祕學的新道路。

瑪麗對她的占卜結果非常滿意和開心，口耳相傳這次解讀，並介紹了所有的朋友來找我。

好好試試黃道十二宮牌陣。先從每個宮位一到兩張牌開始練習，最後增加到一個宮位三張牌。記得拍張照並記錄在你的日記裡，這樣你才能回頭檢視牌面。占星學讓占卜增添了一點複雜度，一開始可能令人生畏。但不要就此放棄嘗試；請持續練習。只有不斷練習，你才能深入了解雷諾曼。

當你能夠徹底掌握雷諾曼的所有細節，占卜能力將無限提升，而未來的可能性也無窮無盡。

金字塔牌陣

這個牌陣非常快速簡單，可加以調整，以適用不同主題。你可以針對特定狀況和需求增加、補充或刪減這個牌陣。

- 深呼吸，沉澱心神。
- 決定你想要洞悉的幾個主題，從中選擇三樣（職業、婚姻、學業、寵物等等）。
- 具體列出時間範圍：每週、每月或是任何你想知道的時間範圍。
- 洗牌，同時將心念專注在你的問題上。
- 將每一個主題標註順序並寫下來，這樣你才會知道牌陣中哪個位置對應到哪個主題。
- 先在上方擺三張牌，接著左下方和右下方各三張，就會形成金字塔的形狀。

金字塔牌陣的實占案例

寶拉想要詢問十二月的運勢。你可以在這個牌陣中自行選擇三個要占卜的主題。這次占卜的主題如下：

- 健康
- 關係
- 財務

★**健康運勢**：健康主題中抽到了樹（健康），正好強調身體健康與靈性健康。樹＋老鼠＋熊意味著消化系統（熊）會受到壓力（老鼠）影響，產生問題。熊在健康主題中象徵進食、營養、胃部，所以如果寶拉想要減肥的話，那麼老鼠（減少）＋熊（重量、大型）就會是正面的解讀。反之，如果不是這個議題，那麼這三張牌就是在警告健康狀況衰退（老鼠）。寶拉需要注意食物過敏或食物相關的疾病（老鼠＋熊）。

★**關係運勢**：在關係主題中抽到花園，意味著大受歡迎，同時也讓我嗅到多人關係的可能性。花束＋花園＋雲朵代表寶拉會享受許多對象的陪伴，但也會造成困擾、困惑、猶豫、疑惑，讓她的生活變得不穩定（雲朵）。她會需要在關係中謹慎小心。

★**財務運勢**：百合＋房屋＋船錨表示財務狀況很穩定（房屋＋船錨），也會令她滿意（百合）。這也代表寶拉的投資（百合）很穩定又有保障（房屋＋船錨）。

健康

關係

財務

寶拉的金字塔牌陣

　　這個牌陣非常簡單，可以彈性調整主題。享受這個牌陣，並加入你喜歡的占卜卡或塔羅牌，看看它們如何融洽地互相搭配。創造你自己的牌陣，享受牌卡，並享受占卜！

十字牌陣

　　如果要探索某個簡單的情況和整體環境，可以使用這個簡單的牌陣。通常我不太會用這個牌陣來快速占卜答案，因為這個牌陣比較聚焦於主題牌，而非預測答案。但它仍然是適合每日占卜和了解問題概況的好牌陣。

- 開始洗牌。如果有特定問題，就將心念專注在問題上；如果是每日占卜，洗牌時想著你當天的運勢就好。
- 牌面朝下展開牌卡。
- 抽出三張牌放在中間：A、B、C
- 抽出兩張牌（D和E），如以下圖示擺放：

$$D$$
$$A \quad B \quad C$$
$$E$$

牌陣的位置意義如下：

★ **A**：原因，問題起因或是問題的描述
★ **B**：主題、主要狀況、整體情況
★ **C**：結果
★ **D**：導致問題／主要狀況發生的事件
★ **E**：問題／主要狀況的潛在影響

記住，牌卡是以配對組合來解讀：

★ **目前狀況**：A＋D、A＋E
★ **結果**：D＋C、E＋C
★ **主要問題**：D＋B＋E
★ **占卜的最後總結**：A＋B＋C

以下範例是我撰寫本書時，某一次的每日占卜：

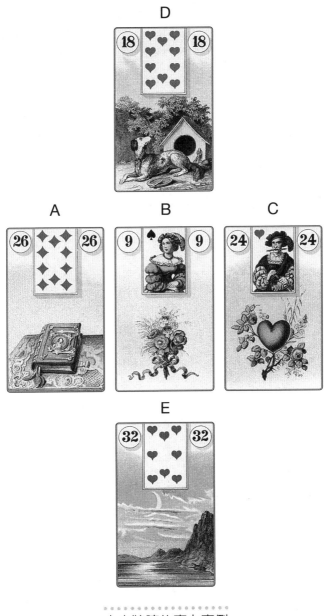

十字牌陣的實占案例

★A—原因：書籍＝隱藏或未知

★B—主題：花束＝快樂的事情、禮物或是好意

★C—結果：愛心＝快樂、喜悅、愛

★D—導致問題發生的事件：狗＝朋友或我認識的人

★E—問題的潛在影響：月亮＝情緒

　　早上抽到這組牌面時，我沒時間細細解讀，因為我正趕著出門。我只有整體地快速看一眼——我看到讓我開心的訊息。

　　回到家時，我在信箱中發現好友寄給我遲來的生日禮物。禮物是一個珠寶箱，裡頭裝著兩套非常少見的塔羅牌、兩套熱賣的雷諾曼卡，以及祝聖過的蠟燭。我宛如置身天堂。我後來仔細檢視早上抽到的牌面，驚訝不已。我早該發現的。

　　這是牌面原本就要告訴我的：

★**目前狀況**：A＋D：書籍＋狗＝我的神祕學朋友；A＋E：書籍＋月亮＝神祕學禮物

★**結果**：D＋C：狗＋愛心＝慷慨的朋友；E＋C：月亮＋愛心＝興高采烈

★**主要問題**：D＋B＋E：狗＋花束＋月亮＝朋友送我很有創意的禮物

★**最後總結**：A＋B＋C：書籍＋花束＋愛心＝帶給我喜悅和快樂的神祕學禮物

我真的得強調，學習基本概念非常重要；但是各位也必須了解，這些解讀法、占卜、配對組合、牌陣以及本書中我寫的所有內容，都會隨著你不斷練習而變成你個人獨有的方式。你會跟你的雷諾曼同頻共振，發展出獨特且專屬於你的解讀方式。你會鍛鍊出看到牌組就知道牌面在講什麼的能力，而不用細細拆解牌義。你會以整體的角度看見訊息，雷諾曼就成為了你個人的占卜卡。

- 精通基礎。
- 保持專注。不要自己混淆自己，也不要讓解讀變得複雜。
- 你會發展出個人化的預測法，搭配你的直覺、個人見解、占卜經驗。

我喜歡雷諾曼揭露我們周遭世界的方式！

扭轉未來

沒錯，雷諾曼是預測未來的占卜方式，但是隨著時間推移與經驗累積，我發現它可以用來扭轉負面的未來結果。這並非牌陣，卻是我多年來學到的技巧。

- 首先，我會針對同樣的問題反覆占卜，確定每次占卜的答案都是負面的結果。
- 我會詢問我能做些什麼來改變未來結果，接著抽牌後，我會檢視是否有改變的可能性。
- 如果有機會改變，我會認真遵照牌面建議，可以的話會實際執行。
- 之後，我會針對一開始的問題再占卜一次，看看在我嘗試改變的方法後，是否真有扭轉結果。

我已經使用這個方法好多次了。舉例來說，我們家有一次計畫要去暢貨中心，我做了簡單的占卜。到暢貨中心的車程有一段路，而我們只是單純要在開學前去購物而已（採買衣服、夾克、鞋子等等）。

我抽了牌想知道當天會發生什麼事，而我抽到：

騎士＋蛇＋鐮刀

我很快發現這三張牌意味著會有意外發生，特別是蛇＋鐮刀出現。但我不確定會發生哪種意外。是身體出意外，例如腿（騎士）嗎？還是在路程中（騎士）發生交通事故？有了這些訊息，我洗牌後又針對同樣的問題抽了三張牌，我抽到：

雲朵＋十字架＋鐮刀

再一次，這三張牌傳達出相同的訊息——會遇到同樣的麻煩。會有複雜的情況出現，最後突發意外，這讓我有種不好的預感。

我重新洗牌，這次我決定用五張牌的牌陣，了解更細節的訊息：地點、人物，以及事情會如何發生。事情變得更嚴肅了，這次我抽到：

騎士＋女人＋魚＋鐮刀＋十字架

因為我是家裡唯一的女性，所以我知道這個意外跟我有關。這組牌面的主題是購物（魚），後面兩張牌又重複出現了。因此當女人在行走、購物、路途中（騎士＋女人＋魚），會發生意外或突發事故（鐮刀），造成痛苦與不幸（十字架）。（另一方面，騎士牌也跟腳和腿有關，讓我意識到我可能要穿球鞋，而非高跟鞋，以防萬一。）

接著，我幫家裡每個人都抽了牌，為我老公和每一個兒子占卜。兒子們的牌面很好，只有我老公的牌面出現十字架。這個牌面很合理，因為如果發生什麼事情，我和老公兩人都得扛起責任。

兒子們很期待購物，而當天的行程早在很久之前就決定了，因此我不想改變計畫。我讓每個人都看看牌面，而我其中一個兒子拿了牌，洗牌後問了同樣的問題。他抽到：

熊＋十字架＋棺材

　　他立刻說道:「媽媽,我們不要出門了,就這樣。」牌卡給的警告太明確了!

　　我接著抽牌問了我們能夠做什麼來改變結果?我抽到:

船＋騎士＋十字路口

　　這三張牌建議我要改變行程,或是走另一條路(十字路口)——跟移動有關、走新的路或是需要繞道而行。所以,我們一致決定不要開車去暢貨中心,而是去附近的商場就好,只需二十分鐘車程。我的大兒子想要抽一張牌看看建議,他又抽到了十字路口。我從他手中拿

回牌卡，好好洗牌一次，請他選一張牌。你們猜發生什麼事？十字路口又出現了！如果雷諾曼有話想說，你就會不斷抽到同樣的牌；我喜歡牌卡這麼堅持不懈地要告訴你重要訊息。我們最後決定去附近的商場。

出門進行一整天的購物之前，為了安心，我又叫兒子抽幾張牌。他問道：「我們今天出門購物會發生什麼結果？」

鞭子＋十字路口＋魚＋熊＋船

看了一眼牌面後，我說出發吧！鞭子代表爭執，跟男孩出門購物會有爭執很正常。主題牌再次出現魚，指出了我們外出購物這件事，最後出現熊＋船，代表會花掉一大筆錢。

我們一整天都謹記鞭子這張牌。每次快要吵架時，就會有人說聲「鞭子」，每個人就會冷靜下來。鞭子＋十字路口代表兒子們在決定要買哪個東西時所發生的零星爭吵。最後，每個人都很滿意自己的選擇，提著大包小包的戰利品回家，完全符合熊＋船的牌義。值得一提的是，我的確絆倒了，但幸好我穿了球鞋，才沒有慘跌在煤渣磚上。總之，我相信牌卡將我們從十字架和鐮刀的手中救了出來。

這就是人類的自由意志發揮作用的例子。通常我都能像這樣扭轉小災禍，但也不是每件事情都能避免。其他時候無論我怎麼重組問題，總是抽到一樣的結果。無論我如何改變狀況，結果依舊會發生。自由意志的確存在，但有時候我們能改變的很有限。只要可以改變，請運用你的自由意志，為自己創造最好的人生。

大藍圖牌陣

大藍圖這個詞源自法文，直譯就是「大圖片」或「大型畫布」，這是最知名也最多人使用的雷諾曼牌陣。我從小到大幾乎都是用大藍圖牌陣來占卜，之後才為了要快速知道答案而改為用小型、簡易的線性牌陣。有好幾年時間，我很少使用大藍圖，因為個案都想要快速知道答案。他們喜歡知道近期的未來，不在乎長遠的未來會發生的事。能夠馬上驗證結果的滿足感很棒，而說實在話，我自己也比較喜歡這種迅速占卜的過程。有一段時間，我只會針對特定情況、特定個案和教學中使用大藍圖，而我摯愛的老公是唯一每一次都要求我用大藍圖幫他占卜的人。他喜歡三十六張牌全部擺出來的驚人畫面，因為他說：「這看起來很盛大、很莊重！」

後來我在教塔羅占卜師朋友解讀雷諾曼卡的時候，才意識到大藍圖對他們來說有多震撼和迷人。朋友、個案和一些占卜師開始要我用大藍圖牌陣，因此把繞了一圈的我，帶回了最初的起點。我解讀大藍圖的方法不斷演變，融合了解讀其他小型牌陣和快速占卜的方法。幾年下來，整個解讀流程已經臻至成熟，在占卜時都有非常完美的成果。

大藍圖牌陣會呈現「大的局面」，讓你快速了解個案的生活和環境，就像是打開互動式地圖，點一下某個有興趣的位置，就有更多細

節浮現出來。大藍圖牌陣的最大好處就是只要一個牌陣，就能回答許多問題，從牌陣中檢視不同主題，將所有主題、領域、場景都串連起來。大藍圖完整呈現出個案當時的生活。因為它的博大精深，大藍圖如同一道饒富意義的謎題，讓你一股腦地想要找出解答，並沉浸於它微小的細節之處。

跟所有的牌陣一樣，解讀大藍圖的方式有許多種，沒有絕對的規則。如同許多牌陣，我總是反覆叮嚀：「選擇你最有感覺的那個方法，並維持一致，因為它最終會變成你值得信任、準確無誤、非常可靠的解讀法。」對於占卜，我只相信被測試過、嘗試過並且有效的方法。

由於大藍圖蘊含非常多的訊息，剛開始要做的就是找到裡面的路標，跟著路標尋找答案。先從拆解一個主題或問題開始，一次一個，讓牌面互相連結、流動、對話。最後，所有問題都會互相串連、交織（如同生活中的問題也都互相交織），之後大藍圖就會變成有明確方向的一張輿圖。辨識出記號、方位和目標，就能夠明確走向正途。

我的大藍圖解讀系統

以下的系統綜合了我早期學會的技巧，以及歷經多年的經驗演變出來的方法。我的系統非常直接，並且能給予解答。我很確定只要練習和使用這個牌陣，許多人都會加入自己的方法並擴展大藍圖的解讀法。我鼓勵每個人都勇於嘗試：掌握你的牌陣、掌握你的技巧、掌握你的解讀！

時間範圍法

根據我的經驗，大藍圖的最短時間範圍應該在一個月內，或是最

短三週。我使用大藍圖時，通常都是占卜未來三個月或六個月的狀況。用大藍圖占卜的頻率如果是一週一次，或是一週好幾次，只會得到重複的資訊，讓訊息變得多餘、模糊，也會使答案更加複雜。有時候我會遇到極度焦慮的個案要我一週幫他們占卜一次大藍圖，出於責任，我會照做，因為我了解他們的焦慮。但是結果通常都是重複的訊息。儘管如此，每個人都應該要練習時間範圍法，嘗試和探索是獲得最佳結果的不二法門。

　　訣竅：洗牌時，心中想著一段時間範圍：「指引我未來三個月的運勢。」

角色賦予法

　　三十六張牌全部擺出來如同一張畫布後，首先要做的事情就是辨識出個案的指示牌和其他主題牌。這些牌是占卜中你要注意的重點，後續的步驟會解釋更多。記得：透過啟動特定的牌來對應特定主題或問題，你在占卜中就賦予了這張牌一個特定角色。如果想要在大藍圖中了解個案的女兒，你可以啟動小孩牌代表女兒；然而如果女兒是年輕女性，而個案是男性，那麼女人牌則會代表他的女兒。讓直覺引領你決定哪一張牌是關鍵的主題牌。

　　個案的指示牌是男人牌或女人牌，視個案的性別而定。檢查指示牌的位置是極為重要的步驟──檢查牌卡在上方還是下方，離牌陣邊緣的距離範圍，周圍有哪些牌面等等。接著檢視其他象徵特定主題的主題牌。舉例來說，愛心象徵戀情，戒指象徵婚姻和合夥關係，狐狸象徵工作、事業、職業狀況，房屋象徵個案的隨行人員、家庭或房地產，以此類推。

訣竅：如果這次占卜涉及不只一位當事人，最好在洗牌時就先根據每個人的特質設定好牌卡，如此，你才能知道哪張牌對應到哪一位當事人。舉例來說，假如個案為已婚女性，她的指示牌就會是女人牌，而她的丈夫會是男人牌，前男友或親密友人則是狗這張牌等等。

時間劃分法

　　我的大藍圖會分成三個垂直區域，由左至右分別代表：過去、現在、未來。這三個區域會由個案的指示牌位置來劃分。指示牌的左方是過去，右方是未來，而指示牌座落的那一條縱軸線則是現在。我的大藍圖解讀法不分性別。無論實際的指示牌所描繪的男人或女人面朝哪裡，對我來說都一樣。

　　我會依據牌卡之間的間隔作為時間跡象，判斷時間點和範圍。這是我非常年輕時習得的個人技巧，當時都在試著判定事件或狀況的大致時間點。一個時間跡象可能是一小時、一天、一週、一個月或一年；兩個時間跡象可能是兩小時、兩天、兩週、兩個月或兩年。我最後學會了解讀過去與未來之間的相互關聯，串連起來後，便能夠更準確地推斷出大藍圖顯示的時間點。

　　例如，假設我看到花束在指示牌右方的兩個間隔，我就會跟個案說，兩天、兩週或兩個月之內會有開心的事情或喜悅的時刻，端視抽大藍圖牌陣時設定的時間範圍來決定時間點。

　　舉例來說，如果男人牌的後面有三張牌以及騎士牌（騎士是第四張），我就會說訊息或新對象大約在未來三或四的時間跡象出現（一個時間跡象是一小時、一天、一個月或一年）。而這個時間跡象在大藍圖中通常都是三或四天、三或四週、三或四個月，根據抽牌時設定的時間範圍而定。

判定時間跡象的方法：

- 找到指示牌和代表未來事件的牌卡。
- 計算兩張牌之間的間隔，得出的數字就是大致的時間跡象，數字會加一或減一。
- 這個方法也適用於檢視指示牌左方的過去時間。

假設你發現個案過去經歷的某個事件，你可以推斷出大致的時間：「我發現你經歷了『……』，可能是在兩或三天／週／月之前。」占卜前列出的時間範圍會讓你判斷出具體的時間跡象。如果是占卜幾天之內的未來，那麼大藍圖的時間範圍就會是天數和那幾天的期間，未來牌面象徵的時間就會是天數，而非月份。如果時間範圍是週數，也是同樣的道理。舉例來說，假設個案跟你說「噢，這件事是在兩週前發生的」，這就意味著時間跡象應該解讀成週數，而非天數或月份。檢視過去的牌面推估時間跡象，就能夠協助你解鎖未來的時間密碼。

遺憾的是，並不是所有的時間跡象都容易解讀出來。有時候，在大藍圖牌陣預測時間的最好方式就是抽牌前先設定時間範圍。如果你事先設定的時間是三週，那麼時間跡象代表的就會是週數、天數，而非月份；而時間範圍若是設定三個月，牌陣的時間範圍就會是週數或月份。請看下一頁的圖示，會更清楚時間劃分法。

覺察分層法

我也會把指示牌的上方與下方劃分成橫向的區層。指示牌上方的牌面和牌陣最上排的牌面，會揭露個案心中的想法、擔憂的事、進行

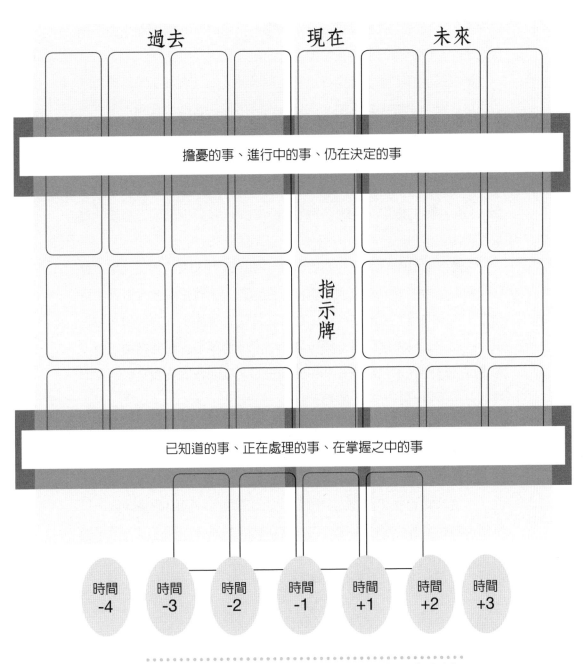

過去　　　　　現在　　　　　未來

擔憂的事、進行中的事、仍在決定的事

指示牌

已知道的事、正在處理的事、在掌握之中的事

時間 -4　時間 -3　時間 -2　時間 -1　時間 +1　時間 +2　時間 +3

大藍圖牌陣搭配覺察分層法、時間劃分法和時間跡象

中的事、仍在決定的事或是計畫中的事。指示牌下方的牌面象徵已知道的事、正在處理的事、在掌握之中的事。

檢視指示牌在哪一排橫軸以及位置，便能知道個案距離目前的生活篇章什麼時候會走到結尾。找到人物牌，檢視它離大藍圖上下左右的邊緣多遠。如果落在很右方，接近最後一列，意味著個案的生活篇章即將結尾，因為牌陣幾乎都是呈現過去／現在的生命旅程，只有少少幾張牌出現在指示牌右方的未來。反之，若是指示牌落在左邊數來第二列，牌陣的開端，意味著個案剛開始或已在近期開始人生新的篇章或階段。

現在，如果指示牌落在右邊最後一列，沒有未來的牌面出現，就代表個案生命中要面臨巨大的轉變，他處在人生轉捩點，只有做出選擇後，未來的路才會開展。自由意志在此時會發揮很大的作用，並呈現在牌面中。發生這種情況時，我仍然會快速解讀大藍圖牌面，但不會過度細探內容。通常我會拿手機拍張照，以便我能夠檢查一開始的牌面，接著再占卜一次大藍圖。

十有八九，占卜了第二次的大藍圖後，指示牌幾乎都落在左邊的縱列，第二次的牌面成了第一次的續集，如同結束過往的故事，開啟人生新篇章。這真的很令人驚奇。如果時間允許，我會比較這兩組牌面（手機裡的照片和新的大藍圖），追蹤這兩組牌面的故事線索。只有極少數的案例中，指示牌會再次落在牌陣的最後一列，沒有未來牌面。我會告訴個案，未來的篇章未完待續，會根據目前的行為和選擇來決定未來發展（我會改用小牌陣來解答個案的疑問與擔憂）。

棘手狀況

如果指示牌在牌陣的最上排，上方沒有任何牌面，意味著個案目

前掌握全局，也知道如何處理事情，並握有掌控局面的韁繩，儘管他可能心有疑惑。這樣的牌面代表所有情況都在個案的掌握之中，個案也有能力解決問題。

相反的，假如指示牌落在牌陣最下排，下方沒有任何牌，而指示牌的上方是整局牌面的話，就暗示著個案目前受困於生命中的情況與問題，無法應對、不知所措。這個狀況會讓我想到希臘神話中的巨人亞特拉斯撐住整片天空，而個案正將整局牌面一肩扛起。

如果指示牌落在上述兩個位置，我依然會繼續解讀牌面，只是解讀的內容會比平時來得簡短而快速。我會使用「宮位鎖鏈法」給個案更多有用的資訊，這個解讀法會在後面內容教給各位。

如果指示牌在左邊的第一列，沒有過去的牌面，暗示著個案正開始新的生命階段，未來盡在眼前。

如果大藍圖沒有呈現任何過去，我會出於以下條件來進行解讀：

• 這是找過我的客人，而我無需再跟他解釋過去之事。
• 這是幫家人、朋友或我自己占卜。
• 這是為了練習目的而抽的模擬解讀。
• 我的直覺和第六感告訴我繼續解讀。

若是其他情況，我會先快速為個案解讀完，然後再抽一次大藍圖。我依然認為第一組牌面有意義，所以會拍張照，如果需要且時間允許的話，我會再回頭檢查。倘若時間有限，我只會重新抽一次大藍圖。

同理，如果指示牌落在大藍圖的最後一列（第八列），沒有未來牌面，則表示個案處在故事的結尾，而情況即將翻轉。有時候這也代

表個案仍糾結於過往課題而無法往前，或是過去之事阻礙了個案的人生。這種情況下，我會視個案預約的時間而定，快速解讀過去發生的事情。我會再占卜第二次，接著占卜第三次。

如果三次的牌面裡，指示牌都落在一樣的位置，就意味著個案目前處於人生的重大轉捩點。我們對談的當下，未來正在形成、塑造、改寫。個案的人生道路尚未明朗，會根據後續的決策、行動或事件的轉折而鋪陳。若是如此，我會請個案再預約之後的時間來占卜。如果我跟個案的預約時間要結束了，那麼我會迅速洗牌再抽一次，或是選擇小牌陣來占卜。因為個案通常預約占卜都是為了知道未來，所以如果占卜沒有呈現未來，那就毫無意義了。

交叉解讀法

解讀交會於每張主題牌的縱軸和橫軸，如同看著圖表找到X軸和Y軸的交點。我們會以線性的方式來解讀大藍圖。縱軸上，主題牌之上的牌面代表個案的目前情況。橫軸上，主題牌左邊的牌面象徵過去或導致主題發生的原因，右邊的牌面則顯示未來和近期發展。

最靠近主題牌的牌面象徵剛經歷的事件，或是將要發生的事情。離主題牌最遠的牌卡預測著久遠的未來才會發生的事件。預測的事件和過程會以牌卡的排序逐一發生。假設我們有棺材＋十字架＋花束，這意味著棺材和十字架的事件（轉變與痛苦）會在花束（幸福）到來之前發生，因為棺材和十字架出現在花束牌前面。記得：牌卡是以線性解讀的，因此事情的順序也是線性發生的。

這是解讀大藍圖的最重要步驟，有時候做這個解讀法就足以回答個案的問題了。好幾次我幫家人、朋友或自己占卜時，也只以交叉解讀法就得到我要的答案了。

現在，讓我將過程細細拆解。你已經擺好了三十六張牌了，然後呢？

- 首先，找到指示牌／主題牌——不是男人牌就是女人牌，視個案的性別而定（假設是幫我自己占卜，我就會先找到女人牌）。
- 接著，使用解答之線的技巧，解讀指示牌所在的橫軸。橫軸就是X軸。
- 從主題牌開始，並檢查周圍的牌面。主題牌最旁邊的牌是影響現況最大的事情。主題牌左邊的牌面可以視為過去，右邊的牌面則視為未來和即將來臨的事情。這也是以線性解讀，按照牌卡順序。
- 現在，透過主題牌所在的X軸，定位出縱軸，縱軸就是Y軸。Y軸的整體牌面會是現況，這是個案目前遇到的情況。
- 從主題牌開始，向上和向下解讀縱軸的牌面。上方的牌面是個案的想法，越靠近個案的牌面，就是越讓個案擔憂的狀況或煩惱。主題牌下方的牌面是個案有能力控制、處理、面對的事情。

就是這樣而已！這個解讀法適用於其他指示牌或特定問題的主題牌。舉例來說，如果占卜的是戀情，你可以找到愛心牌，解讀交會的X軸和X軸；如果你想要了解個案的丈夫，可以找到男人牌，解讀交會的X軸和Y軸；如果你想要了解家庭事業的發展，找到魚這張牌，並解讀交會的X軸和Y軸。交會於指示牌或主題牌的X軸與Y軸，會揭露出過去、未來，以及相關問題和潛在暗流。你只需以第三章起初介紹的各個解讀法來解讀牌面。下頁的圖示為交叉解讀法的範例。

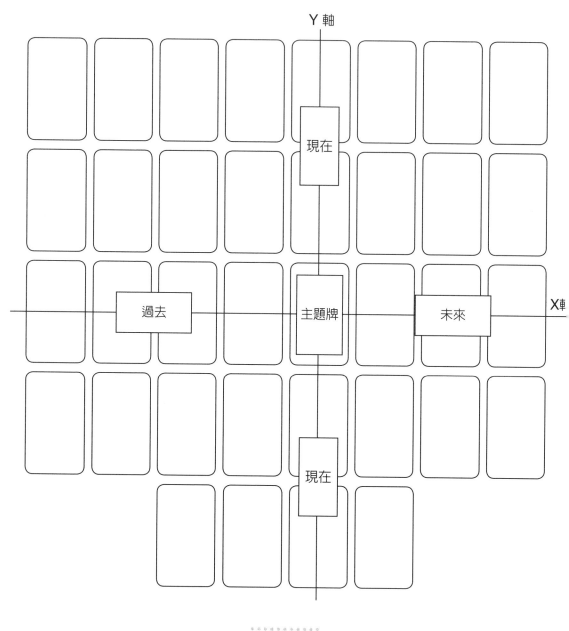

交叉解讀法

騎士解讀法

透過配對和組合座落在牌陣中的牌卡，騎士解讀法能夠從另一種角度激盪出額外的細節和特定牌卡的背景資訊。實際上，從特定牌卡往外移動的方式跟西洋棋盤的騎士走法一模一樣。這個解讀法來自騎士以九十度直角的方式跳著走：走兩步再走一步，或是走一步再走兩步。原本的牌會結合騎士解讀法對應到的牌卡，產出更多訊息細節。

藉由搭配對應到的牌卡和原本的牌卡（你想了解更多訊息的牌），就可以從大藍圖的朦朧牌面中汲取出具體訊息。解讀完大藍圖的訊息後，我有時候喜歡用這個技巧，可以擴充一開始就解讀到的主題，了解額外訊息。請看後續的實占案例，就能更清楚了解騎士解讀法。

雷諾曼的大藍圖宮位

雷諾曼的系統中，大藍圖的位置稱為宮位。宮位是由每一張牌按照順序從一到三十六號排下來的。每一個宮位都掌管特定主題、模式，而這些對應／意義都會直接與宮位象徵的牌卡和該牌義有關。

要列出宮位，請想像大藍圖牌陣按照以下順序排列：第一張牌是騎士，第二張牌是幸運草，第三張牌是船，以此類推，直到最後一張是十字架。這些序號的位置就是宮位的數字。騎士是第一宮，幸運草為第二宮，船是第三宮，而第三十六宮就是十字架。這些宮位和數字不會變動，宮位的特性與其所屬牌卡的意義一樣。舉例來說，第一宮代表移動的事情、消息、資訊（如同所屬的騎士牌），第二宮象徵好運與機會（如同幸運草），以此類推，而最後一宮則代表困難、挑戰、難關（十字架）。請參照下頁的圖示，並參照附錄五來全盤了解宮位和它們的特徵。

宮 1 騎士	宮 2 幸運草	宮 3 船	宮 4 房屋	宮 5 樹	宮 6 雲朵	宮 7 蛇	宮 8 棺材
宮 9 花束	宮 10 鐮刀	宮 11 鞭子	宮 12 鳥	宮 13 小孩	宮 14 狐狸	宮 15 熊	宮 16 星星
宮 17 鸛鳥	宮 18 狗	宮 19 塔	宮 20 花園	宮 21 山	宮 22 十字路口	宮 23 老鼠	宮 24 愛心
宮 25 戒指	宮 26 書籍	宮 27 信件	宮 28 男人	宮 29 女人	宮 30 百合	宮 31 太陽	宮 32 月亮
		宮 33 鑰匙	宮 34 魚	宮 35 船錨	宮 36 十字架		

大藍圖宮位

解讀宮位需要綜合單張牌的牌義和宮位意義，如同配對組合兩張牌一樣。宮位的序號讓座落上方的牌面有了特定訊息，賦予更多意義。宮位和宮位不會一起解讀，一個宮位只會與座落在上方的牌卡搭配解讀。牌卡和它座落的宮位實際上會比兩張牌的組合更靜態，比較像是某種狀態或情況。宮位會賦予主要內容更多資訊。

舉例來說，船（三號牌）象徵旅遊或改變，而大藍圖的第三宮則代表移動或轉變。任何牌卡如果落在第三宮，便會受到移動和轉變的影響。如果狐狸落在第三宮，則象徵工作（狐狸）會有轉變（船）。因此在大藍圖中，每一個宮位都定義了牌面的周遭環境。同樣的，把牌卡想像成你賦予了角色的演員（無論是你自己設定還是交給牌卡隨機決定），宮位會賦予特定牌卡一段劇情，在這次占卜中演出。

如果牌卡落在自己的位置，或者落在自己原本的宮位，便如同拿螢光筆畫重點一樣，更加強調、強化了這張牌的意義。舉例來說，蛇落在原本的宮位（七宮），便是警告你有嚴重的問題或惡意的敵人在你周圍。

同樣的，當兩張牌各自落在彼此的宮位，如同鏡射彼此，也是強調這兩張牌的組合，著重在這兩張牌所說的事件。舉例來說，如果戒指落在七宮（蛇），而蛇落在二十五宮（戒指），這兩張牌便在敘說婚姻有重大危機，或是合約有嚴重的麻煩。

訣竅：

- 你不需要有特定的問題才使用大藍圖牌陣；事實上，最好是沒有特定問題，因為牌面會顯示一切答案。我喜歡直接占卜，不帶任何特定問題。

- 如果你的確有個問題或擔心的事情，不需要解讀完整的大藍

圖；你只要解讀主題牌周圍的牌面，以及交會於主題牌的軸線就好。

宮位鎖鏈法

這個解讀法會為大藍圖增加許多深度和難度，它能激發出事件的細節，洞悉未來事件的順序。這個進階技巧，最好在你對牌卡、牌義、配對組合有極高掌握度後再使用。如果你還達不到這個境界，那麼就先打穩基本功後再來嘗試，無需急著趕進度。

這個另外的技巧能夠額外了解、釐清、驗證一開始的解讀內容。如同前面幾種解讀法，這個技巧也不是非得使用的解讀法。我喜歡這個方法，因為它會為我的占卜畫龍點睛。

從你想要了解更多資訊的牌卡開始進行，就可以拉起一整條宮位的鎖鏈。辨識出牌卡座落的宮位後，根據宮位原本對應的牌卡，找到該張牌，再從這張牌座落的宮位去找到宮位原本對應的牌卡。這個過程會持續到你的宮位鎖鏈回到最一開始選擇的牌卡。這看起來比解讀法還複雜，所以讓我逐步解釋細節。

宮位鎖鏈法是將牌卡和它們所屬的宮位串連起來，接著連結所屬宮位象徵的牌卡，形成一整條符號的鎖鏈，揭露出特定狀況的驚人細節。

- 首先，找到指示牌（你想要獲得更多資訊的牌卡），再檢視牌卡座落的宮位（請參照406頁的大藍圖宮位圖示）。
- 找到該宮位代表的牌卡（宮位的序號和牌卡序號一樣），並在牌陣中找到這張牌。
- 解讀這兩張牌的連結與符號關聯。

- 下一步，確認你剛才找到的牌卡所屬的宮位序號，並找到對應該宮位序號的所屬牌卡（也就是說，牌卡和宮位的序號一樣）。
- 透過陸續找到的牌卡串連起來，將你發現的資訊綜合解讀。
- 重複這個過程，從牌卡找到宮位，再從宮位定位牌卡，直到你回到最一開始的指示牌。

使用宮位鎖鏈法能夠讓你悠遊於大藍圖牌陣，並發現微小的細節，因為這些細節沒辦法透過簡單的解讀呈現。如果未來的牌面不夠多，這個技巧也很好用。

舉例來說，如果你想要知道在指示牌旁邊的狗所象徵的人是誰，而周圍牌面的訊息不夠多時，就使用宮位鎖鏈法來找到答案。從狗的位置開始，先確定這張牌的身分，或是藉由描述這張牌的牌面來得到更多訊息。

讓我們細細探究這個案例。

解密宮位鎖鏈法

確定狗落在的宮位是什麼。舉例來說，假設狗落在十七宮（鸛鳥），意味著狗代表的人物個性開朗正向、身材高瘦。如果訊息的細節還不夠，我們就能使用宮位鎖鏈法來獲取更多資訊。接下來，我們在大藍圖牌陣中找到鸛鳥牌，它落在二十八宮位（男人）。現在我們可以確定這個人是男性，而且極有可能是個案的另一半。接著定位男人牌，並確定它所在的宮位，以此類推，直到這個宮位的鎖鏈最後連回狗這張牌。

如果你想詢問某個特定案子的發展，而其他解讀法無法給予更多

細節，也能套用宮位鎖鏈法來解讀。由於書籍代表專案，只要從書籍牌開始使用宮位鎖鏈法，你就能夠揭開這個案子的未來祕密。以此為例（參考下一頁的圖示），假設書籍落在二十一宮位（山），就代表這個案子會遇到挑戰與阻礙。

1. 我們接著找到山落在十一宮（鞭子），意味著會有爭吵，或是需要重複某些工作過程，或是重審這個案子。
2. 接下來我們找到鞭子落在十二宮（鳥），代表爭執或辯論後會需要溝通協商。
3. 我們找到鳥落在二宮（幸運草），就能知道這場溝通協商最後會圓滿落幕。
4. 繼續找到幸運草落在二十五宮（戒指），合作似乎會談成。
5. 戒指最後落在書籍的宮位，結束了這次的宮位鎖鏈法。

藉由宮位鎖鏈法的流程，我們可以知道這個專案未來會逐一發生的事件，從目前的僵局到協商談判，最後因為戒指而讓專案獲得圓滿的結果。

多數時候，交叉解讀法便足以看出專案的未來發展，只要解讀交會於主題牌和所座落的宮位的線性軸就好。宮位鎖鏈法能夠接著驗證、深入探究預測的內容。有時候指示牌的橫軸牌面過度中性或沒有未來牌面，那麼就可以用宮位鎖鏈法來解開牌面要傳達的祕密。

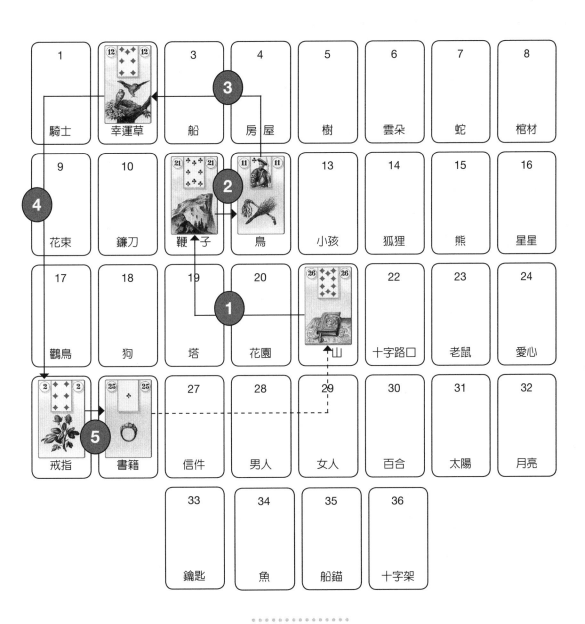

1 騎士	12 幸運草	3 船	4 房屋	5 樹	6 雲朵	7 蛇	8 棺材
9 花束	10 鐮刀	21 鞭子	11 鳥	13 小孩	14 狐狸	15 熊	16 星星
17 鸛鳥	18 狗	19 塔	20 花園	26 山	22 十字路口	23 老鼠	24 愛心
2 戒指	25 書籍	27 信件	28 男人	29 女人	30 百合	31 太陽	32 月亮
		33 鑰匙	34 魚	35 船錨	36 十字架		

解密宮位鎖鏈法

皇冠解讀法

　　有時候如果個案的問題較廣泛，其中有許多小議題，若想要額外了解細節時，我就會用我發展出來的技巧「皇冠解讀法」，這需要個案與占卜師之間有更深的互動交流。如果我沒有時間使用宮位鎖鏈法，而我想要快速解讀大藍圖，並讓解讀更豐富一點，就會使用皇冠解讀法。皇冠解讀法能夠以更少的時間來擴展關鍵領域的細節。

　　按照一般的方式排出三十六張牌的大藍圖牌陣後，我接著會將最後四張牌放著，先不攤開。直到我解完整局牌面後，我會將蓋住的四張牌放在個案面前，並請他在牌陣中選擇四個位置，代表他想要更深入了解的問題。然後我會用最後的四張牌，在牌陣中的這四個位置為它們戴上「皇冠」。

　　接下來，我會攤開每一張皇冠，並解讀下面的牌和宮位（參考414頁和415頁的圖示）。這個方法能激盪出驚人的牌義組合，擴展大藍圖的龐大訊息，也能夠針對牽涉到許多具體問題的主要擔憂，進而驗證細節資訊。

　　舉例來說，我為戴蒙很快地做了大藍圖占卜。他準備出席會議，想要了解大致情況，但我感覺到他想要知道一些具體細節，預知其中的麻煩。牌面顯示出會有極好的機會出現，有正向的人脈連結，也會從粉絲那裡獲得熱情的回饋。解讀完上方三十二張牌後，我問他想要再了解哪幾個領域？他選擇了：

★ **太陽**：在會議上的名聲／成功
★ **花園**：會議和人脈機會
★ **船**：往返會議的旅途
★ **鑰匙**：會議的成功和必要的解決辦法

接著我將蓋著的四張牌交給他，請他隨意擺放在四個位置上。最後的結果令人吃驚！皇冠解讀法的牌面呼應到了牌陣中的所有訊息，並增加更細節的訊息，讓他鬆了一口氣，給了他可行的計畫。

　　太陽戴上了星星的皇冠：他的成功會聲名遠播。而因為這張牌和星星牌落在了蛇的宮位，無可避免地會出現有人嫉妒他的成功。

　　花園戴上了十字路口的皇冠：會有許多不同的粉絲吵著想了解他的工作，獲得他的注意，也會（或許）有許多場合和許多計畫因為他的出席而受益，帶來雙重機會。花園和十字路口落在星星的宮位，所以人脈連結和擴展會大幅增長。

　　船戴上了月亮的皇冠：他的旅途會十分夢幻，既舒適又愜意。因為兩張牌落在了老鼠宮位，意味著會有一些小麻煩出現，但很快就能掌控住。

　　鑰匙戴上了狗的皇冠：代表成功來自於他的忠實粉絲。而因為這兩張牌剛好落在狗的宮位，無疑更加強調粉絲的熱情和能力令人矚目。

　　總而言之，會議會有很好的發展，他也滿足了所期望的事，放下了擔憂。本質上，皇冠解讀法將大藍圖中單一位置變成了小型的三張牌解讀，垂直式地深入探尋特定議題，從宮位到宮位上的牌，再到戴上的皇冠。皇冠解讀法讓我獲得如使用宮位解讀法一樣的細節，但只要花我十分之一的時間。

戴蒙的大藍圖

戴蒙的皇冠解讀

交點解讀法

如果遇到關係問題的牌面似乎複雜又隱藏著祕密，我就會採用交點解讀法。這個方法只有在牌卡彼此處於對角線時才能使用。在大藍圖牌陣中，對角線代表著間接影響。如果兩張指示牌都在同一條線，無論是橫軸還是縱軸，它們之間的連結都很清楚明確；反之，間接的對角線連結能夠揭開關係狀態的真相。這樣的狀況下，我會在牌面中尋找這兩張牌的「交會點」是哪幾張牌。

基本上，我會想像這兩個人在房間裡卻沒有面向彼此。為了了解他們之間的關係，我需要知道是什麼把他們兩人湊在一起。以雷諾曼的方式來說，他們占據了兩個轉角，而我能夠透過房間其他兩個轉角，找到還有什麼事情在這個房間裡發生。

找到這兩張指示牌，我會從這兩張牌分別延伸橫軸和縱軸，在假想的房間裡找到雙軸交會的兩個轉角。這些「交點」讓我能夠一探究竟，了解兩人之間的狀況。儘管他們可能並不是直接望向彼此，但這兩個轉角會顯示出把他們湊在一起的事件與原因（參見下頁的圖例一）。

在這個牌面中，男人牌和女人牌落在直接的對角線上，意味著親密的關係。延伸橫軸和縱軸能夠找到兩個交會點：蛇和戒指代表婚姻會出現問題，跟謊言與欺騙有關。既然如此，我想要了解這段關係是否有第三者。

我找到狗這張牌，想要檢視看看是否有任何關聯，以及是否與現況有間接的關係（亦即對角線）。狗落在了山的宮位：麻煩大了！有了第三者的跡象，我就能夠尋找其他交會點來確定這另一段關係。

同樣的，透過轉角，我找到了連接這兩張在對角線上的牌卡交會點。首先，我將狗對應到個案牌（在此例中為女人牌），檢查是否有

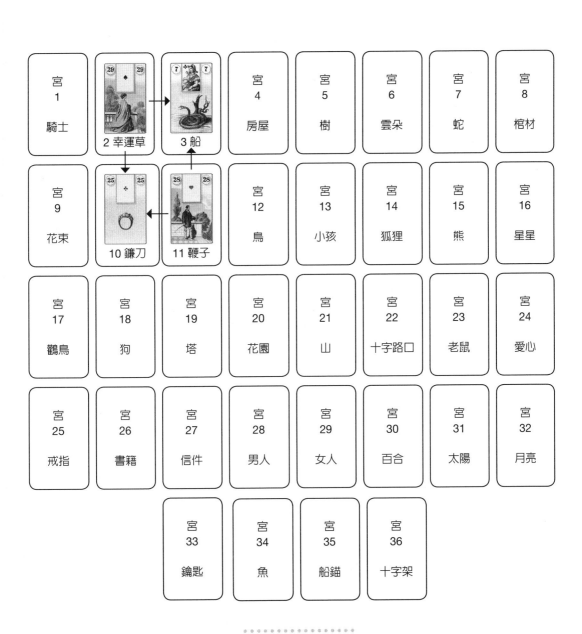

宮 1 騎士	2 幸運草	3 船	宮 4 房屋	宮 5 樹	宮 6 雲朵	宮 7 蛇	宮 8 棺材
宮 9 花束	10 鐮刀	11 鞭子	宮 12 鳥	宮 13 小孩	宮 14 狐狸	宮 15 熊	宮 16 星星
宮 17 鸛鳥	宮 18 狗	宮 19 塔	宮 20 花園	宮 21 山	宮 22 十字路口	宮 23 老鼠	宮 24 愛心
宮 25 戒指	宮 26 書籍	宮 27 信件	宮 28 男人	宮 29 女人	宮 30 百合	宮 31 太陽	宮 32 月亮
		宮 33 鑰匙	宮 34 魚	宮 35 船錨	宮 36 十字架		

交點解讀法圖例一

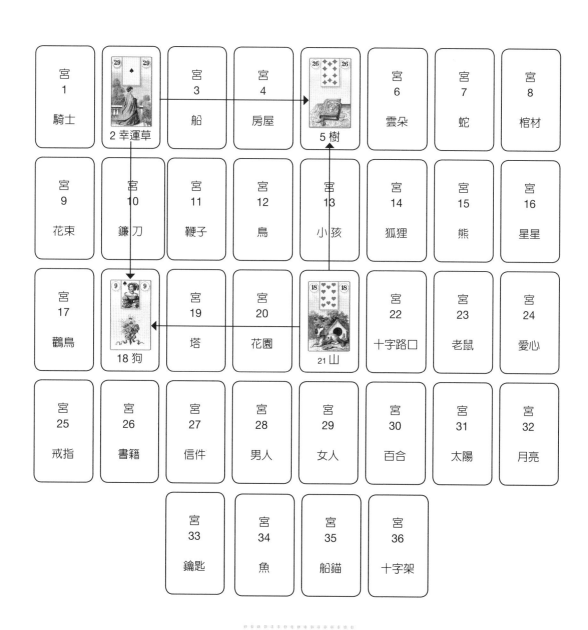

交點解讀法圖例二

任何相關。如果兩張牌無關，我就會將狗連結到伴侶的指示牌（男人）。我試著判斷是否有第三者以及有第三者的那個人。

在左頁的圖例二，我們可以看到女人和狗的交點是花束和書籍。賓果！這個房間裡有戀人，以及個案與第三者的美好又祕密的關係。

如果我想要為個案解讀得更深入一點，我會把宮位加進去，進一步得到細節，增添解讀訊息的豐富度。我會在任何指示牌／主題牌上使用這個解讀法，判斷它的意義和對個案的影響，特別會在一開始解讀時無法清楚了解牌義後使用。

如果你試著找出兩人之間的狀態，交點解讀法能夠使用在任何關係中，揭露驚人的細節資訊。

解讀大藍圖的步驟

我會先沉澱心神，做幾次深呼吸，並與周圍的一切連結。接著，我會專注於本次占卜的對象，

然後，我會選擇牌卡。通常來說，如果要占卜大藍圖，我會選擇畫面簡潔的牌卡，符號才能清楚浮現，牌面才不會太過複雜或混雜。如果牌面太花俏，會影響占卜解讀，因為符號無法輕易浮現在你的眼前。

專注於個案和（或）他的問題時，我會同時洗牌。

- 如果有第二人或第三方關係人涉及到問題，我會在心中將特定的牌面代表這些人。舉例來說，假設個案的指示牌是男人牌，他的妻子就會是女人牌，而他的小三就會是狗這張牌。（我通常會把狗視為第三人，如此我就可以讓其他牌維持負面和正面的屬性，方便解讀；如果有第四人，我就會用騎士牌來代表他

／她。）在多數例子中，我所做的只是專注於個案本身。

- 我會先將時間範圍包含進問題當中，例如一個月、三個月、半年、一年。大藍圖牌陣一定要記得設定時間範圍，因為有時候牌面的時間點可能會延伸到非常遙遠的未來。

- 大藍圖最下方的四張牌通常會給出驚人的訊息，所以我會決定最後四張牌傳達什麼訊息——個案尋求的建議或資訊、最後總結或重要訊息。如果你沒有設定這四張牌的目的，那就將它們視為占卜內容的最後一條線性訊息，而非故事情節的落幕總結。

- 我所有啟動主題牌或決定任何占卜目的的過程，都是邊洗牌邊進行——也就是正式擺牌之前。

　　洗好牌後，我會感受一下牌卡，直到我準備好就會切牌，並開始擺牌。牌面向上，每一橫排八張牌，總共四排，最後四張牌在最下方的中間位置。這個版本的大藍圖牌陣稱為「八乘四加四」牌陣。這是我最喜歡使用的牌陣，因為它已經深植在我的腦海裡了。這個牌陣是我最信任、最可靠的牌陣，而且它的確有用，給我很棒的占卜結果，我也因此獲得驚人的回饋，所以我從此都使用這個牌陣。我也喜歡最後一張牌作為結尾的牌面。

　　擺完所有的牌之後，我會先注意前三張或前四張牌，因為它們通常代表這次占卜的能量、感覺、主題或動能。它們是我私人的小小解讀方法。這些牌面讓我知道占卜結果是否正面樂觀、令人沉重或是沒那麼好。這些牌如同我的小窺管，讓我得以窺探整體局面。

　　接著，我會找到指示牌：如果個案是男性，就是男人牌；如果個案是女性，就是女人牌。然後我會定位這張牌卡，檢視它是否在牌陣

的最上方或最下方，在開始還是結尾。牌卡的位置會為個案的生活狀況提供額外線索（參照397頁時間劃分法和398頁覺察分層法的解說）。

接下來，我會解讀交會於指示牌的兩條軸線，指示牌左方的牌面是過去，右方的牌面是未來與即將來臨的事件。指示牌上方是個案擔憂的事情、思考的事情、讓他壓力大的事情；指示牌下方是正在處理、已經掌握或是已知的事。

現在，我會以個案的指示牌為中心，使用三乘三的「九宮格牌陣」來解讀（參照360頁九宮格牌陣說明）。此時，我可能會用交點解讀法來檢查與個案「交會」的主要議題在哪裡。

我會檢查負面牌面距離指示牌有多遠或多近，以及負面的程度多強烈，或者是否會立即出現厄運。我也會檢查這些負面牌是否都湊在一起，因為這會強調個案需要注意的重要訊息。假設它們都湊在房屋牌周圍，我就會跟個案強調一定要關注家中的難關，並且需要立刻處理。

接下來，我會繼續查看其他重要的主題牌。例如，房屋代表房地產、房子或家庭；戒指代表婚姻或合約；愛心代表戀情；狗代表朋友或寵物；樹代表健康；熊代表財務狀況；書籍代表專案計畫；魚代表顧問、事業或個人公司；塔代表企業機構、法律事務、學校或大學……諸如此類。

解讀每一張與個案相關的主題牌的流程，都與解讀指示牌的流程一樣，需要你採用上述提到的所有流程，使用交叉解讀法和九宮格牌陣。

完成以上部分後，我會詢問個案是否有任何想再了解但我沒解釋到的主題。我會接著找到最能夠象徵該主題的牌卡，並且以同樣的流

程進行解讀──先是交叉解讀法，再用九宮格牌陣。

　　解讀完整局牌面之後，如果還有一些不清楚的訊息，或是我想要額外驗證資訊，我就會採用宮位鎖鏈法，搭配解讀每張牌卡和它們座落的宮位。宮位鎖鏈法能夠讓牌面浮現更多細節，並給予按照順序的預測，了解事件發展，如同我們看一部老舊的電影膠片，事件逐幀展開一樣（參照408頁宮位鎖鏈法的解說）。

　　我要做占卜總結時，會再仔細解讀最後四張牌，它們是占卜內容的結論，是牌面的最後總結。有時候我會將這四張牌當作給個案的建議，但前提是在洗牌時就要先設定好這四張牌的意義。這最後四張牌是結束占卜的牌面──大藍圖的最後訊息。

　　最後兩個步驟只會在少數情況下使用，亦即如果仍有什麼事情讓我覺得怪怪的話：

- 我可能會檢查大藍圖四個角落的牌卡（一、八、二十五、三十二宮），知悉更多洞見。將它們以線性的方式解讀，而它們通常會緊扣占卜內容。
- 接著，我會使用騎士解讀法。我很少會用到這兩個步驟，因為通常前面的流程就可以回答所有問題和疑惑了。偶爾會有人需要額外資訊來驗證，那麼就可以拿這些解讀法來用。

　　可能一次提供這些資訊，對初學者而言太龐大了，但是只要你開始練習，就會逐步看見大藍圖如花朵般逐漸綻放。按照以下圖示說明的步驟練習，便能更加清楚大藍圖的完整內容。

大藍圖牌陣的實占案例

這是我爲黛安解讀的大藍圖，她是我的個案。

黛安找我占卜時，沒有提供任何問題、疑問或資訊，我只能自己從牌陣中探索、挖掘。牌陣顯示出她在婚姻上進退維谷，也顯示出其他問題與擔憂，包括黛安猶豫不決的事情和刻意隱藏的祕密。她不太相信占卜，她會來找我的唯一原因只是因爲她朋友（也是我的個案之一）幫她預約了占卜，作爲她的生日禮物。解讀完牌面之後，黛安從原本的懷疑論者，轉而完全相信占卜，自此之後成了我的熟客。

做完沉澱心神的自我儀式後，我洗牌並專注於黛安身上、她的人生和未來半年的運勢，我也將最後四張牌定義爲建議牌，接著排出大藍圖牌陣。

- 塔＋男人＋騎士＋鞭子，前面這四張牌告訴了我許多事情。首先，我知道主要的問題在於她老公，因爲男人牌就出現在前四張牌當中。同時，騎士也帶來行動，而鞭子帶來爭執或口角，可能跟法律官司有關（塔）。
- 女人牌的位置靠近下方，表示她目前承受著巨大的壓力，或是現在內心有許多擔憂。

先解讀女人（個案的指示牌）周圍的牌面，接著做九宮格解讀法（參照後面的圖例）。

黛安的大藍圖牌陣

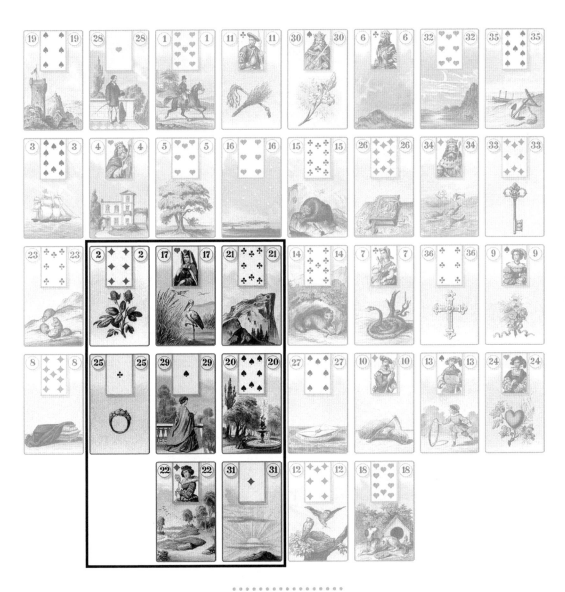

黛安的九宮格牌陣

透過九宮格牌陣，我們會看到：

★ **幸運草＋鸛鳥＋山**：黛安正在思考某種行動或是改變某些事情的機會，但有阻礙在前

★ **戒指＋女人＋花園**：她已婚或是處在互相承諾的關係中；她也很享受社交生活

★ **十字路口＋太陽**：通常十字路口靠近指示牌，意味著有婚外情，但我想要先了解更多證據後才開口解讀；十字路口右邊有著太陽，代表令她開心的地方或是前景樂觀的選擇

因為最後幾張牌的關係，我決定使用以女人牌為中心點的鑽石法，驗證我最初的想法。

★ **鸛鳥＋戒指＋十字路口＋花園＋鸛鳥**：承諾有了轉變；可能的因素來自於分歧或是其他社交活動

★ **幸運草＋戒指**：黛安過去有段愉快美好的婚姻

★ **鸛鳥＋女人＋十字路口**：她正思考著是否要往前或者是改變現況，但仍猶豫不決

★ **山＋花園＋太陽**：社會壓力或干擾讓她煩心，但她最終會克服

作為額外的驗證資訊，我使用交點解讀法將黛安與狗這張牌串連起來，狗在這裡象徵第三方的指示牌。交點解讀法能夠讓他們的關係曝光，如此我就能夠在跟她解說之前，了解更完整的原貌。

串連到女人（黛安）和狗（祕密的第三方）的角落是十字路口（選擇或雙重）和鐮刀（意外或危險）這兩張牌。這隻神祕的狗，顯而易見是位重要的角色，帶來嚴重的風險或困難的抉擇。

使用交叉解讀法，解讀交會於指示牌的雙軸線：

★**騎士＋樹＋鸛鳥**：目前有新的人、新的移動或是新的情況，讓黛安審慎思考是否該改變生活、重整人生

★**女人＋十字路口**：她知道自己得做出選擇

★**棺材＋戒指**：她的婚姻最近出現狀況；停滯的關係；有機會可以重燃花火

★**花園＋信件＋鐮刀＋小孩＋愛心**：三或四個月之內，分開的消息會公諸於世，讓她在第六個月的月底稍微開心一點

接下來我要解讀婚姻關係，所以我找到戒指牌，並解讀周圍的牌面。戒指在第二十六宮（書籍），祕密之宮；而棺材在第二十五宮（戒指），承諾與合約之宮。對我來說，這樣的牌面大大明示著婚姻問題。

★**老鼠＋幸運草＋鸛鳥**：這三張牌意味著婚姻帶來壓力，可能很

快就會發生變化

★**棺材＋戒指＋女人**：暗示著這段婚姻的另一種可能性也會以同樣的方式結束

戒指的未來牌面落在跟女人牌同一條的未來軸線，這證實了婚姻會出現分離，因為鐮刀出現在未來軸線上。

★**男人＋房屋＋幸運草＋戒指**：意味著黛安的丈夫是一家之主，不覺得婚姻有任何問題，而且感到一切都很快樂、美好

黛安和她丈夫的牌面如此不同，讓我想要接著解讀代表她丈夫的男人牌。

★**塔＋男人＋騎士**：代表有權威的男性，總是外出且可能經常獨來獨往

★**船＋房屋＋樹**：他常為了家庭與事業的穩定而外出奔波，或者往返在旅途與家庭之間就是他的家庭生活

交叉解讀法

此時，黛安驗證了目前所解讀到的訊息，她告訴我她的丈夫頻繁出差的行程。她說道：「他總是不在家。每次外出就是兩個月。」她也提及了自己的婚外情。

這些牌面現在變得如此清楚：第一宮的塔＝他獨自一人，因為他總是在外奔波。第三宮（船）出現騎士＝因為頻繁的外出，他一直在移動。第十宮（鐮刀）出現房屋＝家庭破裂，或是突然有關家庭的魯莽決定。第十一宮（鞭子）出現樹，代表他的家庭不和已經根深柢固了。

大藍圖中女人牌與男人牌的距離也呼應到他們的婚姻狀況，彷彿他們各自活在不同的世界。

檢查牌面中是否有特別負面的牌卡，檢視這些牌卡的影響是什麼：

- 棺材影響戒指＝婚姻；並且加重了壓力，老鼠
- 老鼠影響這些牌：戒指＝婚姻；房屋＝房子或家人；船＝旅途
- 雲朵影響這些牌：熊＝財務；魚＝現金流或個人事業；書籍＝祕密或專案
- 蛇影響這些牌：熊＝財務；魚＝現金流或個人事業；書籍＝祕密或專案；狐狸＝工作；鐮刀＝抉擇或突然的破裂
- 十字架影響這些牌：書籍＝祕密或專案；魚＝現金流或個人事業；鑰匙＝解決；蛇＝麻煩；花束＝快樂；鐮刀＝抉擇或突然的破裂；愛心＝愛與喜悅的感受

負面牌面的影響

狐狸的九宮格

黛安的下一個問題與她的工作有關。為了決定哪一張牌才是適合她工作的主題牌，我必須了解她是否有工作並有穩定的薪水，抑或她是自由工作者或自雇業者。她表示自己有穩定的工作，所以我找到狐狸牌並解讀周圍的牌面。

★星星＋熊＋書籍：美好、有權勢的主管階層，負責監督、製圖、研究市場分析

★山＋狐狸＋蛇：工作目前很穩定，但是員工會有些狀況

★花園＋信件＋鐮刀＋狐狸：人脈、溝通、決策是這份工作的一部分，並且也都能掌控全局，因為這些牌都在狐狸之下

★星星＋山＋花園：新的執行方案或是某些創新計畫遭到延宕，或者過程太緩慢而無法公開

★熊＋狐狸＋信件：黛安負責監督文件並溝通所有問題

★書籍＋蛇＋鐮刀：研究或檢驗上會有誤差，有其他問題需要釐清和清除，可能需要調整預算，或是未來要縮編預算

★老鼠＋幸運草＋鸛鳥＋山：對於新的轉變會有壓力，某種更新會遭到延宕或停滯不前

★蛇＋十字架＋花束：接下來的三到四個月會壓力如山大，要面對難關與痛苦，但是最後會鬆一口氣或是有好結果

　　第二十一宮（山）出現狐狸，代表黛安的職位目前很穩定。她不會有任何變動，但同時她正經歷某些挑戰與難關。

　　黛安開始跟我解釋她的工作是專案經理人，目前遇到的問題是必須解雇某些下屬。她也表示公司正在執行的更新遇到了問題。

使用宮位鎖鏈法

　　我先找到個案的指示牌（女人），它落在第二十七宮（信件），而信件落在第二十九宮（女人），這兩張牌互相輝映，並特別強調兩張牌之間的關係。出現這樣的狀況，意味著有非常重要的文件或某種消息讓我的個案擔憂不已。

　　我問道是否有文件或重要的信件，又或是重要資訊，讓她一直憂心忡忡。黛安點頭表示沒錯，並說她正在等法律文件，才能決定是否要跟丈夫對峙談離婚，或是嘗試其他方法。

　　根據黛安的回答，我決定從十字路口的宮位開始，這張牌象徵選擇與決定和猶豫不決，來檢視是否有更多訊息並協助黛安。

- 十字路口落在第三十三宮位（鑰匙），成了關鍵的決策。
- 鑰匙落在第十六宮（星星），代表解決辦法對黛安的人生有嚴重影響。
- 星星在第十二宮（鳥）閃爍，帶領她走向親密關係的新方向。
- 鳥棲息在第三十五宮（船錨），這段關係很穩定、穩固，或是已經持續一段時間了。

大藍圖牌陣與宮位

- 船錨定錨在第八宮（棺材），關係的穩定度會發生劇烈的轉變、改變、結束，或是沉重感如同枷鎖將她束縛。
- 棺材埋在第二十五宮（戒指），代表承諾或婚姻會發生轉變或終結。
- 戒指在第二十六宮（書籍）發光，這段承諾或婚姻因為祕密、隱瞞、未知資訊而關係緊繃。
- 書籍落在第十四宮（狐狸），祕密或資訊會以非常狡猾的方式被操弄。
- 狐狸落在第二十一宮（山），這個操弄會受到阻礙或挫敗，可能會造成隔閡。
- 山座落在第二十宮（花園），隔閡或阻礙會來自特定人群或特定交友圈、社交圈。
- 花園落在第二十八宮（男人），戴安的丈夫有可能管理著一群人，或是在團體中有很大的影響力，又或者這個團體對他來說很重要。
- 男人站在第二宮（幸運草），黛安的丈夫會得到其他機會或看到機會。
- 幸運草長在第十八宮（狗），這個機會或二次機會與黛安的戀人有關。
- 狗在第三十六宮（十字架）等待，黛安的戀人會遭受痛苦與哀傷。
- 十字架落在第二十三宮（老鼠），痛苦與悲傷會擴散，還會有焦慮和壓力。
- 老鼠在第十七宮（鸛鳥）躡手躡腳，壓力和痛苦可能會消散，會稍微恢復。

- 鸛鳥降落在第十九宮（塔），法律官司會有好結果，搬進高樓大廈或公寓大樓，或是在法律上占上風。
- 塔從第一宮升起（騎士），法律事務會有快速的行動，或是得到新公寓。
- 騎士出現在第三宮（船），往前邁進或分離的消息，或是新公寓的地點需要在旅程中才會發現。
- 船駛在第九宮（花束），分離或新地點會帶來愉悅，事件有愉快的轉變。
- 花束落在第二十四宮（愛心），因為事件有愉快的轉變，會為內心帶來喜悅。
- 愛心在第三十二宮（月亮），黛安的愛心和喜悅會滋養這段戀情。
- 月亮漂浮在第七宮（蛇），這段關係會遭遇嫉妒或麻煩，或是黛安的名聲會遭遇小人攻擊；而蛇落在第二十二宮（十字路口），回到最一開始的牌，代表這個抉擇並不容易。

解讀完宮位鎖鏈法之後，所有的訊息都符合黛安的狀況，她的內心很有共鳴，特別是她老公是某個有嚴格入會標準的俱樂部會員。如果離婚，她丈夫就會獲得可觀的財富，這就是讓她煩惱的法律問題，並且她也對於要搬進城市深感焦慮。黛安非常滿意占卜內容，她說看到她的狀況一步一步被牌卡呈現出來，幫助她能夠頭腦清晰地做選擇。

黛安又問了她的財富狀況，所以我又看了熊這張牌。我再次用了宮位鎖鏈法：

- 熊落在第十三宮（小孩），意味著會有微小的收益，或是資產可能稍微增加／減少。
- 小孩落在第三十一宮（太陽），會有小收益，或是小額投資會有大好收穫。
- 太陽落在第三十四宮（魚），這個成功會增加現金流；魚落在第十五宮（熊），意味著儘管可能會遇到小挫折，資金終究還是會收穫豐盛。

如果我們用九宮格牌陣來解讀大藍圖中的熊，牌面的答案解讀起來也一樣。

最初洗牌時，我已經先設定了最後四張牌為具體建議。我總是會在一開始洗牌的時候先設定最後四張牌的目的；而針對這個情況，黛安來找我是為了得到特定指引。

★ **十字路口＋太陽＋鳥＋狗**：所做的決定必須要讓自己綻放光芒，並且忠於自我、靈魂和關係。選擇正向的道路，保持正向，以正面的態度對待朋友、摯愛，以鼓勵和有建設性的話語來溝通

我給黛安最後的建議是保持平靜，樂觀看待一切，無論何時都選擇較美善的道路，並且未來都要愉悅地溝通。

我相信接下來的兩個步驟不太必要，特別是我們經歷了上述的所有步驟，也得到了所需的資訊。然而為了示範，我們還是繼續下去吧。

四角解讀法

有時我最後會看一眼四個角落的牌，作為總和、額外洞見和驗證某些事情，又或者是我沒時間使用宮位鎖鏈法的時候。

黛安的大藍圖牌陣中的四個角落，我看到塔＋船錨＋愛心＋棺材（＋塔）。

這些牌跟長期孤獨或隔離有關，因而窒息了心中的愛、熱情或關係。這個改變或轉變連帶造成生活必須徹底重整（棺材＋塔），也有法律官司涉及其中。

騎士解讀法

騎士解讀法是很有趣的技巧，如果省略掉前面的流程，或不想要採用前面的解讀法，就可以使用這個技巧。

以女人牌為中心做騎士解讀法，會對應到：

★**女人＋老鼠**＝焦慮的女人

★**女人＋狐狸**＝聰明但有點「偷偷摸摸」的女人

★**女人＋房屋**＝穩定的女人，或者在這個案例中代表有房契的女人

★**女人＋星星**＝受歡迎、知名的女人，或是踏上人生新方向的女人

★**女人＋鳥**＝正在談判的女人，或是正在約會、上法庭的女人

女人牌的騎士解讀法

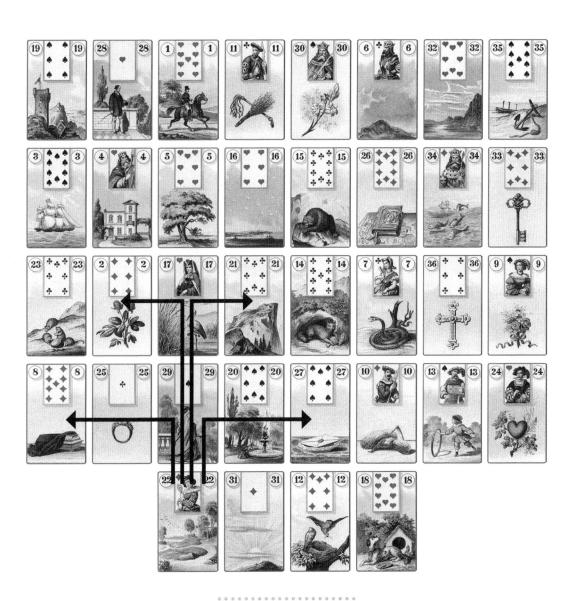

十字路口的騎士解讀法

以十字路口為中心做騎士解讀法，會對應到：

★ 十字路口＋山＝卡住的決策

★ 十字路口＋信件＝決定等待文件，或是文件能做出最後決策

★ 十字路口＋幸運草＝冒險一搏

★ 十字路口＋棺材＝改變人生的決定，選擇結束，可能造成某些損失

結論

這個大藍圖呈現出黛安生活中所有的一切：擔憂、壓力、痛苦、祕密。每一個大藍圖都會呈現出獨特的特性和故事。有時候你會看見同樣的故事在不同的解讀法中一再重複，而有時候你會發現某些主題和焦點會誘發出其他議題。

大藍圖需要大量練習和耐心。這些解讀法賦予你一套良好的解讀系統，隨著時間累積，就能強化你的解牌自信。最終，你看著大藍圖牌陣，會將它視為廣袤的資訊網，其中交織著許多細節，成為一幅巨大的畫作。大藍圖的訊息對個案來說可能太龐大或太有侵略性。它的訊息會非常深入又激烈，這時候就要用你的直覺和本能告訴你哪些祕密能夠揭露，哪些訊息是個案可以接受的內容。

好好享受大藍圖牌陣，花時間練習和解讀它。每月占卜一次大藍圖，拍照做紀錄，並寫下你解讀出的訊息，再回頭翻閱並檢查所有資訊。選擇你最有感覺的方法，挑選你用起來最準確的解讀法。

練習、練習、練習！預測、預測、預測！

【附錄一】
雷諾曼女士事件年表

　　瑪麗・安・阿德萊德・雷諾曼於一七七二年三月二十七日，在法國阿朗松區的聖雷歐納德教區受洗。她是家中第二個小孩，雙親為安・瑪麗和尚恩・路易・雷諾曼，他們是中產階級家庭，家裡經營布料生意，收入可觀。因為她的確切生辰不可考，讓我這位年輕的占星師無法想像她作為鼎鼎大名的占卜師，星盤會如何刻畫她的命運。她夢想著在劇場表演，法蘭西喜劇院的世界讓她深深著迷。只是她知道自己不夠貌美、優雅，無法上台演出，因此選擇成為知名的劇作家。

　　一七七三年：最小的妹妹蘇菲出生後，她的父親就死於高燒，年僅三十七歲。

　　一七七四年：母親安・瑪麗獨自撫育三個孩子，再嫁以薩・荷賽。

　　一七七五年：安・瑪麗生下一個兒子法賽斯・路易。

　　一七七七年：安・瑪麗生下死胎的三天後也隨之離世。雷諾曼在年幼的五歲就成了孤兒。

　　一七七八年：繼父是位精明的商人，擴展了雷諾曼父母的事業。他在巴黎開了一家店，並娶了十七歲的瑪麗・珍妮・卡妮，而卡妮成為了這些小孩的大姊姊。不幸的是，卡妮在同年於生產時離世，剛出世的女兒也隨之沒了氣息。

一七七九年：荷賽沒有因此停下腳步，又娶了十八歲的露意絲·亨利，一位來自富裕家庭的女孩。雷諾曼的回憶錄中曾提及露意絲·亨利是位邪惡的繼母。雷諾曼在回憶錄中花了許多篇幅，仔細描述她如何被這第二位繼母長期羞辱、強迫勞動。

　　一七八〇年：雷諾曼發現了劇場的世界，於是悄悄離家，一頭栽進創作的夢想裡。她覺得自己找到了天命所歸。她的祖父發現了她的狀況，決定將她送到蒙壽本篤修道院就學，這是當時知名的女子修道院學校。

　　一七八一年：作為一名新生，雷諾曼就預言了修道院院長和她管理的修道院將一無所有並入獄。她也預言了下任院長會是紅髮，且姓名開頭是C和F這兩個字母。儘管遭到懲罰與鞭笞，雷諾曼依舊不願改口。雷諾曼最後被退學，轉送去更古老、小型的聖母訪親女修會。小雷諾曼抵達修會的六個月後，消息在修道院之間傳遍了。本篤會爆出醜聞，修道院院長因為貪汙遭到逮捕，繼任的院長為褐色頭髮的凱瑟琳·法賽斯。雷諾曼的預言也產生了流言蜚語，導致聖母訪親女修會拒絕接收一位「女巫」，因此她又再次被退學。雷諾曼早年的預言有被記錄下來，流傳數個世紀。

　　一七八二年：雷諾曼被送到女裁縫師工作室去學習縫紉。待在裁縫工作室期間，她觀察到另一位學徒使用一套叫做艾德亞（Mr. Etteilla）塔羅牌的紙牌來預測未來，她因此發現了自己的天命。出於有趣，那位女孩幫雷諾曼抽了兩張牌，抽到太陽和力量。她預言雷諾曼未來會名利雙收。雷諾曼想要買一套艾德亞塔羅牌，但負擔不起。她改而買了一套普通的紙牌。

　　一七八四年：遭受失業和嚴重糧食短缺的影響，裁縫工作室撐了長達兩年的經濟寒冬，最後還是收掉了。

一七八六年：十四歲的雷諾曼說服繼父讓她在店裡當收銀員，隨後便前往巴黎。她帶著包袱，包袱裡裝著三樣物品：一件白色洋裝、紙牌和荷馬史詩《伊里亞德》。

雷諾曼愛極了數字，也證明自己是位厲害的收銀員和店員。顧客都喜歡她，同事也是，而其中一位同事更是讓她成名的重要推手。這位店員介紹猶太祕教卡巴拉和畢達哥拉斯的作品給雷諾曼，又給了她許多神祕學的書籍，並帶她去見瑞士神學家約翰·卡斯帕·拉瓦特，他曾預測國王會離奇死亡。雷諾曼曾試著要見到鼎鼎大名的艾德亞先生，但他的占卜最低價碼是二十四里弗爾（相當於現今的一千元美金）。儘管如此，她至少能買得起一套夢寐以求的塔羅牌和一小本牌卡手冊。

一七八七年：雷諾曼遇見了幼年的鄰居雅克·埃貝爾，他在幾年後成了知名記者。同年，雷諾曼十五歲時，因爲在塞納河岸獨自進行降靈會和儀式而首次遭到警察逮捕。

一七八九年：一月時，雷諾曼遇到波納蒙蒂·居榮，一位知名的女占星師，並成爲她的學徒，向她學習占星術。那一年，她聽聞弗朗茲·約瑟夫·加爾醫師也是通靈師，發展出了顱相學（解讀人類頭顱），因此希望能跟他學習，但只知道他在英國只待到春天結束。她決定要生出錢來去英國，她向她的占星師諮詢後，將所有積蓄拿去買彩券，贏得了一萬兩千法郎，是一筆比她的年收入足足多出一百倍的鉅款。

命運似乎安排她走上這一條路。雷諾曼打包行李出發去倫敦，見到了加爾醫師。加爾醫師解讀了她的的頭顱，預測她會成爲偉大的先知，並把她比擬爲傳奇的義大利庫邁女先知。

一七八九年八月：雷諾曼已經在倫敦西區的波特曼廣場開了一間

店，招牌上寫著「來自巴黎的占星師，雷諾曼女士」。倫敦當時非常流行來自法國的算命師。不到一年，她變得知名且富有，一天工作好幾個小時爲皇室貴族預言。雷諾曼也預測出法國國王路易十六會被推翻並廢黜。由於鄉愁，她決定在法國大革命期間返回法國。她已經預測了自己的一生，因此絲毫不擔心。

一七九〇年：雷諾曼回到家鄉阿朗松時，已是富裕的女性。她幫妹妹置辦了華麗的嫁妝，並幫助弟弟在軍隊裡獲得提拔。

一七九一年：雷諾曼回到巴黎，她發現艾德亞消失了，留下了一切給世人。她的朋友埃貝爾因爲寫作而出名。她試圖再走進劇場的世界，但她的劇本都被打了回票。二十歲時，帶著失落的心情，她重操舊業，在巴黎第六區的圖爾農路九號開店。接著，她買下了圖爾農路五號，並掛上招牌「雷諾曼女士的書店」。

一七九二年：雷諾曼的朋友埃貝爾娶了法賽絲・古皮耶，婚禮辦在豪華招待所。雷諾曼在這裡認識了上層階級的人物，包括畫家賈克・路易・大衛。婚禮對她而言並不是開心的場合，因爲她傾心於埃貝爾。

一七九三年：有一天晚上，三位男士前來找雷諾曼，請她爲他們三人一起解讀，因爲他們是命運共同體。她立刻認出他們是馬拉、羅伯斯庇爾和聖茹斯特，三位都是法國大革命的重要人物。她請他們用同一疊牌卡洗牌、切牌，接著爲每一位都抽了一張牌，牌面朝下放著。然後，她請他們從艾德亞塔羅牌中抽出十二張牌。她將對應每一位的牌一張一張攤開後便停下了動作，這個舉動引起了三位男士的怒火。他們笑了起來，接著馬拉把錢直接丟在牌上，但是他不知道這是大禁忌，占卜還沒結束前，不能讓錢碰到牌卡。她接著告訴他們：「如果你們真的想知道命運，那就是這一年內，你們都會死狀淒慘。」

她轉頭對馬拉說：「先生，至於你，你會比你的同黨先死，而且人們將背叛你。」馬拉氣憤地告訴她：「你的預言根本就是胡言亂語。如果大革命真會讓我們慘死，那我們三個人也會一起死。」他們三位離開時，還嘲笑她的預言。

該年的年中，雷諾曼出席了一場貴族晚宴，當時貴族正計畫著如何拯救瑪麗・安東妮皇后。隔日，她看見警察抓走了幾位前一晚與她共進晚餐的賓客。因為擔心自己被逮捕，於是雷諾曼在街上亂晃，巧遇一位低調的算命師拉吉貝爾，而她最後跟他合作。拉吉貝爾送了雷諾曼一套革命運動占卜卡，牌面上畫著解放的寓言和穿著勞動階級服飾的共和黨員，這樣比較能討好她的新客人，也就是那些參與革命的平民。以頭巾和羽毛偽裝自己後，雷諾曼開始在塞納河上的新橋為平民占卜。

五月七日當天，雷諾曼在橋上幫一位男士占卜，並預測他會在十天內被送上斷頭台。十天後，這位男士毫髮無傷地回到橋上，並叫上警察逮捕她。在獄中待了兩天並罰款十里弗爾後，她隱身了四個月，直到皇后被送上斷頭台，她才又回到她在圖爾農路的工作室。

七月十三日當天，馬拉遭到暗殺。羅伯斯庇爾和聖茹斯特再次回來見雷諾曼。她簡單地證實了他們的殘暴宿命。羅伯斯庇爾成了她的常客，但是她十分嫌惡他。在她的回憶錄中，這個造成國家動亂的男人被她描述成看見黑桃九就嚇得發抖的人。

那一年晚些時候，雷諾曼開門接待了一位有著科西嘉口音的年輕軍官。她預測他會享有偉大的名譽和榮耀，且身邊會有一位寡婦。這位科西嘉軍官認為她胡言亂語，要求她將自己轉介給一位占星師。她開心地給了年輕的拿破崙一個地址，叫他去找居榮，而居榮的預測也跟雷諾曼一樣，並提及他會掌握王權。拿破崙怒氣沖天地離開，想著

自己被兩位神棍騙了。

一七九四年：三月時，雅各賓專政的恐怖統治時期，埃貝爾被逮捕並慘遭處決。

六月十七日，雷諾曼被逮捕，並送往拉福斯監獄，她在獄中遇到許多知名貴族和革命者，並與他們交流。

七月二十八日，羅伯斯庇爾和聖茹斯特被送上斷頭台，雅各賓專政也畫下句點。

八月五日，經過可怕的囚禁後，雷諾曼終獲釋放。

一七九六年：約瑟芬和雷諾曼之間的友誼開始萌芽。雷諾曼建議約瑟芬嫁給年輕的拿破崙將軍。後來他們在一七九六年三月九日結婚。

一七九六至一八〇一年：雷諾曼的名聲家喻戶曉，客人絡繹不絕，從皇室貴族到勞動階級的平民都來找她。她的占卜工具和才華逐漸拓展，塔羅、占星、紙牌占卜、數字學、雞蛋占卜術、手相、水卜（凝視水面來占卜）、鏡面占卜（凝視鏡面來占卜）、面相、咖啡渣占卜（解讀咖啡渣來預言）、雞卦（用公雞來卜卦）、火焰占卜（凝視燭火或油燈的火焰來占卜）等等。她也為大眾寫了一些劇本。

由於開銷和債務越來越多，因此雷諾曼調漲了費用。支付五法郎（大約一百美金），雷諾曼就會為客戶深入解讀過去，提及一點現況，並稍微講一下未來。她的客戶被解讀打動後，就會進而支付二十法郎預約時間較長的諮詢，以了解更多未來發展或是解讀手相。一次完整占星命盤解讀的費用是四百法朗，一次雞蛋占卜術的費用是一百法郎。使用皮克牌來占卜一個特定問題的費用是四十法郎，她會抽七張、十三張或十七張牌。而一次咖啡渣占卜的費用是一百二十法郎。她收取的費用極高，而她也的確有這個能耐。

雷諾曼與約瑟芬的友誼也在這段期間越來越親密。她好幾次預測出約瑟芬會成為皇后。雷諾曼常常出現在約瑟芬位於馬勒梅松的宅邸，而這讓拿破崙很不開心。

一八〇一年十二月至一八〇四年一月：雷諾曼遭控與拿破崙共謀，被監禁在馬德隆內監獄。在獄中時，她跟小時候一樣，預見了未來的畫面。畫面中，皇冠上方有著字母B和字母E。字母B應該是指拿破崙，但她不知道字母E指的是誰。

一八〇四年三月：昂吉安公爵遭控密謀刺殺拿破崙，因此在拿破崙的命令下遭到處決。因為雷諾曼預見的畫面成真，她的客戶也增加了，連帶使得警察更加監視著她。至今無人知道她是因為有政治內線，還是她真的預見了未來。

一八〇四年十二月二日：拿破崙稱帝，並親自加冕約瑟芬為皇后。

一八〇九年十二月：雷諾曼再度被捕，監禁了十二天，直到拿破崙與約瑟芬離婚的消息公諸於世，她才被釋放。她一開始就預言了兩人很快就會離婚，但據說拿破崙不想要在正式離婚前讓雷諾曼談論這件事。兩人離婚後，雷諾曼說拿破崙失去了他的魔法護符（約瑟芬）。

> 「誰能想得到我會在監獄中，我，雷諾曼，當今的占卜師，眾星拱月的女先知，會沒有人願意相信這件事？然而，沒有什麼比這更真實了。」

> ——瑪麗・安・阿德萊德・雷諾曼
> 《女先知的預言回憶錄：論她遭捕的原因》
> （*Les Souvenirs Prophétiques d'une Sibylle: Sur Les Causes Secrètes de son Arrestation*）（一八〇九年十二月十一日）

一八一四年三月：巴黎落入聯軍手中。拿破崙被流放到義大利厄爾巴島，雷諾曼很開心波旁王朝的國王路易十八上任。

一八一四年五月：俄國沙皇亞歷山大拜訪約瑟芬，約瑟芬向他推薦了雷諾曼。沙皇亞歷山大對神祕學的興趣讓他去到雷諾曼的工作室。

一八一四年五月二十九日：約瑟芬因肺炎病逝於馬勒梅松城堡。

一八一五年一月：經歷了拿破崙時代的譴責非難後，雷諾曼的書《女先知的預言回憶錄：論她遭捕的原因》出版。雷諾曼將書寄給每一位認識的大人物，包含新上任的國王。

一八一五年三月：拿破崙帶著軍隊返回巴黎，國王落荒而逃。雷諾曼預言了拿破崙王朝只會統治十一週，以及波旁王朝的國王會回歸，但是她被抨擊居然沒有預言到拿破崙會回來巴黎。

一八一五年六月：拿破崙在滑鐵盧戰役中戰敗，被放逐到聖赫勒那島，接著波旁王朝國王路易十八回歸。

一八一五年的最後幾個月，雷諾曼的著作引起人們在報上公開爭論，讓她成為當時的大紅人。最後，她買下了一間印刷公司，如此一來，她想印幾本書就印幾本書。那些批評與糟糕的名聲只讓她變得更加知名。

一八一七年：雷諾曼的妹妹離世，留下一個兒子和一個女兒。雷諾曼親自撫養她的外甥和外甥女。

一八一八年：雷諾曼被勸說前往愛克斯·拉夏貝爾（亞琛市，位於德國與比利時邊界），因為俄國沙皇當時到那裡出席一場大會。回程時，她待在布魯塞爾並造訪被流放的革命分子。

一八二〇年：雷諾曼的外甥女死於結核病，令她傷心難癒。她的外甥亞歷山大·雨果成了她唯一活著的後裔。

她的著作《約瑟芬皇后的歷史回憶錄與祕密》（*Mémoires Historiques et Secrets de l'Imperatrice Joséphine*）一夜成名，當然也遭致抨擊並引起爭議。

　　一八二一年二月：疲於跟報章爭論對抗，雷諾曼定居於布魯塞爾。數個月後，她遭逮捕入獄，遭控密謀反抗政府和從事算命與巫術，使她歷經六個月的痛苦對待。

　　一八二一年十月：雷諾曼回到巴黎。

　　一八二二年：雷諾曼受邀至英國，在那裡住了兩年。

　　一八二四年：雷諾曼返回巴黎，回到先前在圖爾農路的工作室，重拾寫作，並出版許多書籍。

　　一八三一年：雷諾曼失去了弟弟，他因為一場小戰役受傷而亡。雷諾曼繼續替人占卜和從事寫作。

　　一八四三年六月二十七日：作為當時最知名的先知，雷諾曼撒手人寰。她留下一系列預言，預測了未來會有人在空中旅遊，也預測了一九一五年德國開戰。她也隨著預言成真而恢復名聲，名字流傳千史。在迪塔・狄米迪雅迪所寫的《雷諾曼女士：從路易十六到路易・菲利普的御用先知》（*Mademoiselle Lenormand: Voyante de Louis XVI à Louis-Philippe*）中，我們可以讀到當時印刷在報紙上的文字：

　　「群眾等待著護衛軍隊前往拉雪茲神父公墓。路途中，
　　列隊跟隨的人越來越多，而我們可以聽見有人說著：
　　『那是皇后嗎？』
　　『不，那是雷諾曼女士，知名靈媒。』
　　『那是皇后的好友。』
　　『那是皇后御用的先知』

……送別雷諾曼告別人世的隊伍真是壯觀！一整天，巴黎人都在她的墳上獻花。花店從來沒有賣出過這麼多的白花。」

雷諾曼女士事件年表的參考文獻

迪塔・狄米迪雅迪（Dimitriadis, Dicta）。《雷諾曼女士：從路易十六到路易・菲利普的御用先知》（*Mademoiselle Lenormand: Voyante de Louis XVI à Louis-Philippe*）。巴黎：拉瑪東出版社（L'Harmattan），一九九八。

瑪麗・安・雷諾曼（Lenormand, Marie Anne）。《女先知的預言回憶錄：論她遭捕的原因。一八〇九年十二月十一日》（*Les Souvenirs Prophétiques d'une Sibylle: Sur Les Causes Secrètes de son Arrestation, le 11 Décembre 1809*）。巴黎：一八一四。

── 《約瑟芬皇后的歷史回憶錄與祕密：拿破崙的第一任妻子，瑪麗・羅絲・約瑟芙・塔契・德・拉・帕熱利》（*Mémoires Historiques et Secrets de l'Impératrice Joséphine, Marie-Rose Tascher-de-la-Pagerie, Première Épouse de Napoléon Bonaparte*）。巴黎：一八二〇。

── 《女先知的神諭》（*Les Oracles Sibyllins*）。巴黎：一八一七。

── 《女先知在愛克斯・拉夏貝爾大會的相遇，以及一窺卡爾斯巴德城市：神諭以及政治、歷史、哲學、卡巴拉筆記等等──飾以七張版畫》（*La Sibylle au Congrès d'Aix-la-Chapelle, Suivi d'un Coup-d'oeil sur Celui de Carlsban: Ouvrage Faisant Suite aux Oracles Sibyllins, Avec des Notes Politiques, Historiques, Philosophiques, Cabalistiques, Etc., Etc.: Ornés de Sept Gravures*）。巴黎：一八一九。

【附錄二】

主 題 牌

啓動爲主題牌或指示牌的牌卡

　　針對無數情況、主題、問題和議題，每張牌都能啓動爲主題牌。以下是我的範例，在占卜特定事件或主題時，可以參考清單。當然，這只是初步的清單，隨著你持續練習，清單內容會不斷擴充。

　　我不喜歡啓動所有的牌作爲主題牌或指示牌，因爲有些牌比較適合出現於抽出來的牌面中。這些牌對於占卜解讀很重要，因爲它們都能夠描述事件，並增添所需的重要資訊，直接對應問題，所以我通常不太會特別去啓動某些牌。例如，我相信蛇不適合作爲主題牌，因爲它會爲解讀提供重要資訊。此外，假設你啓動它，這張牌便會具有雙層意義，描述狀況的同時還要作爲指示牌會令你無法分辨牌義。當一張牌啓動之後，它的意義就固定不變了，它會成爲占卜師賦予它的角色。爲了讓你們更清楚，我將這些牌列成以下清單。

　　這些牌是我在占卜某些情況下出現的中間主題牌，以及我決定使用這些牌作爲主題牌的話會賦予的意義。我並不是每一次都會啓動主題牌；反之，我通常都讓牌卡自己爲我選擇主題牌。如果我有意啓動主題牌，以下的清單內容是三十六張牌以及我有時候賦予它們的主題和意義。請注意，這份清單不會固定不變。有標註星號（＊）的牌卡是我不太啓動爲主題牌的牌卡。

騎士：腳踏車；機車；馬；如果有必要，它象徵另一位男性

＊幸運草：賭注；樂透彩券（這張牌最好不要視為主題牌，因為它是非常正面的牌，請讓它自然出現在牌面中）

船：轉移；度假；旅遊；旅行；汽車；卡車；公車；任何有引擎的器具

房屋：房子；公寓；房地產；家庭事業；家庭

樹：健康（身、心、靈）；前世

＊雲朵：天氣（這張牌也最好不要啟動為主題牌，因為它非常重要，象徵嚴重的問題和困境，最好讓它自然出現）

＊蛇：管線；水管；電線；維修工作（我傾向不啟動這張牌，因為蛇也是很重要的牌，如果問題中涉及欺騙，這張牌會描述出來）

＊棺材：箱子；地下室（我傾向不啟動這張牌，因為棺材很重要，如果某些事情要結束，它會告訴你）

＊花束：禮物（我傾向不啟動這張牌，因為花束很重要，它象徵喜悅，我喜歡看到它自然出現在牌面中）

鐮刀：決定；手術；尖銳物品

鞭子：運動養生；性；爭執

鳥：面試；會面；對話；電話；談判；約會；對談；拜訪

小孩：小孩；嬰兒（如果沒有嬰兒或幼童，就不要啟動這張牌）

狐狸：日常工作或領日薪、週薪、月薪的工作

熊：母權；母親；財務；飲食；餐廳；如果你已經用到男人牌或女人牌，熊則代表你的老闆

＊星星：電力；地圖；方向（我傾向不啟動這張牌，因為星星會帶來希望，因此讓它自然出現在牌面中會是最好的）

＊鸛鳥：改變；移動；懷孕（我傾向不啟動這張牌，因為它能夠代表事情是否正在改善）

狗：醫生；助理；朋友；戀人；認識的人；寵物

塔：公司；企業；機構；法人團體；學校

花園：團體；研討會；大會；任何聚會；慶祝

*山：山區（我傾向不啓動這張牌，因爲它能代表障礙與挑戰）

*十字路口：選擇；道路（我傾向不啓動這張牌，因爲它意味著雙重性，會爲占卜帶來重要訊息）

*老鼠：小偷；失物；焦慮（我傾向不啓動這張牌，因爲它是描述事件的重要牌卡，最好讓它自然出現）

*愛心：關係或戀情（我傾向不啓動這張牌，因爲你會想要愛心自動出現在牌面中，爲你帶來好消息）

戒指：婚姻；合夥；羈絆；合約

書籍：專案；研究；祕密

信件：文憑；獎狀；書面結果；測驗；考試

男人：男性個案

女人：女性個案

*百合：父親；家長；祖父母；老年人；長期投資（我傾向不啓動這張牌，因爲它具有時間的牌義，我需要知道事情是否會持續很長的時間）

*太陽：自信；能量；勇氣（我傾向不啓動這張牌，因爲它是雷諾曼中最正面的牌卡，我喜歡看到它自動或隨機出現在牌面中）

*月亮：創意；名聲；通靈能力（我傾向不啓動這張牌，因爲它是描述事件的重要牌卡）

*鑰匙：解決方法；答案（我傾向不啓動這張牌，因爲它帶給你解答，所以最好把它留在牌堆裡）

魚：顧問工作；自由工作；個人事業；小型企業；銷售；購物；貿易

*船錨：目標（我傾向不啓動這張牌，因爲它意味十足的確定性，我覺得占卜出來的牌面會需要這張牌）

*十字架：悲傷；愧疚；宗教（我傾向不啓動這張牌，因爲它是描述事件的重要牌卡，象徵懊惱的特殊情緒）

快速解讀指南

　　雷諾曼會讓你驚訝到不行。隨著練習之旅展開，你也會增加自己所發現的牌義和洞見，不過這張清單能夠作為旅程的起跑點。

★**騎士**：消息；拜訪者；快遞；回饋

★**幸運草**：希望；好運；機率；機會

★**船**：旅遊；轉移；旅途；距離

★**房屋**：住所；家庭；隨行人員；房地產

★**樹**：健康；成長；穩固；靈性

★**雲朵**：猶豫；懷疑；優柔寡斷；麻煩

★**蛇**：背叛；嫉妒；欺騙；問題

★**棺材**：結束；疾病；失落；死亡

★**花束**：滿足；禮物；喜悅；美麗

★**鐮刀**：決裂；果決；手術；危險

★**鞭子**：爭執；身體；長期；性；成癮

★**鳥**：溝通；伴侶；談判；會議

★**小孩**：年輕；小型；新穎；純真

★**狐狸**：操弄；狡猾；職業；工作

★**熊**：權力；財務；飲食；力量

★**星星**：成功；希望；新的道路；指引

★**鸛鳥**：改變；改善；移動；懷孕

★**狗**：忠誠；指導；保護；友善

★**塔**：機構；法人團體；隔離；志向

★**花園**：人脈；集會；聚會；派對

★**山**：障礙；敵人；延宕；阻礙

★**十字路口**：選擇；雙重；替代；選項

★**老鼠**：壓力；竊盜；失去；惡化

★**愛心**：熱情；愛情；渴望；慷慨

★**戒指**：承諾；合約；婚姻；諾言

★**書籍**：祕密；研究；知識；專案

★**信件**：文件；測驗；書面結果；郵件

★**男人**：個案，指示牌

★**女人**：個案，指示牌

★**百合**：成熟；寧靜；智慧；滿意

★**太陽**：勝利；樂觀；能量；耐力

★**月亮**：創意力；魅力；榮耀；情緒

★**鑰匙**：開啟；解決；答案；重要性

★**魚**：豐足；購物；獨立；諮詢

★**船錨**：穩定；達標；穩固；堅持

★**十字架**：痛苦；悲傷；負擔；犧牲

正面牌、負面牌、中性牌

　　通常我會將牌卡分成三種屬性：正面牌、負面牌、中性牌。話說回來，雷諾曼卡裡沒有絕對正面或絕對負面的牌卡。如果周圍都是負面牌，正面牌也可能變成負面訊息，例如，太陽的正面牌義變成了灼傷或是傲慢自大。反之，負面牌也會帶來正面訊息，例如，棺材可能代表厄運終於結束。牌義永遠都取決於解讀內容、背景脈絡和周遭牌面。

正面牌

　　★ 幸運草：為解讀帶來好運和愉悅的氛圍

　　★ 花束：帶來喜悅以及保持感恩的理由

　　★ 星星：賦予希望和指引

　　★ 鸛鳥：代表改善，通常象徵好的轉變

　　★ 狗：優良；保護慾強；忠誠的朋友。但是周圍如果有負面牌，就要檢查是狗在保護你以防止負面傷害，還是狗就是負面牌的一員

★**愛心**：傳遞熱情與幸福

★**戒指**：代表圓滿和訂婚

★**太陽**：宣告成功與勝利

★**月亮**：獎賞；魅力（周圍有負面牌則會變成負面訊息）

★**鑰匙**：解決辦法與恍然大悟的瞬間

★**船錨**：穩固；安全（如果周圍有負面牌，則會讓船錨變得沉重、成為阻礙或拖累你的重物）

★**魚**：如果問題跟顧問工作、家庭事業或創業計畫無關，則象徵豐足、大量、多數。提醒：如果魚周圍都是負面牌，那麼「大量的」魚就真的大量加乘負面訊息。如果問題脈絡是諮詢、工作或貿易，魚則是中性牌。

負面牌

★**雲朵**：總是帶來麻煩、困惑或誤解

★**蛇**：謊言；欺騙；背叛

★**棺材**：帶來結束與哀傷

★ **鐮刀**：危險；破裂；意外（如果這張牌象徵的是決策，則為中性牌）

★ **鞭子**：侵略與失和。如果是中性的牌義，可以象徵運動、清理或是性，這些都有可能是讓你喜悅或不愉快／痛苦的事物

★ **狐狸**：假如問題不是就業／員工／工作／職業問題，那麼就可能象徵操弄與狡猾（這張牌對應工作問題則為中性牌）

★ **老鼠**：壓力；總是一點一滴地齧咬；腐壞；衰退；嘮叨

★ **山**：阻礙；障礙；挑戰；難關（如果你想要停下來，沒有打算變動的話，它才會是正面牌）

★ **十字架**：痛苦；哀傷；負擔（如果象徵信仰和宗教，則為中性牌）

中性牌

這些牌卡的訊息會受到周圍的牌面影響。

★ **騎士**：搭配正面牌為正面訊息，搭配負面牌則為負面訊息；或者騎士可能只是代表拜訪者

★ **船**：旅途、改變、轉變，視周圍牌面而定

★ **房屋**：搭配負面牌，象徵不健全的家庭；搭配正面牌，則爲快樂的家庭，或是單純代表房地產

★ **樹**：你的健康狀況，視周圍牌面的正負面屬性而定

★ **鳥**：搭配負面牌爲毀損名譽的消息，搭配正面牌則可能是獲得好評

★ **小孩**：性格開朗與難以教養的小孩，只差在周圍的牌面影響

★ **熊**：搭配正面牌，會襯托出照顧者的牌義；搭配負面牌，則要小心代表霸凌者或控制狂

★ **塔**：搭配負面牌，代表隔離或是稅務稽核員；搭配正面牌，則爲打贏官司或取得學歷

★ **花園**：搭配正面牌，意味豐饒和肥沃；搭配負面牌，象徵狐群狗黨或負面宣傳

★ **十字路口**：要根據周圍的正負面牌面，才能得知更多資訊或訊息，無論選擇是好是壞，無論抉擇後的結果是好是壞；它可能只是代表選擇，可能是正面選擇或負面選擇

★ **書籍**：善意的小祕密或是心懷惡意（周圍的牌面會揭密是正面還是負面）；也可能只是代表一本書或一個計畫

★**信件**：搭配正面牌，會有愉悅的溝通交流；搭配負面牌，則是
令人失望的訊息

★**男人**：騙子或是一生摯愛（視旁邊爲蛇或愛心而定）；也可能
只是作爲指示牌

★**女人**：搭配正面牌，她會令人心情愉悅，但是要小心周圍是否
有負面牌；也可能只是作爲指示牌

★**百合**：搭配正面牌，會帶來喜悅之感與滿足之情；搭配負面
牌，則可能象徵阿茲海默症

【附錄五】
宮位與特徵

在大藍圖牌陣中，三十六個宮位都會巧妙地影響落在宮位上的牌卡。它們也可以透過宮位鎖鏈法來得到更多深入資訊（參閱第三章）。

宮位	牌卡名稱	特徵
一	騎士	移動與消息
二	幸運草	機會與好運
三	船	旅途與轉變
四	房屋	家庭；房子；安全
五	樹	健康與成長
六	雲朵	困惑與短暫的難關
七	蛇	謊言；背叛；麻煩
八	棺材	結束與痛苦的轉變
九	花束	幸福與美麗
十	鐮刀	危險與分離
十一	鞭子	衝突與重複
十二	鳥	對話與伴侶
十三	小孩	孩子與簡化

宮位	牌卡名稱	特徵
十四	狐狸	職業；機靈；狡猾
十五	熊	財務與力量
十六	星星	綻放與散發
十七	鸛鳥	改變與提升
十八	狗	忠誠；保護；「朋友」或第三者
十九	塔	結構；限制；機構；階級
二十	花園	人脈網絡；大量的群眾
二十一	山	阻礙；障礙
二十二	十字路口	雙重性與選擇
二十三	老鼠	損失；壓力
二十四	愛心	關係；愛；喜悅
二十五	戒指	循環；婚姻；承諾
二十六	書籍	祕密；專案
二十七	信件	通信往來；通訊交流
二十八	男人	男性個案
二十九	女人	女性個案
三十	百合	滿足與成熟
三十一	太陽	成功；欣欣向榮
三十二	月亮	認可；創意；魅力
三十三	鑰匙	機會；解決辦法；重要性
三十四	魚	自雇者；豐盛（物質／靈性）
三十五	船錨	穩固；習慣；生活模式
三十六	十字架	負擔；試煉；挑戰

【附錄六】
宮 廷 牌

　　由於雷諾曼起源於皮克牌這套紙牌，因此以前所有的雷諾曼卡都會有皮克牌的花色點數在牌面上。雷諾曼卡的花色點數為王牌、六到十，以及傳統紙牌花色的宮廷人物。所有傳統版本和許多現代的雷諾曼卡都會遵照這個系統。這些撲克牌對應的意義能夠追溯到一百五十年前，但是最初的來源已不可考。

　　以我個人而言，我會利用這獨特的優點，搭配撲克牌符號來獲取額外訊息，或是乾脆忽略這些符號，如此就不會影響雷諾曼的基本符號意義。在特定情況下，如果我在占卜中要判定性別時，會參考撲克牌符號。在這樣的情況下，我只會單純抽牌，並只檢視宮廷牌上描繪的人物，辨別問題中的人物性別。舉例來說，如果我抽到皇后，那麼性別是女性；國王或侍者，則為男性。

　　以下是我對於宮廷牌的詮釋：

★ **紅心國王**：屬於第四號牌（房屋）。他是成熟的年長男性，通常戴著金色皇冠，下巴有著白色鬍子，手拿樂器。他是位保護者。

★ **紅心皇后**：屬於第十七號牌（鸛鳥）。她是真誠、端莊、誠懇的女性，熱愛出手援助他人。

★**紅心侍者**：屬於第二十四號牌（愛心）。他是迷人又真摯的年輕男性。

★**黑桃國王**：屬於第三十號牌（百合）。他是年長、強壯、聰慧、強大的男性，通常戴著金色皇冠，下巴有著白色鬍子，手中揮舞著未拔鞘的長劍。這張牌特別凸顯「年長」的訊息。

★**黑桃皇后**：屬於第九號牌（花束）。她是年輕女性，通常打扮時髦，穿戴著飾品。

★**黑桃侍者**：屬於第十三號牌（小孩）。通常被描繪成有著八字鬍的男性，他有著惡意和雙面人的傾向。

★**方塊國王**：屬於第三十四號牌（魚）。通常有著鬍鬚，一手握著權杖，一手托著寶球。他是位有權勢的男性，握有大量資源，掌握重要決定的決策權。

★**方塊皇后**：屬於第二十二號牌（十字路口）。她是年輕女性，通常穿著優雅，散發著優越感。

★**方塊侍者**：屬於第十號牌（鐮刀）。他是位行動快速的年輕男性，有點冷酷、冷漠。

★**梅花國王**：屬於第六號牌（雲朵）。他通常穿著盔甲，準備好上戰場，面容皺眉，頭上戴著金色皇冠，寶劍佩戴身側，有著

深色鬍鬚。他很聰明，也具有影響力。

★**梅花皇后**：屬於第七號牌（蛇）。她是足智多謀的女性，也是可敬的敵人。

★**梅花侍者**：屬於第十一號牌（鞭子）。他年紀輕、聰明、身材精實。他給人活力充沛的強烈印象。

牌卡序號	牌卡名稱	宮廷牌	性別
四	房屋	紅心國王	男性
六	雲朵	梅花國王	男性
七	蛇	梅花皇后	女性
九	花束	黑桃皇后	女性
十	鐮刀	方塊侍者	男性
十一	鞭子	梅花侍者	男性
十三	小孩	黑桃侍者	男性
十七	鸛鳥	紅心皇后	女性
二十二	十字路口	方塊皇后	女性
二十四	愛心	紅心侍者	男性
三十	百合	黑桃國王	男性
三十四	魚	方塊國王	男性

【附錄七】
雷諾曼與塔羅

　　在這個附錄中，我們會了解雷諾曼與其他占卜卡搭配的方式，以及如何彈性調整，套用於各種牌陣。我也會提供範例和詳細解說。

　　目前有許多結合雷諾曼和塔羅的方法，或是結合雷諾曼與其他占卜卡的方式。你可以為你的占卜工具加上雷諾曼來釐清訊息，或是為雷諾曼搭配其他占卜工具來豐富訊息。

　　我相信雷諾曼和塔羅能夠和諧互補，一個是鍋子，一個則是鍋蓋。塔羅就像是裝著意識、潛意識、超意識、陰影、原型的鍋子，充滿各種潛在能量的大量細節。另一方面，雷諾曼如同完美鍋蓋，直接、開門見山，涵蓋了所有的祕密，並只需要解讀你眼前的牌卡，以及牌面上的訊息：實際的事情、務實的日常生活、事件、行為。兩者搭配使用時，能夠互相提供方向與精準的訊息。

　　雷諾曼卡會受限於塔羅牌的既有牌陣，所以，我會建議如果你想要在塔羅牌陣中使用雷諾曼，要確定每個牌陣的位置都有兩或三張雷諾曼，而不是跟平常的塔羅一樣只放一張牌。你可以自行決定牌陣要簡單或是複雜。然而，這並不表示我們不能嘗試並突破框架。

五張雷諾曼＋三張塔羅牌

我最喜歡的方式之一是抽尋常的五張雷諾曼牌陣，並在下方搭配三張塔羅牌，以了解心理因素，或是檢視潛在因素與訊息。塔羅能夠從不同角度豐富雷諾曼占卜的層次。

- 我會沉澱心神，拿起雷諾曼洗牌的同時也專注於我的問題。
- 接著抽五張牌，按照順序攤牌擺放：一、二、三、四、五。
- 拿起塔羅牌洗牌，並專注於我的問題。
- 抽三張塔羅牌：A、B、C，並將它們擺在雷諾曼卡的下方，像這樣：

一、二、三、四、五

A、B、C

我有時候會把三張塔羅牌當成：

- 建議：我發現塔羅牌非常適合給予建議。
- 原因：塔羅擅長挖掘狀況，並找出潛在因素。
- 情緒：塔羅擅長傳達出牌面的氛圍或整體氣氛。

只要確保你在洗牌時已決定好並設定你想要塔羅牌告訴你的訊息是什麼。

我幫兒子占卜他上高中的第一週會發生什麼事。我隨機抽了五張牌，讓牌面決定問題。

蛇＋鞭子＋信件＋棺材＋十字架

看了第一眼，這些牌的警告意味濃厚，但是一個學生準備進入新的學校、新的年級、新的高中，套入這個重要的脈絡後，牌面反而變得滿合理的。中間的信件是隨機出現的主題牌，意味著可能會有選課的問題；鞭子＋信件可能是他極力想選某堂課，但該堂課卻不在他的課表上（蛇）。這反而讓他覺得負擔很重（棺材），導致他心情不佳（十字架）。

我拿了塔羅牌，洗牌時想著「請告訴我原因」，然後抽了三張牌想了解爲什麼兒子在高中的第一週過得不好。

金幣二＋寶劍騎士＋權杖十

塔羅牌驗證了雷諾曼的訊息，並強調了精確的主題，回答了爲什麼我兒子會感到挫敗和失望。主要的焦點是寶劍騎士，代表帶著勇氣與策略向前征服。我兒子會向前抗爭，征服障礙，並追求他想要的東西；同時他也試著兼顧並適應新的狀況（金幣二），這也意味著重擔、負荷、負擔過重（權杖十）。

將這兩組牌面組合在一起後，我預測了兒子會覺得新課表和所有事情都太滿，讓人無法負荷，他會需要額外的時間和支持來適應新環境。藉由信件、鞭子和金幣二、寶劍騎士，我猜可能是因爲課表有異動。

開學第一週，我就發現牌卡完全準確：重擔、異動、兼顧新課表、試圖換課程。更有趣的是信件＋鞭子的組合，正好敘述了辯論課第一天的作業。

凱爾特十字牌陣＋雷諾曼

開始之前，我想要再次提醒：大藍圖是雷諾曼最完整的牌陣。在大藍圖牌陣中，個案的生活全都會呈現出來。也就是說，在塔羅牌牌陣的既有位置裡使用雷諾曼，會侷限雷諾曼的訊息。儘管如此，我也在塔羅牌牌陣裡使用過雷諾曼，我發現每張塔羅牌旁加上三張雷諾曼，對於釐清事件很有幫助。

使用既定的塔羅牌牌陣時，我建議你單純加三張牌在每一張塔羅牌旁邊就好，以得到額外訊息和驗證。因為常見又普遍的關係，我這次使用的是凱爾特十字牌陣。以下是我幫海倫占卜的案例。

海倫試著受孕好一陣子了，但是都無消無息。她的生活中也發生諸多起伏和曲折。她來找我想要釐清現況，並制定解決辦法。我知道這個情況需要用到塔羅牌，因為這並不是一般的預測未來。除了外在因素，還需要了解她的內心和內在所有的矛盾衝突。這樣的占卜需要更多牌陣和更多問題，才能得到最實際的結果。我先抽了塔羅牌的凱爾特十字牌陣，接著加上雷諾曼，進一步洞悉訊息。

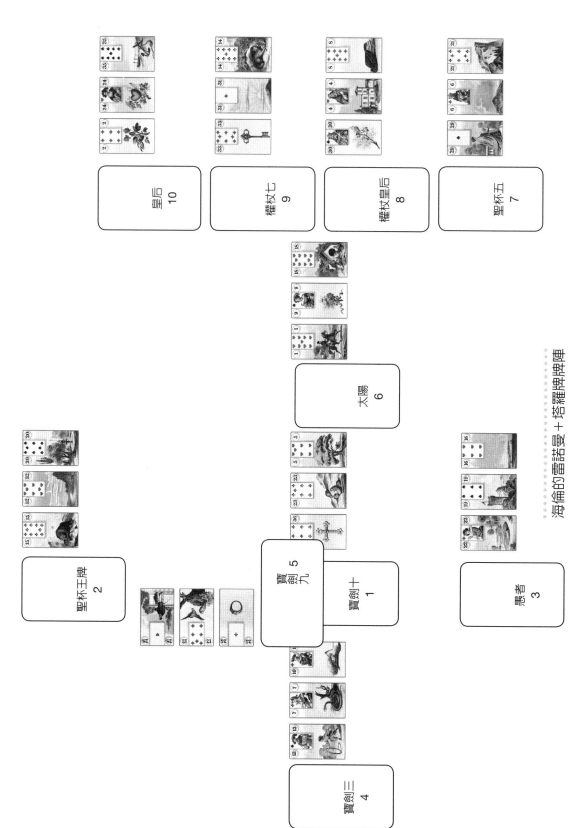

海倫的雷諾曼+塔羅牌牌陣

凱爾特十字牌陣的位置意義如下：

1. 現況

　　塔羅：寶劍十代表海倫已經絞盡腦汁到極限了，身心已徹底筋疲力竭。

　　雷諾曼：十字架＋老鼠＋樹＝悲傷正在啃蝕她的健康和心理狀態。

2. 想法

　　塔羅：聖杯王牌代表她渴望圓滿、喜悅、懷孕、新的開始。

　　雷諾曼：熊＋月亮＋花園＝代表她作為女性的力量，她的生育力，她在社會中的地位和她的外在評價。

3. 個案可控的因素或是已知的事

　　塔羅：愚者代表海倫堅持不懈的意志力，不斷嘗試新事物和重新開始。

　　雷諾曼：十字路口＋塔＋星星＝信任醫療機構，不要怕嘗試新的事物和新的方法。

4. 近期的過去／事件或狀況

　　塔羅：寶劍三表示痛苦與悲傷。

　　雷諾曼：小孩＋蛇＋鐮刀＝胎死腹中、墮胎手術或流產、痛苦的原因。

5. 阻力

塔羅：寶劍九意味她的恐懼和擔憂阻礙著她。

雷諾曼：戒指＋鳥＋男人＝焦慮影響她的婚姻，也影響她與丈夫的關係。

6. 近期未來

塔羅：太陽帶來光明、喜悅、樂觀的結果。

雷諾曼：騎士＋花束＋狗＝朋友喜悅地來訪、來自醫生的好消息、獲得協助或幫助的開心消息（結果是她的醫生打電話跟她報告好消息）。

7. 希望和恐懼／個案對事情的感受

塔羅：聖杯五象徵她的失落和遺憾。

雷諾曼：女人＋雲朵＋山＝海倫的內心很困惑和不穩定，不知所措，彷彿事情受阻或感覺窒息。

8. 外在因素、親友等

塔羅：權杖皇后代表海倫生活中有位意志堅強的人，發揮強大的影響力。

雷諾曼：百合＋房屋＋棺材＝在她親密的家人或親近的生活圈中，有位跟海倫非常親密的長輩帶來負面影響，並且（或是）過世了。海倫表明她的婆婆為她的婚姻帶來了負面影響。

9. 建議（非常重要的位置，可以改變結果）

塔羅：權杖七指出她需要站穩腳跟、面對現況，並堅定立場。

雷諾曼：鑰匙＋太陽＋狐狸＝最重要、最關鍵的策略就是需要自信和樂觀，並且信任自己的力量和能力，以及了解如何運用智慧與魅力，將現狀扭轉成對她有利的情況。

10. 最後結果

塔羅：皇后意味著懷孕、創造和豐饒。

雷諾曼：幸運草＋愛心＋船錨＝命運會出現幸運的轉機，達成內心所願，達到目標和獲得安定。

雷諾曼＋塔羅：融合法

這個解讀法示範了雷諾曼和塔羅可以互補、爲彼此聚焦和增添訊息，提供給個案。塔羅牌加入雷諾曼之後，就能夠讓訊息更實際，並給予實際方向和牌義。與此同時，如果雷諾曼加了塔羅，則能夠將牌面聚焦於特定的訊息、價值和脈絡。它們兩者就如同弓與箭的組合，一位厲害的占卜師可以輕易射中靶心！

使用雷諾曼和塔羅進行每日占卜，我會先洗塔羅牌，隨意抽出三張牌，並按順序擺放：A、B、C。接著拿起雷諾曼洗牌，隨意抽三張牌，並按照順序放在每一張塔羅牌上面：一、二、三。我把這個牌陣視爲宮位與牌卡的搭配，或者你可以自行決定哪三張牌在下方位置，或是決定哪三張牌是主要訊息。如果你有小型的塔羅牌，你也可以將塔羅牌放在雷諾曼上方。當然，你也可以選擇牌面的張數，只要它們的張數一樣，可以配對組合來解牌就好。你也可以將它們擺成一直線，這樣就能將牌面當成句子來解讀。

A、B、C——塔羅

一、二、三——雷諾曼

基本上，你是在搭配A＋一＋B＋二＋C＋三的牌面。

我拿起塔羅牌洗牌後占卜我的週末，接著抽牌：

寶劍二＋金幣王牌＋權杖八

然後我拿起雷諾曼洗牌、抽牌後，將牌疊在塔羅上：

百合＋騎士＋塔

接下來我將牌面擺成一直線，當成句子來解讀：

寶劍二＋百合＋金幣王牌＋騎士＋權杖八＋塔

　　一開始抽出塔羅牌時，我推測這代表週末會很忙碌，因為馬上就是開學日。星期一是開學日，我需要確保三個兒子都做足準備；同時，星期一也是我大兒子的十四歲生日，而我甚至還沒開始準備他的生日。牌面呈現了所有訊息：寶劍二剛好代表我猶豫不決，還沒準備大兒子的生日；金幣王牌象徵他的禮物和花費；權杖八描述了我東奔西跑，試著趕在最後一刻把所有事情安頓好。但是當我將兩套牌面結合後，問題變得更加清楚和精確。

　　寶劍二代表僵局、停滯或需要做出跟百合有關的決定，或是事情發展了很長一段時間——投資，抑或事情攸關年長男性或父親形象。右邊出現金幣王牌，將前述的牌義選項簡化到與金錢相關，而騎士意味著我很快就會收到消息。這個消息也會需要我快速行動：權杖八意味著緊急迫切；塔則是與法律、稅務或是政府機關有關。

我接到了出乎意料的電話，與我過世的父親曾經投資的事情有關，而我必須緊急處理：我得從政府部門申請到特定文件。牌面的預測非常精準，儘管當時我無法理解那些訊息。

對我來說，雷諾曼和塔羅就如同太極的陰和陽、男和女、邏輯和創意的兩面。它們彼此互補，將解讀技巧、理解、知識提升到更高的層次。

放膽去做吧！好好享受雷諾曼與塔羅的搭配。創造你專屬的牌陣、配對組合牌義和解讀法。不斷練習，讓它們敞開大門，讓你邁進新的機會、新的洞見和提升專業！

詞彙表

九宮格牌陣：這是牌陣，也是解讀法，用來解讀矩形的牌陣。一排是
三張牌，總共九張牌。這個解讀法如同一張小型照片，快速了解狀
況或個案周圍的情況，並使用許多重要的解讀法，最後你也會在大
藍圖牌陣使用這些解讀法。它也稱爲三乘三牌陣。

大藍圖：紙牌占卜中最古老的牌陣之一。大藍圖（或稱GT）會用到
每一張雷諾曼卡，一排八張，總共四排，並把四張牌加在第四排的
中間下方，而這四張牌會變成短的第五排，位於牌陣的最下方。大
藍圖的三十六個位置也被稱爲三十六宮位，這些位置會影響落在上
方的牌面意義。這個牌陣也被稱爲GT牌陣。參照宮位。

中性牌：牌卡上的符號通常是中性的意義，沒有特別強烈的負面或正
面特性。中性牌非常容易受到周圍牌面的影響。參照正面牌、負面
牌。

主題牌：必須檢視的重要牌面，因爲它代表牌陣中的主要主題。有時
候占卜師會先選擇一張主題牌，其他牌卡會在它周圍，有時候則是
讓牌卡自己出現。如果是由占卜師選擇，牌卡的符號就會直接與
占卜的主要問題有關，例如，愛心代表戀情，房屋象徵房地產。
假設是由牌卡自己隨機決定，這張牌通常都會落在牌陣中間，兩

邊的牌卡張數一樣。主題牌有時稱爲關鍵牌（key card）、指定牌（charged card）、賦能牌（energized card）。參照啓動的主題牌、指示牌。

占卜：預測未來或是與看不見的世界溝通。

占卜師：解讀牌面的人。解讀雷諾曼符號並組合意義，給予問卜者答案和建議的口譯員。參照問卜者、個案。

正面牌：牌卡上的符號通常散發正面特性。通常正面牌能夠爲周圍的牌面帶來正面影響，也會降低負面牌的傷害性。參照負面牌、中性牌。

皮克牌：極受歡迎的紙牌遊戲，只有三十二張牌。皮克牌由王牌、七到十的點數組成，並加上傳統紙牌花色的宮廷人物。根據歷史文獻，皮克牌最早起源於十六世紀末期，並在十八世紀大受歡迎，最後於二十世紀早期沒落。這個在沙龍中玩的紙牌也被當時許多占卜師拿來占卜，亦是雷諾曼女士喜歡的一種占卜工具。

交叉解讀法：解讀雷諾曼的其中一種核心方法。藉由檢查垂直的覺察軸和橫向的時間軸，占卜師可以了解直接影響狀況的事情。這個充滿意義的解讀法會揭露出已知、未知、已發生、即將發生的事情。這兩條線交會於指示牌或主題牌，而形成這兩條交會軸線的牌卡，能夠讓占卜師透過配對組合和其他解讀法來推斷牌義。參照配對組合。

行動牌：代表行動或行為。舉例來說，船帶來改變和移動，鐮刀代表行為要果斷。參照牌卡分類帽。

所屬牌卡：雷諾曼卡按照序號順序排出大藍圖牌陣後，座落在該宮位的牌卡。騎士的所屬宮位是第一宮，狗的所屬宮位是第十八宮。這些所屬牌卡提供大致的意義和宮位特性。參照宮位、附錄五和第三章的宮位鎖鏈法。

花色點數：每一張雷諾曼的牌面上增添的紙牌符號。每一套雷諾曼都不一樣：有些是紙牌符號，有些則是詩句或人像。有些雷諾曼沒有增添花色點數。

指示牌：事先選擇代表特定人物的牌，指定為女性個案（女人牌）或男性個案（男人牌），或是其他重要關係人的牌。如果占卜解讀並沒有一個特定問題，指示牌也能作為一般主題牌。為求最佳結果，你應該要事先啟動指示牌，強化符號與問題的連結。這個詞偶爾也用來指稱其他經過占卜師的意念或為了某個主題而啟動的牌（因為這張牌象徵該主題）。指示牌也被稱為人物牌（person card）、問卜者牌（querent card）、個案牌（client card）。參照啟動的主題牌、主題牌。

負面牌：牌卡上的符號通常散發出負面特性。通常負面牌會讓周圍的牌面變得負面。負面牌也能視為警告。參照正面牌、中性牌。

個案：問卜者，亦即來找你占卜的人。個案會尋求建議、答案和預測

以了解過去的事情，並協助自己做出決定。這個詞也常用於專業領域或付費占卜諮詢。參照問卜者、問題。

宮位：大藍圖牌陣中每一張牌的位置。每一張牌的位置稱為「宮位」，根據序號和位置而有不同的具體意義。宮位的意義會巧妙地影響座落在宮位上的牌面。參照所屬牌卡、宮位鎖鏈法。

宮位鎖鏈法：這個解讀法可以探索額外訊息，將大藍圖牌陣中的三十六個宮位串連起來。它將牌面和座落的宮位連結，接著連結該宮位原本的牌卡，以此類推。在大藍圖牌陣中追蹤這條符號鎖鏈，最後回到一開始挑選的牌。如果要了解一張牌義模糊的牌卡，就可以使用這項厲害的解讀法。參照第三章的宮位、所屬牌卡、宮位鎖鏈法的段落。

宮廷牌：一套紙牌中有著人臉和貴族人像的十二張牌。在雷諾曼系統裡，這些牌會描繪出人像：國王、皇后、侍者（也被稱為花牌〔face cards〕）。傳統上，大部分的牌卡都有描繪出這些人像，雖然有些現代的雷諾曼卡沒有描繪出來。它們很適合用來判斷性別。參照附錄六。

時間牌：傳達時間因素的牌。舉例來說，騎士代表快速的時間點，樹則是緩慢的時間點。參照牌卡分類帽。

時間跡象：這是我非常年輕的時候鍛鍊出來的個人技巧，計算每張牌之間的間隔，在大藍圖牌陣中推斷時間範圍。每一個間隔都是一個

時間跡象。找到指示牌和代表特定事件的牌之後，我會計算兩張牌之間的間隔，推算大約的時間點。例如，兩張牌之間隔了三張牌的距離，那麼我就會解讀成三個時間跡象，代表三小時、三天、三個月等等。具體的時間範圍需要視問題背景而定。參照第三章。

時間點：使用牌卡來推算一定程度的具體時間。這個技巧對占卜師來說極具挑戰性，因為時間總是在變化流動。實際占卜時，最常遇到的要求就是預測時間，而你最後會發展出適合你的系統。參照時間跡象、時間牌。

紙牌占卜：任何使用牌卡來預言的占卜方式。這個占卜源自於紙牌，而現在包含任何用來占卜的牌卡：雷諾曼、塔羅、神諭卡等等。

配對組合：把兩或三張牌的個別牌義和符號，在問題脈絡裡串連起來。結合個別符號，深入了解牌義、新的意義或更清楚的意思。因為每一張雷諾曼的牌都只有單一符號，占卜師必須根據脈絡配對組合，解讀出有用的訊息和洞見。

問卜者：找占卜師占卜的人。值得注意的是，這個名詞的概念是「問」。記得：問卜者來找你的原因是因為他們想了解某個情況，並想要獲得有實際意義的答案。女性問卜者的指示牌通常是女人牌，男性問卜者則是男人牌。參照個案、問題。

問題：想要了解資訊、釐清狀況、尋求建議的請求。個案應該要仔細架構問題，才能從你的牌面中得到最佳結果。最好的占卜來自適當

的問題。有些個案不懂如何問他們需要知道或想要知道的事情，所以，你要花時間確定你解讀的資訊符合他們尋找的答案。並不是每位問卜者都會提出問題，在這樣的情況下，大方向的解讀可能會顯示出他們無法或不提出的問題。參照問卜者、個案。

啟動的主題牌：占卜時，透過意念和觀想，事先設定、挑選用來代表人物、主題、狀況的牌。為了特定訊息的目的而賦予這張牌一個角色。舉例來說，選擇狗這張牌象徵走失的寵物，或是書籍牌代表詢問的計畫。參照主題牌、指示牌。

情緒牌：散發特定氛圍的牌卡。例如，房屋帶來家庭氣氛，雲朵帶來緊張的氛圍。參照牌卡分類帽。

描述牌：描述事件或喚起特定畫面的牌卡，會大大影響牌陣的訊息。例如，狐狸給人狡猾的印象，狗象徵忠誠。參照牌卡分類帽。

牌卡分類帽：定調占卜解讀的牌卡分類。這些牌分為四大類：行動、描述、情緒、時間。這些類別最適合使用於小牌陣或更直接的問題。這些牌（和分類）豐富解讀的層次，並將牌面的建議導向特定的方向。這是我自己發展出來的技巧，隨著時間練習，你也許會發現自己的分類方法。

雷諾曼女士：十八世紀末到十九世紀初的法國傳奇女占卜師。她歷經法國大革命的政治動盪時期、雅各賓專政時期、拿破崙王朝和君主體制回歸。她也穿梭在名門社交圈，幫許多國家首領占卜，包含羅

伯斯庇爾、約瑟芬皇后、俄國沙皇亞歷山大。在她所處的時期，雷諾曼女士被認為極具影響力，能夠影響政治到占卜的許多方面，而她本身就是一位真正的名人。參照附錄一。

雷諾曼卡：這是一套三十六張牌的牌卡，以啟蒙時代之前的法國傳奇占卜師的名稱來命名。每一張牌都繪有簡單的符號或圖像，這些圖像組合起來就能給予邏輯一致的預言和占卜。

騎士解讀法：按照西洋棋的騎士走法，走兩步再轉彎走一步，找到稍遠的牌面，組合牌義後探索特定牌卡。選擇某張牌後，往外以九十度直角的方式找到其他牌，並組合牌面，就能增加牌義的層次：你選擇的牌＋騎士解讀法找到的牌卡。這個解讀法用於大藍圖或其他張數夠多的牌陣，才能使用騎士解讀法去找到九十度直角對應的牌卡。

屬性：根據牌卡的牌義和特性，賦予相對正面或相對負面的設定。有些牌在牌陣中出現時會帶來光明或黑暗。有些牌本質上就是中性牌，並容易受到周圍的正面牌或負面牌影響。此外，對於簡單的是非題占卜，牌卡的屬性也能快速提供答案。參照附錄四以完整了解。

謝　辭

生命總是自有安排，讓我們在許多的人生道路上遇見靈魂伴侶、指引者和老師。有些人會在我們的漫漫人生中待著不走，有些人只是悄然經過，這些人都會留下蕩蕩漣漪，在許多層面上改變我們。我滿懷感激、愛意和感恩，向以下所愛之人獻上此書：

紀念家父納比爾‧法庫里（Nabil Fakhoury），您總是與我同在，甚至仍在另一個世界支持著我。您無盡的愛與關懷已永遠將我塑造成今日的我。這本書獻給您！

獻給我的導師和靈魂明師，我厲害的超級媽媽莎娜‧法庫里（Sana Fakhoury），您給了我此生的力量、支持、指引和自信，並一直信任我、相信我，無論我的故事多麼瘋狂。您是我的定心石！

獻給我心目中的冠軍、英雄、丈夫施布‧喬治（Shibu George）。若沒有你無條件的支持、完全的信任，以及無盡的愛和鼓勵，我不會走到今日這一步。又一個晚上，又一個夢，但心裡總是你！

獻給我三位神奇的兒子迪倫（Dylan）、贊恩（Zane）、萊德（Ryder），你們是如此天賦異稟，各自擅長自己的專業。沒有你們的愛和持續的鼓勵、支持、協助，本書可能永遠無法問世。我永誌不忘你們在我創作本書時的耐心陪伴，謝謝你們。你們是我生命中的閃耀光輝——我的力量和我的寶貝！

獻給我完美的妹妹莎拉（Sara），你從未懷疑過我且總是捍衛我，是我的戰士、守護者。你永恆的愛與支持將永遠鐫刻在我的心中。你就是我的守護天使！

獻給我富饒好奇心的兄弟阿里（Ali），因為你的愛和堅持不懈，總是鼓勵我挑戰新事物，讓我能夠突破自己的侷限。你就是我的老師！我愛著你美好的靈魂。

獻給我完美的姑姑蒂瑪（Tima），您永恆的愛和未曾止息的鼓勵，超越了一切限制。

獻給我深愛的姑姑蘇菲（Sophie），感謝您一直以來的支持。

獻給艾德蒙·茲伯斯基（Edmund Zebrowski）和妮可·戴蒙（Nicole Diamond），感謝你們給予我靈感，感謝你們持續鼓勵我。謝謝你們愛著我瘋狂的一切。

獻給尚恩·納寇（Shawn Nacol），由於你堅信我的能力，並督促和指導我寫作、教學、擴展我對雷諾曼的熱忱，本書才得以問世。你一腳將我踢出我的舒適圈，我永遠感激不盡。你一直是指引我方向的北極星！

獻給芭芭拉·莫兒（Barbara Moore），感謝你看見我的潛力並信任我，也相信本書。感謝你相信我，感激你長久以來溫柔的指引。

獻給唐納利·德拉羅斯（Donnaleigh de LaRose），感謝你一直以來的支持和無盡的愛。感謝我們之間的友誼，你溫暖的祝福包圍著我，直到完成此書。這些溫暖恰好就在我最需要的時候來到！

特別感謝我的朋友、指引者、老師、學生：艾倫·里奇（Allan Ritchie）、艾比·沙琳娜（Ebby Salinas）、凱西·拜兒（Keith Boyle）、麗莎·阿姆格蘭（Leesa Almgren）、麗莎·瓊斯（Lisa jones）、瑪麗·格里爾（Mary Greer）、妮可·林西（Nicole

Lindsey）。感謝你們催促我踏出舒適圈，向我展示這個世界的無限驚喜，也感激你們長久以來的愛、關心和鼓勵。

獻給我的家人，你們美好的支持和無條件的愛都是我不可或缺的一部分。

獻給每一位美好的個案、學生，以及傑出的網友們。我愛你們！

獻給馬可（Marco）、飛魯茲（Fayrouz）、卡阿利利（Ka'alili），感謝你們在我需要時支持我。我誠心感謝你們！

最後，我要衷心感謝我所有的天使、指導靈、守護靈、靈性助手。我永遠感激！

國家圖書館出版品預行編目（CIP）資料

雷諾曼卡占卜聖經：36張牌義全方位實戰練習／芮娜‧喬治（Rana
George）著；范章庭譯. -- 初版. -- 臺北市：橡實文化出版：大
雁出版基地發行，2021.05
　　面；　公分
　譯自：The essential Lenormand : your guide to precise & practical
　　　fortunetelling
　ISBN 978-986-5401-62-7（平裝）

1. 雷諾曼 (Le Normand, M. A. (Marie-Anne Adélaide), 1772-1843)
2. 占卜

292.96　　　　　　　　　　　　　　　　　　110004505

BC1092

雷諾曼卡占卜聖經：36張牌義全方位實戰練習
The Essential Lenormand: Your Guide to Precise & Practical Fortunetelling

作　　者　芮娜‧喬治（Rana George）
譯　　者　范章庭
責任編輯　田哲榮
協力編輯　劉芸蓁
封面設計　斐類設計
內頁構成　歐陽碧智
校　　對　吳小微

發 行 人　蘇拾平
總 編 輯　于芝峰
副總編輯　田哲榮
業務發行　王綬晨、邱紹溢、劉文雅
行銷企劃　陳詩婷
出　　版　橡實文化 ACORN Publishing
　　　　　地址：新北市231030新店區北新路三段207-3號5樓
　　　　　電話：（02）8913-1005　傳真：（02）8913-1056
　　　　　網址：www.acornbooks.com.tw
　　　　　E-mail信箱：acorn@andbooks.com.tw
發　　行　大雁出版基地
　　　　　地址：新北市231030新店區北新路三段207-3號5樓
　　　　　電話：（02）8913-1005　傳真：（02）8913-1056
　　　　　讀者服務信箱：andbooks@andbooks.com.tw
　　　　　劃撥帳號：19983379　戶名：大雁文化事業股份有限公司

印　　刷　中原造像股份有限公司
初版一刷　2021年 5 月
初版四刷　2023年 11 月
定　　價　800元
I S B N　978-986-5401-62-7

The Essential Lenormand: Your Guide to Precise & Practical Fortunetelling
Copyright © 2014 Rana George Published by Llewellyn Publications Woodbury,
MN 55125 USA www.llewellyn.com through Big Apple Agency, Inc., Labuan, Malaysia.
Traditional Chinese edition Copyright © 2021 Acorn Publishing, a division of AND Publishing Ltd.
All rights reserved.